BIBLIOTECA DE DERECHO TRIBUTARIO

Colección: Dr. Paulo de Barros Carvalho

Dr. Jorge Bravo Cucci
Juan Carlos Panez Solórzano
(Directores)

Allan George de Abreu Fallet
Profesor del Post-Grado de la Pontificia Universidad Católica de São Paulo

La naturaleza jurídica del proceso administrativo fiscal

Traducción de:
Juan Carlos Panez Solórzano
Israel Sánchez Cerna

Ediciones Olejnik

Edición al cuidado de:
Carlos Antonio Agurto Gonzáles
Sonia Lidia Quequejana Mamani
Benigno Choque Cuenca

Título: La naturaleza jurídica del proceso administrativo fiscal

Huérfanos 611, Santiago - Chile
E-mail: contacto@edicionesolejnik.com
Web site: http://www.edicionesolejnik.com

Primera edición en Ediciones Olejnik: 2020

ISBN: 978-956-392-750-4

Diseño de Carátula: Ena Zuñiga
Diagramación: Luis A. Sierra Cárdenas

Impreso en Argentina 2020 Printed in Argentina

ÍNDICE

AGRADECIMIENTOS

Agradezco inicialmente a Dios porque ilumina mis pasos en el camino de la vida académica, permitiéndome superar los desafíos y concediéndome el privilegio de convivir con extraordinarios profesores y colegas que tanto contribuyeron a mi vida personal y académica.

Agradezco eternamente a mis padres, Jorge y Leuza, por las enseñanzas y ejemplos inquebrantables de integridad, bondad, dedicación y amor por los estudios y por las personas. A mi obstinada esposa, Carla Calzini, por el amor, por la fe y por el apoyo que solo puede ofrecer quien también pasa por las angustias y percances de nuestra carrera.

Quiero agradecer de forma especial a la profesora Julcira Maria de Mello Vianna Lisboa porque me recibió de forma magnífica en la PUC/SP, y ejerce de forma tan magistral el arte de enseñar y orientar. Estos agradecimientos se extienden a los ilustres maestros, a quienes debo la inspiración de cursar la maestría: profesores Roque Antônio Carrazza, Paulo de Barros Carvalho y Fabiana del Padre Tomé.

También agradezco a los profesores que me incentivaron a lo largo de este camino: Robson Maia Lins, Maria Helena Diniz, Lucas Galvão de Britto, Charles William McNaughton, Thais Helena Morando, Isabela Bonfá de Jesus, Sandra Ferreira, Clarice von Oertzen, Jonathan Barros Vita, Jerson Carneiro Gonçalves Jr. y Claudio de Abreu.

Agradezco de forma muy especial a mi amigo Tácio Lacerda Gama por el apoyo incondicional, por los consejos de extrema relevancia, por la amistad y por permitirme ser parte de este sueño que es estudiar y escribir al lado de los mejores tributaristas de este país.

Agradezco a mis compañeros y alumnos de la Coordinación General de Especialización, Perfeccionamiento y Extensión de la PUC/SP, dirigida por la extraordinaria profesora Daniela Braghetta, y del Tribunal de Impuestos y Tasas, así como en especial a mis amigos Fernando Bregano, Leandro Artioli, Fabio Lemos Cury, Carlos Daniel y Paulo Pimentel por las inspiradoras contribuciones, apoyo y confianza en mi trabajo.

Finalmente, destaco un fragmento importante de mi país (Brasil), el cual se relaciona con la historia y los estudios que acompañan esta obra: «La libertad es el derecho que tienen los hombres de actuar como quieran, mientras que no vulneren sus deberes para consigo mismo, para con sus semejantes y para con Dios. La sociedad civil no podría dejar desamparado tan importante derecho sin que se atente contra la propia justicia eterna»[1].

1 Milton, Aristides A. *A Constituição do Brazil: noticia histórica, texto e commentario*. 2.ª ed. Río de Janeiro: Imprensa Nacional, 1898.

PRÓLOGO

El lector encontrará en este gran libro, bajo el título *La naturaleza jurídica del proceso administrativo fiscal*, un texto estimulante y oportuno, fruto de un trabajo serio y aprobado con la nota máxima por la banca examinadora de la Pontificia Universidad Católica de São Paulo (PUC/SP). El reconocido profesor Allan Fallet se convirtió, de hecho y de derecho, en Magíster con este trabajo. Así, abre una nueva etapa en su ya exitosa carrera, ofreciendo a la comunidad jurídica la oportunidad de conocer su pensamiento.

Debemos preguntarnos ¿por qué es un trabajo estimulante y oportuno? Analicemos el primer adjetivo. El trabajo es estimulante porque resalta el papel esencial del proceso en los actos de concretización del derecho material. Por lo tanto, es un tipo de lectura que enfatiza la positivización de las ideas abstractas, dando vida, color y realidad al derecho tributario material.

Veremos, por ejemplo, argumentaciones sobre justicia, seguridad, igualdad y certeza. Estos son conceptos fáciles de manejar de forma abstracta, por ello son tan recurrentes en el discurso político e ideológico. Conceptualmente, el principio de igualdad en el derecho tributario puede ser enunciado como el deber de que la tributación sea uniforme para los iguales y variable para los diferentes, de acuerdo a su respectiva diferencia. Se acepta la validez de este principio, pero si se modifica la tributación podría concretizarse la isonomía y con ella la justicia tributaria. Enunciando la misma regla de forma inversa: tributar igualmente a los desiguales, sin importar cuánto ellos se diferencien, es una fórmula de la injusticia tributaria.

Por otro lado, desde el punto de vista concreto, en nombre de valores como justicia, igualdad y hasta capacidad contributiva, se crean las exenciones, los regímenes diferenciados de incidencia, las reglas para evitar la doble tributación del mismo hecho económico, los tributos con finalidades específicas, además de numerosas posibilidades de deducciones e incrementos de la base imponible de impuestos y contribuciones. Todos estos elementos concurren para amoldar la tributación al contribuyente y a las necesidades del Estado, generando que los sujetos con una posición diferente paguen sus tributos de modo, igualmente, distinto.

En una sociedad compleja como la brasileña, lo que no falta es el criterio de distinción entre personas. Por esta razón, un sistema tributario que permita reiteradas diferenciaciones en nombre de la igualdad, de la justicia o de la capacidad contributiva, provoca otro tipo de injusticia: la incertidumbre. La incertidumbre deriva de la complejidad que, en una definición sencilla, es la existencia de un mayor número de posibilidades del que pudiese ocurrir en un caso real.

En la concretización del proceso, las múltiples interpretaciones de una norma posibilitan que las personas con intereses contrapuestos vean en un mismo fragmento de ley el fundamento para su pedido. Entonces, podemos percibir fácilmente que la complejidad genera incertidumbre y, con ella, una serie de otras injusticias que proyectan prejuicios para el Estado y para los contribuyentes. Para estos, el exceso de posibilidades interpretativas del derecho tributario aumenta el costo de conformidad, el riesgo de tomar decisiones equivocadas y, así, las contingencias. En efecto, los datos oficiales sostienen que, actualmente, el contencioso tributario del Estado brasileño equivale a casi la mitad del producto bruto interno nacional. Todos estos hechos aumentan exponencialmente el riesgo de emprender en nuestro país. Es muy común que nadie deja de emprender porque haya más o menos tributo, sino porque existen mayores o menores posibilidades de ganancia. Los costos ocultos, las incertidumbres jurisprudenciales y el elevado costo de conformidad no son males en sí, sino riesgos efectivos de reducción futura de la ganancia estimada. Bajo esta perspectiva, un sistema tributario complejo es una causa real de inhibición de inversiones y desarrollo económico del país.

La Administración Pública, por su parte, sufre de problemas similares a los del contribuyente. El costo de fiscalización es elevado, la carga tributaria necesita ser fijada en un nivel superior al deseable para compensar las derrotas procesales y la demora de tener un tema definitivamente resuelto por los tribunales superiores nos demuestra una gran contingencia para el Estado. Esto ocurre de forma tan frecuente y variada que actualmente ya se convirtió en un dicho conocido: en Brasil, hasta el pasado es imprevisible.

Pues bien, en el derecho tributario, la seguridad jurídica es la forma más elocuente para concretizarse la justicia y, como hemos mencionado líneas arriba, desempeña dos funciones en el ordenamiento: la función igualdad y la función certeza. La búsqueda incesante por la igualdad provoca la injusticia de la incertidumbre. Mientras que el establecimiento de reglas simples, que tributen a todos sin importar quién o cómo se encuentren, proyecta la injusticia de la desigualdad. Esta realidad solo puede ser así comprendida, y concretizada, en la típica dialéctica formada por tesis y antítesis, pruebas y contrapruebas, que observamos en un proceso.

Ahora analizaré el segundo adjetivo que utilicé y responderé la siguiente pregunta: ¿Por qué se trata de una obra oportuna?

Ya es tiempo de madurar la discusión sobre el cambio del sistema tributario brasileño. No olvidemos que la tan comentada «complejidad del sistema» no resulta de la Constitución de la República, sino de los actos de aplicación que son vistos y revisados por medio del proceso. Aquí es donde se materializan las injusticias y, también, donde se vulnera la seguridad jurídica, tanto en la función igualdad como en la función certeza. En el proceso se encuentra la principal razón para argumentarse a favor de una amplia reforma: las cifras de nuestro desacreditado contencioso tributario. Si el problema de nuestro sistema está en el contencioso, entonces de aquí deben salir las directrices relevantes para ser implementadas por nuestros legisladores.

Recomiendo este gran libro porque el autor es un profesor serio y con una amplia experiencia en el proceso tributario. Por lo tanto, me resulta muy sencillo recomendar de forma efusiva la lectura de este trabajo.

Finalmente, quiero felicitar tanto a la Editora Noeses, por permitir esta amplia conversación con el texto de Allan Fallet, como a la PUC/SP, por su incomparable contribución en la elección y formación del pensamiento jurídico nacional.

São Paulo, 9 de diciembre del 2019
Tácio Lacerda Gama
Presidente del Instituto de Aplicación del Tributo (IAT)
Abogado

NOTAS DEL AUTOR A LA EDICIÓN EN LENGUA ESPAÑOLA

Con gran placer presento *La naturaleza jurídica del proceso administrativo fiscal*. Su primera traducción al español tendrá lugar exactamente cuando se discute con gran entusiasmo la reforma tributaria y los desafíos del contencioso administrativo tributario en Brasil.

Este estudio se aclaró profundamente con la experiencia de años en el contencioso administrativo y basado en mi experiencia como Juez del Tribunal de Impuestos y Tasas del Estado de São Paulo, así como con el análisis de libros, artículos, congresos en Brasil y en el extranjero, y las largas discusiones en las clases con mis estudiantes de posgrado en la Facultad de Derecho de la Pontificia Universidad Católica de São Paulo (PUC/SP).

El profesor Tácio Lacerda GAMA, en su prólogo, señala que ya es hora de madurar la discusión sobre el cambio del sistema tributario brasileño y que la complejidad de este sistema no deriva de la Constitución Federal, sino exactamente de los actos de aplicación que son vistos y revisados a través del proceso administrativo fiscal.

Vale decir, si el problema del sistema tributario nacional se encuentra en el contencioso fiscal, entonces de aquí deben salir las pautas relevantes que deben implementar los legisladores.

Este tema tiene una gran importancia internacional porque impacta en cualquier sociedad que tenga un sistema impositivo organizado, en sus dimensiones económicas e incluso sociológicas, en virtud de diversos datos emitidos por todos los países que indican números significativos relacionados con el crédito tributario constituido por las autoridades fiscales.

En el presente trabajo se analiza la naturaleza jurídica del proceso administrativo fiscal. Por esta razón, se exponen algunas premisas conceptuales, como las directrices establecidas en la Constitución Federal y el sistema tributario constitucional, así como la necesidad de cumplir con los principios constitucionales tributarios, como, por ejemplo, el debido proceso legal, defensa amplia, contradictorio, publicidad, seguridad jurídica, verdad material e *in dubio pro contribuyente*, para la legalidad de los actos administrativos-tributarios.

Se analizan, de forma especial, las bases constitucionales del proceso administrativo nacional, las directrices del proceso administrativo fiscal federal, y su relación y diferencias con el proceso judicial tributario.

Estos elementos se unen para verificar que la búsqueda de la conceptualización del proceso administrativo fiscal es una tarea muy ardua en muchos países, y la distinción entre procedimiento y proceso administrativo es fundamental para revelar los objetivos de este tema.

Así, se concluye que el proceso administrativo fiscal tiene la naturaleza de un proceso administrativo destinado a determinar y exigir el crédito tributario, como instrumento de control de legalidad, para el sistema tributario brasileño, dado que presenta peculiaridades específicas en la aplicación de la legislación por parte de la Administración Tributaria, al mismo tiempo que obedece las normas del Derecho Público.

El proceso administrativo fiscal ya no puede confundirse con un simple procedimiento administrativo al albedrío de la Administración Tributaria. Debe ser visto como un fenómeno de naturaleza procesal, arraigado en la Carta Magna y subordinado, a través de su conformación procesal, a los principios constitucionales tributarios y procesales garantizados por ella.

Debemos advertir que las vinculaciones prácticas y doctrinarias defendidas en este estudio, a pesar de ser un tema todavía incólume en la jurisprudencia y que la doctrina carece de propuestas más profundas sobre los temas abordados, se encuentra en armonía con el movimiento indicado por las mayores tributaristas brasileños como Eduardo Domingos BOTALLO, Luís Eduardo SCHOUERI, Paulo de Barros CARVALHO y Roque Antônio CARRAZZA, estos dos últimos fueron mis maestros en el curso de maestría en la PUC/SP. Además de participar en el grupo de estudios del profesor Paulo de Barros CARVALHO, fui su asistente en los cursos de posgrado en la PUC/SP, donde pude escuchar reflexiones inspiradoras que me hicieron meditar sobre el proceso administrativo fiscal como uno de los institutos del Estado Democrático de Derecho.

La interacción con maestros extraordinarios, estudiantes y colegas enriqueció mi vida personal y académica. Agradezco a mis maestros Paulo de Barros CARVALHO y Roque Antônio CARRAZZA por el estímulo y la inspiración de recorrer grandes desafíos.

Finalmente, me gustaría agradecer el excelente trabajo de traducción realizado por Juan Carlos PANEZ SOLÓRZANO e Israel SÁNCHEZ CERNA, ambos conocedores del derecho tributario brasileño, y el amable compromiso de la Editorial Olejnik para que este libro sobre el proceso administrativo fiscal pueda divulgarse en España y América Latina.

São Paulo, 11 de noviembre del 2019

ALLAN GEORGE DE ABREU FALLET

INTRODUCCIÓN

La división de poderes (clásica concepción) permite, de forma general, identificar los actos de los Poderes Legislativo (creación de la norma jurídica), Ejecutivo (aplicación concreta) y Judicial (solución de litigios)[2]. Debemos adoptar la concepción de que el Estado es un objeto cultural, puesto que sería una creación del espíritu humano[3].

Históricamente, la consolidación disciplinaria del Derecho Tributario brasileño abarca necesariamente la consideración de la autonomía respecto a las otras ramas del conocimiento, siendo ellas jurídicas o no.

Con las contribuciones de Ruy Barbosa Nogueira, Aliomar Baleeiro y Amílcar de Araújo Falcão, entre otros, comenzó a surgir, después de la década de 1960, la idea de autonomía del Derecho Tributario brasileño respecto a las otras ramas de conocimiento de la doctrina brasileña. Una buena parte de la doctrina consideraba que la idea de autonomía se vincularía a una estructuración sistemática conectada a la edificación de institutos y principios adecuados a esa misma especialidad, los cuales no podrían ser encontrados en ninguna otra[4].

Uno de los mayores problemas de las definiciones en el Derecho, de una forma general, es precisamente saber si estas tienen o no fuerza vinculante, vale decir, se debe identificar «si» y «cuándo» un determinado contribuyente está obligado a aplicar un determinado régimen jurídico exclusivamente (o no) a las hipótesis abarcadas por la definición[5].

Se debe señalar que los efectos de esa variación sobre la función jurisdiccional se manifiestan porque las leyes más viejas establecían ciertas normas de conducta y ahora indican finalidad y principios.

---

2 Bottallo, Eduardo Domingos. Processo administrativo tributário: princípios, amplitude, natureza e alcance das funções nele exercidas, *en Revista de Direito Tributário*. N.º 71. São Paulo: RT, 1996, p. 97.

3 Da Silva, José Afonso. *Teoria do conhecimento constitucional*. São Paulo: Malheiros Editores, 2014, p. 50.

4 Teodorivicz, Jeferson. *História disciplinar do Direito Tributário brasileiro*. São Paulo: Dialética, 2017, p. 268.

5 Greco, Marco Aurélio. *Norma jurídica tributária*. São Paulo: Saraiva, 1974, p. 29.

Pero no basta la estructuración teórica en principios e institutos vinculados al Derecho Tributario, sino se debe identificar los instrumentos o vehículos por los cuales esos principios e institutos serán construidos[6], dado que los valores y supravalores proclamados por la Carta Magna deben ser compartidos entre los contribuyentes como algo pragmáticamente realizable y apto para cumplir el papel demarcado[7].

Evidentemente, el Derecho Tributario tiene peculiaridades que no son identificables en otras ramas del Derecho, como bien observamos en los estudios de los métodos interpretativos, puesto que la hermenéutica jurídica recibe un diferente tratamiento en el ámbito del Derecho Tributario, especialmente por el advenimiento del interés económico («consideración económica») utilizado en determinados contextos históricos[8].

En Brasil, el sistema armónico y racional de las normas vinculadas al Derecho Tributario agrega el llamado *sistema constitucional tributario*, siendo este un subsistema que agrupa las proposiciones normativas con intensidad global. En este punto concordamos con Betina Treiger GRUPENMACHER, pues la Carta Magna, al ser tan rígida como analítica cuando trata de la materia tributaria, regula en sus diecisiete artículos (a) las competencias para que las personas de derecho público instituyan tributos, (b) las especies tributarias, así como (c) los principios y las inmunidades, ambos con gran esfuerzo para limitar el ejercicio de la respectiva competencia[9].

Celso Antônio Bandeira de MELLO señala que la Constitución Federal atribuye a los órganos de la Administración Pública deberes y cargas para proteger la integridad y libertad de otras propiedades de los contribuyentes[10].

Sin embargo, debido a que el elemento político tiene un aspecto esencial para la consolidación disciplinaria del Derecho Tributario, tenemos que tomar en consideración que la creciente voracidad recaudatoria del Estado, causada en su mayoría porque el Gobierno Federal (cuando debería ser para la prestación de servicios públicos) se resiste a reducir los gastos públicos, disminuir la máquina administrativa y concentrar la actuación estatal efectivamente en las actividades que le son inherentes, provoca que se realice un fuerte incre-

---

6 TEODORIVICZ, Jeferson. *História disciplinar do Direito Tributário brasileiro*. São Paulo: Dialética, 2017, pp. 268 y 269.

7 CARVALHO, Paulo de Barros. *Segurança jurídica no novo CARF*. Disponible en el siguiente link: <http://www.ibet.com.br/download/Paulo%20de%20Barros%20Carvalho.pdf>. Visto el 19/10/2015.

8 TEODORIVICZ, Jeferson. *História disciplinar do Direito Tributário Brasileiro*. São Paulo: Dialética, 2017, p. 269.

9 GRUPENMACHER, Betina Treiger. Sistema e princípios constitucionais tributários, *en* CARVALHO, Paulo de Barros (coord.). *50 anos do Código Tributário Nacional*. São Paulo: Noeses, 2016, pp. 141 y 142.

10 SEIXAS FILHO, Aurélio Pitanga. *Princípios fundamentais do Direito Administrativo Tributário: a função fiscal*. 2.ª ed. Río de Janeiro: Forense, 2003, p. 4.

mento de la legislación tributaria, lo que ocurre mayormente sin respetarse los dictámenes constitucionales de Brasil[11].

De esta forma, desde el enfoque tributario, la creciente y compleja gama de atribuciones del Estado demuestra que nos distanciamos de aquella idea inicial de competencias atribuidas a cada uno de los tres poderes, siendo estas absolutas, impenetrables y pretenden resguardar las libertades políticas y civiles de los contribuyentes[12].

Lo que viene aconteciendo en nuestro país (Brasil) es que cada uno de ellos ejecuta, de forma simultánea, las funciones legislativas, jurisdiccionales o ejecutivas.

Paulo de Barros CARVALHO[13] enseña que *proceso* (como instrumento de litigio) es el término empleado para designar la discusión que se establece ante el Poder Judicial y las controversias deducidas en el ámbito de la Administración Pública, lo cual incluye temas tributarios y meramente administrativos.

Este trabajo pretende establecer nuevas luces sobre la naturaleza jurídica del proceso administrativo fiscal, y, consecuentemente, sobre los principios constitucionales tributarios aplicables, la naturaleza de la actividad ejercida por el Estado en el interior del proceso, las cuestiones relacionadas al control de constitucionalidad y los efectos de esas decisiones emitidas en el ámbito del referido proceso.

El tema propuesto es muy controvertido porque algunos autores, como el profesor Paulo de Barros CARVALHO[14], entienden que existe una imperiosa distinción entre las expresiones «proceso administrativo tributario» y «procedimiento administrativo tributario», mientras que otros, como el profesor Eduardo Domingos BOTTALLO, entienden que la determinación no sería la culminación del proceso administrativo tributario, sino el presupuesto para su instauración y, además, existiría una similitud entre el proceso administrativo y el judicial, según lo dispuesto en la Constitución Federal de 1988[15].

En efecto, la principal finalidad del proceso administrativo fiscal, como uno de los institutos del Estado Democrático de Derecho, es la realización de

---

[11] MARTINS, Ives Gandra da Silva y GARCIA, Fátima Fernandes de Souza. O direito à reparação do dano produzido pelo ato legislativo inconstitucional, *en* ROCHA, Valdir de Oliveira (coord.). *Problemas de Processo Judicial Tributário*. São Paulo: Dialética, 1996, p. 133.

[12] BOTTALLO, Eduardo Domingos. Processo administrativo tributário: princípios, amplitude, natureza e alcance das funções nele exercidas, *en Revista de Direito Tributário*. N.° 71. São Paulo: RT, 1996, p. 97.

[13] CARVALHO, Paulo de Barros. Processo administrativo tributário, *en Revista de Direito Tributário*. N.° 9/10. São Paulo: RT, 1979, p. 276.

[14] *Ibídem*, p. 277.

[15] BOTTALLO, Eduardo Domingos. *Curso de processo administrativo tributário*. São Paulo: Malheiros Editores, 2006, pp. 65 y 66.

la justicia, pero no podemos olvidar las otras finalidades porque también son importantes, a saber: (i) la finalidad de garantía; (ii) el mejor contenido de las decisiones; (iii) la legitimación del poder; (iv) el correcto desempeño de la función (control interno); (v) la aproximación entre administración y ciudadanos; (vi) la sistematización de actuaciones administrativas; (vii) la facilidad en el control (externo) de la Administración; y (viii) la aplicación de los principios y de las reglas comunes de la actividad administrativa[16].

Por lo tanto, la dificultad y la divergencia entre los doctrinadores es muy manifiesta porque algunos, al unirse a la comprensión de que todavía no se podría verificar la verdadera naturaleza procesal en las normas que regulan el contencioso administrativo tributario, buscaron la confirmación en autores como Roque Antônio Carrazza y Aurelio Pitanga Seixas Filho, ya que, aunque la Constitución Federal haya equiparado el proceso administrativo al judicial, ese hecho en nada alteró la identificación de realidades que continúan siendo diferentes, dado que el término «proceso» habría sido utilizado en una acepción vulgar en la Carta Magna[17].

Tampoco se debe ignorar el impacto que provoca esta problemática en la sociedad, en sus dimensiones económicas e incluso sociológicas, en virtud de datos oficiales emitidos por medio del Plan Anual de la Fiscalización de la Secretaría de Ingresos Federales de Brasil para el 2018, indicando que el crédito tributario constituido por la Hacienda de Brasil en el 2017 fue de R$ 204,99 mil millones, representando el tercer mayor resultado de la Fiscalización, superando en 65% el monto contabilizado en el 2016 (R$ 121,66 mil millones).

Debemos analizar las consecuencias jurídicas del tema porque serán las ideas principales de este trabajo, conforme fue muy bien destacado por autores como Alexandre Barros Castro, Eduardo Domingos Bottallo, Gustavo Emílio Contrucci, Luís Eduardo Schoueri, Paulo de Barros Carvalho, entre otros.

El estudio de este tema es muy importante porque todavía se encuentra vigente en la jurisprudencia. La doctrina carece de diseños más profundos vinculados al Nuevo Código de Proceso Civil acerca de las cuestiones apuntadas en este trabajo y de otras más que surgirán en el transcurrir de las investigaciones y discusiones.

16 Medauar, Odete. *A processualidade no Direito Administrativo.* São Paulo: Revista dos Tribunais, 1993, pp. 61-69.

17 Bottallo, Eduardo Domingos. *Curso de processo administrativo tributário.* São Paulo: Malheiros Editores, 2006, pp. 64 y 65.

1.

HISTÓRICO CONSTITUCIONAL TRIBUTARIO

1.1. El Estado brasileño y la Constitución de 1988

Con la proclamación de la independencia en Brasil, la unidad nacional se estableció como el primer punto que sería resuelto. La obtención de ese objetivo dependía de la construcción de un poder centralizador, pero sin dejar de atender algunos principios básicos. El principio[18] fundamental de esa teoría era el constitucionalismo, que sería asegurado por medio de una Constitución[19] escrita, con la declaración constitucional de los derechos del hombre y un mecanismo de división de Poderes[20].

---

[18] Etimológicamente, el término 'principio' (del latín *principium, principii*) encierra la idea de comienzo, origen, base. De hecho, en el lenguaje laico es el punto de partida y el fundamento (causa) de cualquier proceso (CARRAZZA, Roque Antônio. *Curso de Direito Constitucional Tributário*. 30.ª ed. São Paulo: Malheiros Editores, 2015, p. 47). Geraldo ATALIBA sostiene que son las líneas maestras, vale decir, las directrices magnas del sistema jurídico, que establecen los rumbos que serán seguidos por toda la sociedad y obligatoriamente perseguido por los órganos públicos (*República e Constituição*. 2.ª ed. São Paulo: Malheiros Editores, 1998, p. 34); y, finalmente, Renato Lopes BECHO afirma que son imprescindibles para la comprensión de un ordenamiento, de una sistematización, y, de esta forma, negarlos sería una tarea imposible (*Filosofia do Direito Tributário*. São Paulo: Saraiva, 2010, p. 130).

[19] El ordenamiento normativo propone una serie de finalidades que serán alcanzadas. Estas se presentan para todos los agentes estatales como obligatorias. La búsqueda de estas finalidades tiene el carácter de deber (antes que «poder»), caracterizando una función, en sentido jurídico.
En el derecho, la voz función designa un tipo de situación jurídica en la que existe, previamente señalada por un comando normativo, una finalidad que se debe cumplir y que debe ser obligatoriamente atendida por alguien, pero en el interés de otro, siendo que, este sujeto -el obligado- para cumplir ese deber, necesita manejar poderes indispensables para satisfacer el interés ajeno que está a su cargo. De ahí que existe una distinción clara entre la función y la facultad o el derecho que alguien ejercita en su beneficio. En la función, el sujeto ejercita un poder, pero lo hace en provecho ajeno, y lo ejercita no porque quiera o no quiera. Lo ejercita porque es un deber (...). Función existe en Derecho, tanto en la esfera del Derecho Privado como en la esfera del Derecho Público; domina totalmente el ámbito del Derecho Público, mientras que aparece eventualmente en el campo del Derecho Privado (MELLO, Celso Antônio Bandeira de. *Discricionariedade e controle jurisdicional*. São Paulo: Malheiros Editores, 1992, pp. 13 y 14).

[20] DA SILVA, José Afonso. *Teoria do conhecimento constitucional*. São Paulo: Malheiros Editores, 2014, pp. 643 y 644.

Estos comandos normativos forman una red compleja de datos axiomáticos que se superponen, dando razón a verdaderos supraprincipios, vale decir, existen principios (normas jurídicas que tienen valores importantes) y supraprincipios[21] (que aparecen por la conjunción de los primeros). La certeza jurídica es un gran ejemplo de supraprincipio porque está dotado de aspectos lógicos peculiares, que le atribuyen preeminencia sintáctica sobre todos los demás[22]:

> A este valor, que se manifiesta en todos los enunciados y que muestra la preferencia en favor de la objetividad, uniformidad y efectividad de la transmisión de las prescripciones jurídicas, he denominado supraprincipio de certeza del derecho[23].

Paulo BONAVIDES sostiene que el poder representaría «sumariamente aquella energía básica que anima la existencia de una comunidad humana en un determinado territorio, conservándola unida, cohesionada y solidaria»[24].

Se debe esclarecer que, incluso antes de la promulgación de la Constitución de 1988, la doctrina nacional alertaba sobre la aplicación de diversas garantías al proceso administrativo, como, por ejemplo, el derecho[25] a la defensa:

---

21 Los principios son normas calificadas porque exhiben un excepcional valor aglutinante: indican cómo deben aplicarse las normas jurídicas, vale decir, qué alcance darles, cómo combinarlas y cuándo otorgar precedencia a alguna de ellas. (...) destacamos que los principios constitucionales forman un conjunto de comandos normativos, debiendo, por eso, ser fielmente observados no solo por los Poderes del Estado, sino por todas las personas que se encuentran bajo la protección de nuestro ordenamiento jurídico (CARRAZZA, Roque Antônio. *Curso de Direito Constitucional Tributário*. 30.ª ed. São Paulo: Malheiros Editores, 2015, p. 58).

22 CARVALHO, Paulo de Barros. *Princípios e sobreprincípios na interpretação do Direito*. Disponible en el siguiente link: <http://http://www.ibet.com.br/download/Princ%C3%83%C2%ADpios%20PBC.pdf>. Visto el 19/01/2018.

23 CARVALHO, Paulo de Barros. *Derivação e positivação no Direito Tributário*. 2.ª ed. V. 3. São Paulo: Noeses, 2016, p. 209.

24 BONAVIDES, Paulo. *Ciência Política*. 2.ª ed. Río de Janeiro: Fundação Getulio Vargas, 1974, p. 107.

25 Paulo de Barros CARVALHO enseña que el «derecho se presenta como un conjunto de estructuras normativas, existentes aquí y ahora, que se proyectan sobre la realidad social para ordenarlas en sus relaciones de intersubjetividad, canalizando el flujo de las conductas en dirección a ciertos valores que la sociedad anhela y quiere ver implantados» (CARVALHO, Paulo de Barros. *Derivação e positivação no Direito Tributário*. 2.ª ed. V. 1. São Paulo: Noeses, 2014, p. 36); el intérprete no podrá «conocer el ordenamiento jurídico-positivo si no tomar contacto con el soporte físico (plano de expresión) del producto legislado» (CARVALHO, Paulo de Barros. *Direito tributário, linguagem e método*. 5.ª ed. São Paulo: Noeses, 2013, p. 204). De esta forma, desde el punto de vista subjetivo, el intérprete debe tener el conocimiento, vale decir, es un requisito intrínseco para la interpretación y la aplicación de las leyes tributarias el conocimiento de la ciencia y de la técnica del Derecho Tributario (NOGUEIRA, Ruy Barbosa. *Curso de Direito Tributário*. 5.ª ed. São Paulo: Saraiva, 1999, p. 97). Se sabe que en la interpretación de la ley tributaria es importante considerar no solo la fórmula léxica de su dicción, sino también su elemento lógico, el intento concreto que el legislador pretendió realizar en el mundo jurídico con la emisión de la norma. La conclusión del intérprete tiene que ser una que resulte de la comparación de esos dos aspectos del dispositivo analizado (FALCÃO, Amílcar de Araújo. *Direito Tributário brasileiro: aspectos concretos*. Río de Janeiro: Edições Financeiras, 1960, p. 138).

> El principio de garantía de la defensa, entre nosotros, resulta del mandato constitucional del debido proceso legal (Constitución de la República, art. 153, §§ 15 y 16), que tuvo su origen en el *due process of law* del derecho anglo-norteamericano. (...) el Proceso Administrativo sin oportunidad de defensa o con defensa vulnerada es nulo[26].

En esa época se publicó un artículo de Agustín A. GORDILLO, con el título *La garantía de defensa como principio de eficacia en el procedimiento administrativo*[27], el cual influenció a la jurisprudencia nacional[28] para que también aplique la amplia defensa a los procesos administrativos.

La Constitución de 1988, a pesar de tener muchas facetas, tiene el enfoque de una Constitución del Estado[29] Social, vale decir, los problemas constitucionales pertinentes a la relación de poderes y al ejercicio de derechos subjetivos deben ser solucionados a la luz de los conceptos derivados de aquella modalidad de ordenamiento[30]. Esto no acontece, por ejemplo, cuando analizamos una Constitución del Estado Liberal, puesto que es una Constitución antigobierno y antiestado.

Vale decir, el Estado social brasileño, con los perfeccionamientos provenientes de la Constitución de 1988, se tornó un Estado que no solo reconoce los derechos sociales básicos para sus ciudadanos[31], sino también los garantiza de forma clara y determinada:

> Para comprender la realidad jurídica existente en un determinado momento es indispensable conocer el espíritu de la época, que se revela en un conjunto de elementos: en los textos normativos que van surgiendo, en la literatura jurídica, en las polémicas que concretamente llaman la atención de las personas, en los miedos escondidos de sus opiniones, en los problemas enfrentados, en las decisiones judiciales, en los eventos relevantes, en los lugares-comunes, etc.[32].

En este sentido, el Estado brasileño se encuentra apto para producir las condiciones y los presupuestos reales y fácticos indispensables para el ejerci-

---

26 MEIRELLES, Hely Lopes. *Direito Administrativo brasileiro*. 13.ª ed. São Paulo: Revista dos Tribunais, 1987, p. 97.

27 GORDILLO, Agustín A. La garantía de defensa como principio de eficacia en el procedimiento administrativo, *en Revista de Direito Público*. N.° 10. São Paulo, 1969, pp. 16-24.

28 BACELLAR FILHO, Romeu Filipe. *Processo administrativo disciplinar*. São Paulo: Max Limonad, 2003, p. 301.

29 KANT sostiene lo siguiente: «Un Estado (*civitas*) es 'la unión de un conjunto de hombres bajo leyes jurídicas'» (BONAVIDES, Paulo. *Do Estado Liberal ao Estado Social*. 5.ª ed. Belo Horizonte: Del Rey, 1993, p. 99).

30 BONAVIDES, Paulo. *Curso de Direito Constitucional*. 14.ª ed. São Paulo: Malheiros Editores, 2004, p. 371.

31 *Ibídem*, p. 373.

32 SUNDFELD, Carlos Ari. Processo e procedimento administrativo no Brasil, *en* SUNDFELD, Carlos Ari y MUÑOZ, Guilhermo Andrés (coords.). *As Leis de Processo Administrativo Lei Federal 9.784/99 e Lei Paulista 10.177/98*. São Paulo: Malheiros Editores, 2000, p. 20.

cio de los derechos fundamentales, ya que el ciudadano depende de las prestaciones del Estado. Debe cumplir su tarea igualitaria porque si no lo hace provocaría la extinción de la democracia y de la libertad[33].

Cuando lamentamos el debilitamiento del Estado[34] brasileño y vislumbramos la necesidad de profundizarse la materia constitucional nacional, recordamos las enseñanzas siempre actuales del profesor Paulo BONAVIDES:

> Por lo tanto, la crisis constituyente azota a Brasil, desfigurándole la fisionomía política y social. Crisis de las estructuras y de las instituciones, tanto en la esfera del Estado como de la Sociedad; crisis que sacude los fundamentos de nuestro Estado social en gestación, y, si no es solucionada de forma satisfactoria, nos hará perder la identidad nacional bajo las presiones de un neoliberalismo sin rumbos y de una globalización sin límites[35].

La Constitución de 1988 se preocupó de los principios[36], expresando esa intención en diversas oportunidades, como podemos observar cuando se emplea esa palabra en la acepción de comienzo, fuente y fundamento de alguna cosa[37].

La Carta Magna, en su artículo 5º, inciso LV («LV. A los litigantes, en proceso judicial o administrativo, y a los acusados en general se les garantizan el contradictorio y la amplia defensa, con los medios y recursos inherentes a ella»), amplió el derecho[38] a la defensa para todos los litigantes, así como

---

33 BONAVIDES, Paulo. *Curso de Direito Constitucional*. 14.ª ed. São Paulo: Malheiros Editores, 2004, pp. 378 y 379.

34 Si existe unidad de poder sobre el territorio, personas y bienes, se tiene un Estado unitario. Si, por el contrario, el poder se reparte, se divide, en el espacio territorial (división espacial de poder), generando una multiplicidad de organizaciones gubernamentales, distribuidas regionalmente, nos encontramos delante de una forma de Estado compuesto, denominado Estado Federal o Federación de Estados (DA SILVA, José Afonso. *Curso de Direito Constitucional Positivo*. 9.ª ed. São Paulo: Malheiros Editores, 1994, p. 92).

35 BONAVIDES, Paulo. *Curso de Direito Constitucional*. 14.ª ed. São Paulo: Malheiros Editores, 2004, p. 30.

36 Son normas jurídicas que tienen una fuerte connotación axiológica: «Es el nombre que se da a las reglas del derecho positivo que introducen valores relevantes en el sistema, influyendo vigorosamente sobre la orientación de sectores del ordenamiento jurídico» (CARVALHO, Paulo de Barros. *Direito Tributário, linguagem e método*. 5.ª ed. São Paulo: Noeses, 2013, p. 261).

37 DA SILVA, José Afonso. *Teoria do conhecimento constitucional*. São Paulo: Malheiros Editores, 2014, p. 650.

38 El proceso de producción del derecho consiste en su enunciación: «El primer sentido de enunciación es el de acto productor del enunciado», donde la enunciación sería «como una instancia de mediación, que asegura el discurso de la lengua, que permite el tránsito de la competencia a la performance, de las estructuras semióticas virtuales a las estructuras realizadas bajo la forma de discurso» (FIORIN, José Luiz. *As astúcias da enunciação*. São Paulo: Ática, 1996, pp. 31-36) y la «actividad de enunciación –entendida aquí como una exclusiva actividad productora de normas, por lo tanto, fuente del derecho– se agota en sí

para los acusados en el proceso administrativo, y también estableció que no es necesario que los medios y recursos sean tan solo aquellos definidos en la ley, según la designación anterior:

> Entendido el derecho a la defensa como un derecho fundamental que será garantizado por el proceso, resulta que el ejercicio de la defensa tendría que manifestarse, idealmente, en el núcleo del proceso, según normas previamente emitidas; pero si faltan esas normas, ni por eso el administrado podrá ser privado del derecho a la defensa por el Poder Público[39].

A este raciocinio se sumó la comprensión del contradictorio, lo que elevó la posibilidad de significados normativos extraídos de la Constitución Federal.

La doctrina y la jurisprudencia, ante este cambio (ampliación de los derechos derivados) y a partir de este nuevo marco constitucional, comenzaron a analizar de forma específica y detallada las discusiones sobre la aplicación de los principios del contradictorio y de la amplia defensa en el Derecho Administrativo.

1.2. Sistema constitucional

Antes de ingresar en este tema, debemos realizar un breve análisis sobre el sistema jurídico en el cual están inmersas las normas constitucionales[40] y los principios que le corresponden.

Inicialmente, Geraldo Ataliba señaló lo siguiente:

> La comprensión de toda y cualquier institución de derecho público, positivamente adoptada por un pueblo, depende de una previa percepción de los principios fundamentales colocados en su base por ese mismo pueblo, en su manifestación política plena: la Constitución. Siendo el Derecho un sistema, se torna más fácil aprender el contenido, sentido y alcance de sus institutos y normas en función de las exigencias postuladas por esos principios[41].

---

misma proyectando en el producto (documento normativo) las siguientes categorías: agente competente, tiempo, espacio en el que fue producido el documento y el procedimiento utilizado para su elaboración» (Moussallem, Tárek Moysés. *Fontes do Direito Tributário*. 2.ª ed. São Paulo: Noeses, 2006, p. 137).

39 Pereira Jr., Jessé Torres. *O Direito à Defesa na Constituição de 1988: proceso administrativo e os acusados em geral*. Río de Janeiro: Renovar, 1991, p. 27.

40 Roque Antônio Carrazza enseña que las normas constitucionales deben recibir la interpretación que mayor efectividad le confiere; el aplicador no puede usar sus propias idiosincrasias para supuestamente rectificar lo que, en su comprensión, estaría colocado de manera inadecuada en la Constitución (*Curso de Direito Constitucional Tributário*. 30.ª ed. São Paulo: Malheiros Editores, 2015, p. 40).

41 Ataliba, Geraldo. *República e Constituição*. 2.ª ed. São Paulo: Malheiros Editores, 1998, p. 15.

Roque Antônio CARRAZZA sostiene que la Ciencia Jurídica tendría como objeto de estudio al Derecho Positivo, vale decir, los conceptos de ese campo deberían resultar de la interpretación[42] de las normas jurídicas vigentes. Por lo tanto, es irrelevante para la dogmática del derecho el sentido que otras ciencias le atribuyen a las palabras[43].

Asimismo, Paulo de Barros CARVALHO enseña que interpretar[44] sería «atribuir valores a los símbolos, vale decir, adjudicarles significaciones y, por medio de esas, referencias a los objetos»[45]:

> El exégeta valora los enunciados del derecho positivo y a partir de estos construye las normas jurídicas. No se niega que estas toman como punto de partida los textos del derecho positivo, pero su contenido es discernido por el intérprete, que utiliza, para ello, su propia ideología, vale decir, su pauta de valores. Las normas jurídicas son construcciones intelectuales del intérprete, realizadas a partir del análisis de la legislación *lato sensu*. Ellas son las que permiten que las realidades del universo sean, como observa Hans KELSEN, «aprehendidas jurídicamente»[46].

---

42 La interpretación de las normas tributarias y de los principios (como normas) depende de un análisis sistemático capaz de considerar el universo de las reglas jurídicas, en cuanto organización sintáctica (jerarquía sintáctica) y axiológica (jerarquía de los valores jurídicos), dado que como una proposición prescriptiva del derecho no puede ser apreciada independientemente del sistema al que pertenece, lo mismo acontece con los valores jurídicos incluidos en las estructuras normativas (CARVALHO, Paulo de Barros. *Princípios e sobreprincípios na interpretação do Direito*. Disponible en el siguiente link: <http:// http:// www.ibet.com.br/download/Princ%C3%83%C2%ADpios%20PBC.pdf>. Visto el 19/01/2018).

43 CARRAZZA, Roque Antônio y CARRAZZA, Elizabeth Nazar. Da não Incidência de ICMS sobre os serviços de licença de uso de programa de computador de PABX Virtual e de hospedagem de áudio e vídeo pela internet (*Streaming*), *en* MARQUES, Cláudia Villagra da Silva (coord.). *Direito Tributário: olhar crítico na estrutura tributária brasileira*. São Paulo: Claris, 2016, pp. 192 y 193.

44 Eros Roberto GRAU afirma que la interpretación presentaría un carácter creativo, lo que imposibilitaría que tan sola una norma jurídica fuese extraída de un determinado dispositivo legal: «Las disposiciones, los enunciados, los textos, nada dicen; tan solo pasan a decir algo cuando son efectivamente convertidos en normas (vale decir, cuando -a través y mediante la interpretación- son transformados en normas). Por esta razón, las normas resultan de la interpretación, y podemos decir que ellas, en cuanto disposiciones, nada dicen - ellas dicen lo que los intérpretes afirman que ellas dicen. Pero (nótese bien) esto no significa que el intérprete, literalmente, cree la norma. En otras palabras, el intérprete no es un creador *ex nihilo*, él produce la norma, pero no en el sentido de fabricarla, sino en el sentido de reproducirla. El producto de la interpretación es la norma expresada como tal. Pero la norma parcialmente preexiste, potencialmente, en la camada del texto, vale decir, en la camada del enunciado» (*Ensaio sobre a interpretação/aplicação do Direito*. São Paulo: Malheiros Editores, 2002, pp. 72 y 73).

45 CARVALHO, Paulo de Barros. *Direito Tributário, linguagem e método*. 5.ª ed. São Paulo: Noeses, 2013, pp. 181 y 182.

46 CARRAZZA, Roque Antônio. *Reflexões sobre a obrigação tributária*. São Paulo: Noeses, 2010, pp. 15 y 16.

En otras palabras, el derecho es un conjunto de normas[47]. A este conjunto se denominó *sistema jurídico* (ordenamiento jurídico), como muy bien nos enseñó Geraldo ATALIBA[48].

La historia de las revoluciones, informada por diversos vectores, demuestra que estas tienen como fundamento y como objetivo el reconocimiento de un principio constitucional, lo cual demuestra su importancia y que también resulta del seno del pueblo, como un sentimiento jurídico que sobrepasa barreras y se transforma en una «idea-fuerza» que crece de la comunidad y se realiza en la práctica[49].

Wagner BALERA afirma que «las funciones están configuradas, por el derecho positivo de cada país, como estructuras operacionales que instrumentalizan al Estado para que cumpla su destino: promover el bien de todos»[50].

Los principios organizan conjuntos caóticos permitiendo la sistematización del Derecho[51]; establecen los objetivos de la sociedad, los cuales están dispuestos en el ordenamiento jurídico; y unifican el sistema jurídico, cuando agregan las normas que están a su alrededor. Por lo tanto, se puede apreciar su importancia como pieza-clave de todo el sistema normativo.

De esta forma, si no profundizamos la investigación de la función de los referidos principios en el ordenamiento jurídico brasileño, jamás será posible comprender la naturaleza, la esencia y los rumbos del constitucionalismo contemporáneo[52].

1.3. Sistema constitucional tributario

Ives GANDRA enseña que no es casual que la Constitución vigente dedique un capítulo a la Organización Nacional del Sistema Tributario[53]. En este sen-

---

47 Humberto ÁVILA afirma que las «normas no son textos ni el conjunto de ellos, sino los sentidos construidos a partir de la interpretación sistemática de los textos normativos. De ahí se afirma que los dispositivos son el objeto de la interpretación; y las normas, su resultado. Lo importante es que no existe correspondencia entre norma y dispositivo, pues siempre que exista un dispositivo habrá una norma, o siempre que haya una norma deberá haber un dispositivo que le sirva de soporte» (ÁVILA, Humberto. *Teoria dos princípios: da definição à aplicação dos princípios jurídicos*. 17.ª ed. São Paulo: Malheiros, 2016, p. 50).

48 ATALIBA, Geraldo. *Hipótese de incidência tributária*. 6.ª ed. São Paulo: Malheiros Editores, 2014, p. 25.

49 DA SILVA, José Afonso. *Teoria do conhecimento constitucional*. São Paulo: Malheiros Editores, 2014, pp. 659 y 660.

50 BALERA, Wagner. *Processo administrativo previdenciário: benefícios*. São Paulo: LTr, 1999, p. 19.

51 BECHO, Renato Lopes. *Lições de Direito Tributário*. 3.ª ed. São Paulo: Saraiva, 2015, pp. 335 y 336.

52 BONAVIDES, Paulo. *Curso de Direito Constitucional*. 14.ª ed. São Paulo: Malheiros Editores, 2004, p. 231.

53 MARTINS, Ives Gandra. *Sistema tributário na Constituição de 1988*. 2.ª ed. São Paulo: Saraiva, 1990, p. 45.

tido, resulta pertinente las enseñanzas del autor italiano Victor UCKMAR sobre el sistema tributario:

> El orden tributario es uno de los elementos de los cuales se puede deducir mejor si un Estado responde a los requisitos propios del «Estado de derecho» en las relaciones con los ciudadanos y constituye -especialmente hoy en una economía mundial– un elemento fundamental de confrontación de los países en el escenario internacional[54].

Paulo de Barros CARVALHO sostiene que el ordenamiento jurídico brasileño debe ser analizado de la siguiente manera:

> Los conceptos que se han introducido hasta aquí permiten ver el orden jurídico brasileño como un sistema de normas, algunas de comportamiento, otras de estructura, concebido por el hombre para motivar y alterar la conducta en el seno de la sociedad. Está compuesto por subsistemas que se cruzan en múltiples direcciones, pero que se reducen en la búsqueda de su último fundamento de validez semántica que es la Constitución de Brasil. Y esta, a su vez, constituye también un subsistema, el más importante, que es superior sobre todos los demás, en virtud de su privilegiada posición jerárquica, ocupando el tópico todo el sistema jurídico nacional[55].

También debemos recordar las lecciones del profesor CANOTILHO, que aportan mucho al análisis de la actuación de los principios:

> Los principios son normas que exigen la realización de algo, de la mejor forma posible, de acuerdo con las posibilidades fácticas y jurídicas. Los principios no prohíben, permiten o exigen algo en términos de «todo o nada»; imponen la optimización de un derecho o de un bien jurídico, tomando en cuenta la «reserva de lo posible», fáctica o jurídica[56].

Eduardo García de ENTERRÍA sostiene lo siguiente:

> La técnica de los principios generales del Derecho, aparte de su valor propio en todo ámbito jurídico como técnica de superación del positivismo legalista, que pretendía reducir todo el Derecho a la simple exégesis

---

54 UCKMAR, Victor. El Sistema Tributario: las instituciones, las administraciones fiscales, los contribuyentes, *en* MELLO, Celso Antônio Bandeira de (coord.). *Direito Tributário: estudos em homenagem a Geraldo Ataliba*. São Paulo: Malheiros Editores, 1997, p. 105.

55 CARVALHO, Paulo de Barros. *Curso de Direito Tributário*. 26.ª ed. São Paulo: Saraiva, 2014, p. 154. No podemos olvidar que la Constitución «dispone sobre los principales poderes del Estado, en el campo de la tributación, junto a medidas que aseguran las garantías imprescindibles para la libertad de las personas delante de aquellos poderes» (CARVALHO, Paulo de Barros. *Curso de Direito Tributário*. 26.ª ed. São Paulo: Saraiva, 2014, p. 155).

56 CANOTILHO, J. J. Gomes. *Direito Constitucional*. Coimbra: Almedina, 1991, p. 545.

de las leyes escritas, ha tenido un desenvolvimiento espectacular precisamente en el Derecho Público[57].

Dentro de ese sistema jurídico podemos encontrar los subsistemas, que son construidos por medio de conceptos propios (aglutinantes)[58], como el propio subsistema constitucional tributario[59]. En este sentido, el profesor James Marins señala lo siguiente:

> En Brasil, único país del mundo que cuenta con un sistema constitucional tributario, el problema de las antinomias adopta muchísimas veces la forma de inconstitucionalidad, lo que conduce a importantes desdoblamientos y problemas en la generación y aplicación de las normas jurídicas tributarias. Ante la generosidad del legislador constitucional brasileño que inserta reglas tributarias en la Constitución Federal de 1988, creando un sistema que se identifica por la hermeticidad, las normas infraconstitucionales tributarias, complementarias u ordinarias, sufren vigorosas limitaciones materiales y formales y se someten ampliamente al test de constitucionalidad[60].

El Derecho constitucional tributario sería un conjunto de normas y principios que regulan el poder tributario estatal, así como la manifestación de las competencias tributarias, exigencias y formas de recaudación en conjunto con las garantías defendidas por el debido proceso legal (legislativo, administrativo y jurisdiccional) tanto del fisco como del contribuyente[61].

Teresa Arruda Alvim sostiene que la importancia de los principios transcritos en la Constitución Federal es clara para la concepción de sistema constitucional tributario. Esta autora enseña lo siguiente:

---

[57] No parece preciso insistir en la actualidad general que la técnica de los principios generales del Derecho tiene hoy en todos los sistemas positivos como esencial en el proceso aplicativo del Derecho. Pero acaso no resulte ocioso subrayar que esta técnica viene a enlazar en sus efectos con uno de los valores centrales del ideario democrático, el consenso (Enterría, Eduardo García de. *Democracia, Jueces y Control de la Administración*. 3.ª ed. Madrid: Civitas, 1997, pp. 146-153).

[58] «[Sistema es] un conjunto armónico, ordenado y unitario de elementos reunidos en torno a un concepto fundamental o aglutinante. Este concepto aglutinante sirve de criterio unificador, en el lenguaje de Geraldo Ataliba, atrayendo y armonizando, en un solo sistema, los diferentes elementos que lo componen» (Gonçalves, José Artur Lima. *Imposto sobre a Renda: pressupostos constitucionais*. São Paulo: Malheiros Editores, 2002, p. 40).

[59] Debido al perfil del subsistema constitucional tributario, Geraldo Ataliba afirmaba que «Derecho Tributario en Brasil es Derecho Constitucional» (Grupenmacher, Betina Treiger. Sistema e Princípios Constitucionais Tributários, *en 50 Anos do Código Tributário Nacional*. São Paulo: Editora Noeses, 2016, p. 141).

[60] Marins, James. *Direito Processual Tributário Brasileiro (Administrativo e Judicial): atualizado com o CPC/15, comparativamente como o CPC/73*. 8.ª ed. São Paulo: Dialética, 2015, p. 18.

[61] Nogueira, Ruy Barbosa. *Curso de Direito Tributário*. 5.ª ed. São Paulo: Saraiva, 1999, pp. 117 y 118.

El grado de relevancia de esta actividad es tan grande que el estudio del Derecho tributario positivo brasileño tiene como principal fundamento los principios transcritos en la Constitución. Esto es así porque el sistema tributario brasileño se caracteriza porque está meticulosamente delineado en la CF/88, lo que nos lleva a concebirlo como un verdadero sistema constitucional tributario. Así, cualquier examen normativo se realiza necesariamente a partir de la propia Carta Magna. En este sentido, debemos prestar mucha atención a los principios superiores que encontramos en ella. Esta característica permite que los órganos normativos (sean federales, estatales o municipales) estén milimétricamente sujetos a las reglas constitucionales (tanto a los principios implícitos o explícitos como a las normas específicas destinadas a la tributación)[62].

El principio de seguridad jurídica se encuentra íntimamente vinculado con el Derecho Tributario, garantizando la prevalencia del ordenamiento jurídico en conjunto con los intereses individuales:

> De esta manera, el tributo se entiende como una institución que se inmiscuye en el mercado alterando su normal desarrollo, y desde la perspectiva dogmático-liberal, es un mal menor. La visión peyorativa del tributo parte precisamente de esa idea radicalmente liberal de protección de la sociedad frente al Estado, y, por lo tanto, de la exacerbación del interés individual de los componentes del cuerpo social frente al orden jurídico, cuya única finalidad sería, precisamente, garantizar esos intereses individuales[63].

Por lo tanto, la no utilización de la llamada «piedra angular» del sistema al cual pertenece, siendo este el sistema constitucional tributario, podría provocar el completo «desmoronamiento de la construcción intelectual», como muy bien lo recordó Geraldo ATALIBA al citar lo que ocurrió en *A Abóbada* de Alexandre HERCULANO[64].

---

62 ALVIM, Teresa Arruda y MARINS, James. Processo Tributário, *en* ALVIM, Teresa Arruda (coord.). *Repertório de jurisprudência e doutrina sobre processo tributário*. São Paulo: Revista dos Tribunais, 1994, p. 12.

63 NOVOA, César García. Seguridad jurídica y Derecho Tributario, *en* MELLO, Celso Antônio Bandeira de (coord.). *Direito Tributário: estudos em homenagem a Geraldo Ataliba*. São Paulo: Malheiros Editores, 1997, p. 65.

64 CARRAZZA, Roque Antônio. *Curso de Direito Constitucional Tributário*. 30.ª ed. São Paulo: Malheiros Editores, 2015, p. 48.

2.

TEORÍA GENERAL DEL PROCESO ADMINISTRATIVO FISCAL

2.1. Proceso o procedimiento

Cuando hablamos de actividad administrativa, debemos establecer en primer lugar que esa actividad -posteriormente calificada como «administrativa»- es desarrollada de una forma general por un aparato burocrático integrado en una determinada organización del Estado[65].

De forma didáctica, Luiza NAGIB y Caroline AGUIAR (en un artículo escrito en conjunto) sostienen que la Administración Pública es responsable por algunas vertientes que son esenciales para el correcto desarrollo de la sociedad, pero no siempre la actuación del Estado como agente propulsor de esas medidas se realiza de modo eficiente y suple por completo la necesidad de todos[66]:

> Ese acto de cooperación cumple con los mandatos de la propia CF/88, considerando que su artículo 1° caracteriza de forma expresa la República Federativa de Brasil como un Estado Democrático de Derecho.
>
> El artículo 3°, inciso I, de la CF/88 sostiene que el objetivo fundamental de la República es la construcción «¡de una sociedad libre, justa y solidaria!», colaborando con el fortalecimiento de los tres pilares que sostienen un Estado Democrático de Derecho, los cuales son la libertad, la igualdad y la fraternidad, conforme fue indicado en el propio Preámbulo Constitucional (...).

Por otra parte, el proceso es el propio campo de batalla del Derecho, donde su organización debe ser formada por principios y normas que aseguren a los contribuyentes (litigantes), en una relación de equidad, las condicio-

---

65 GRECO, Marco Aurélio. *Dinâmica da tributação e procedimento*. São Paulo: Revista dos Tribunais, 1979, p. 77.

66 NAGIB, Luiza y AGUIAR, Caroline Pires de. Imunidade tributária e as instituições de assistência social, *en* MARQUES, Cláudia Villagra da Silva (coord.). *Direito Tributário: olhar crítico na estrutura tributária brasileira*. São Paulo: Claris, 2016, pp. 160 y 161.

nes de utilizar todas las herramientas que el ordenamiento jurídico pueda facilitar para demostrar, reconocer y proteger sus derechos[67].

La opción terminológica debe estar atenta al hecho de que el concepto *proceso* contempla la idea de una directriz y la posibilidad de diversos actos (lógica y jurídicamente encadenados). Sérgio FERRAZ y Adilson Abreu DALLARI señalan que este concepto abarca dos realidades en el plano conceptual, a saber[68]:

(i) Realidad panorámicamente identificada en un conjunto, que parte de un estímulo o un requerimiento, y que, a través de la práctica de actos instrumentales, produce el resultado; y

(ii) Realidad atomizada, que se concretiza en el camino que va desde el inicio hacia el fin del proceso (dónde, cómo y cuándo).

Estos autores sostienen que el proceso administrativo conglomera una relación interpersonal (administración/administrados), la cual, delante de la incidencia de la regla jurídica[69] sobre su estructura, se torna jurídica[70].

En esa contraposición entre proceso y procedimiento[71] no hay una relación continente/contenido, pues ninguno de los dos términos comprende enteramente al otro, dado que se trata de realidades distintas, vale decir, todo

---

67 BOTTALLO, Eduardo Domingos. Princípios gerais do processo administrativo tributário, *en Revista de Direito Tributário*. N.º 1. São Paulo: RT, 1977, p. 47.

68 FERRAZ, Sérgio y DALLARI, Adilson Abreu. *Processo administrativo*. 3.ª ed. São Paulo: Malheiros Editores, 2012, pp. 49 y 50.

69 La regla jurídica es el instrumento creado por el Estado para dominar y regir los hechos del ambiente social: fuerzas económicas, ideales, intereses, necesidades, etc., siempre en movimiento y frecuentemente antagónicas. Toda regla jurídica supone una tensión o posibilidad de tensión entre la conducta que ella impone y la realidad social. La regla jurídica transforma el determinismo natural (espontáneo o al arbitrio del individuo) de los hechos sociales en un determinismo artificial, dado que impone a esos hechos sociales una distorsión específica y un comportamiento prefijado cuya estructura y dirección se presentaron al legislador como necesarias al bien común auténtico o falso (BECKER, Alfredo Augusto. *Teoría geral do direito tributário*. 6.ª ed. São Paulo: Noeses, 2013, p. 61).

70 FERRAZ, Sérgio y DALLARI, Adilson Abreu. *Processo administrativo*. 3.ª ed. São Paulo: Malheiros Editores, 2012, p. 53.

71 Procedimiento administrativo es una sucesión itineraria y encadenada de actos administrativos que tienden, todos, a un resultado final y conclusivo. En otras palabras, para que exista el procedimiento se debe cumplir una secuencia de actos vinculados entre sí, vale decir, armados en una sucesión ordenada que pretende un acto final, razón por la cual se compuso esta cadena, aunque sin perjuicio de que cada uno de los actos en este todo conserve su propia identidad funcional, que autoriza a reconocer en ellos lo que los autores califican como 'autonomía relativa'. Así, cada acto cumple una función propia, a pesar de que todos coparticipan del rumbo tendencial que los encadena: se destinan a componer un desenlace, en un acto final, pues están ordenados para generar una expresión decisiva acerca de un determinado asunto, en torno al cual todos se polarizan (MELLO, Celso Antônio Bandeira. *Curso de direito administrativo*. 10.ª ed. São Paulo: Malheiros Editores, 1998, pp. 308 y 309).

proceso administrativo abarca un procedimiento, pero no todo procedimiento administrativo «se desarrolla en el seno de un proceso administrativo»[72].

Paulo de Barros CARVALHO[73] sostiene que el término «proceso» estaría adscrito «a la composición de los litigios que se opera en el plano de la actividad jurisdiccional del Estado, significando la controversia desarrollada ante los órganos del Poder Judicial», mientras que el término «procedimiento» debería ser el «vocablo pertinente para referirse a la discusión que existe en el curso de la esfera administrativa». Así, este gran maestro afirma que la locución correcta que será utilizada en la impugnación de los actos administrativos[74], en lo que respecta a la materia tributaria, debería ser «procedimiento administrativo tributario». El profesor Celso Antônio Bandera de MELLO[75], en su libro *Elementos de Direito Administrativo,* enseña que el acto administrativo está compuesto por (i) actos impulsionadores; (ii) actos introductorios u ordinarios; (iii) actos decisorios; (iv) actos controladores; y (v) actos comunicacionales

Eduardo Domingos BOTTALLO sostiene que para una correcta calificación del contencioso administrativo tributario se deberá utilizar la expresión «procedimiento administrativo», dado que la expresión «proceso administrativo» implicaría la usurpación del signo fuertemente vinculado con el desempeño de la función característica del Poder Judicial[76].

El referido autor, al desarrollar su razonamiento, establece que la Constitución Federal, buscando transformar el contencioso administrativo en un eficaz instrumento de realización de la materia en disputa, le otorgó la capacidad ilimitada de estructurarse de una manera que sea capaz de resolver de forma exacta los litigios que se presenten en su área de actuación[77]. Esta comprensión permitió concluir que la expresión «proceso administrativo» contaría con un sólido fundamento constitucional, el cual justificaría su «idoneidad para identificar el campo en el cual el Estado desempeña la función administrativa jurisdiccional»[78].

---

72 FERRAZ, Sérgio y DALLARI, Adilson Abreu. *Processo administrativo.* 3.ª ed. São Paulo: Malheiros Editores, 2012, p. 55.

73 CARVALHO, Paulo de Barros. Processo administrativo tributário, *en Revista de Direito Tributário.* N.º 9 y 10. São Paulo: RT, 1979, p. 277.

74 Paulo de Barros CARVALHO sostiene que «los actos administrativos, principalmente los vinculados, deben tener el motivo o causa de su celebración. De lo contrario, será imposible la verificación de su legalidad y, eso, sabemos, no puede ocurrir con los actos de competencia vinculada» (CARVALHO, Paulo de Barros. *Direito tributário, linguagem e método.* 5.ª ed. São Paulo: Noeses, 2013, p. 945).

75 MELLO, Celso Antônio Bandeira de. *Elementos de direito administrativo.* São Paulo: Revista dos Tribunais, 1980, p. 71.

76 BOTTALLO, Eduardo Domingos. *Curso de processo administrativo tributário.* São Paulo: Malheiros Editores, 2006, p. 64.

77 *Ibídem,* p. 66.

78 *Ibídem,* p. 67.

Teresa Arruda ALVIM sostiene que el alcance de la expresión «proceso tributario» debería ser limitada exclusivamente al proceso judicial, dado que la noción *contencioso administrativo* estaría más adscrita al concepto de procedimiento:

> (…) una necesaria advertencia sobre el alcance de la denominación «Proceso Tributario». Nos parece más correcto que se deba limitar exclusivamente al proceso judicial, pues el contencioso administrativo está más próximo a la noción de «procedimiento» que de «proceso» propiamente dicho.
>
> Se aprecia que la CF/88 no establece esa distinción en su texto, al garantizar, en el artículo 5°, LV, lo siguiente: (...) sin embargo, a pesar del texto constitucional, obviamente menos científico que político, esa referencia no tiene el poder de atribuir al procedimiento administrativo el carácter y la naturaleza jurídica del proceso judicial. El Derecho Procesal Civil envuelve un conjunto de garantías y principios muchas veces incompatibles con la naturaleza de la actividad administrativa, de un modo general, especialmente en relación de la celeridad que se espera de esta actividad.
>
> Basta recordar, como uno de los más expresivos elementos diferenciadores entre proceso civil y procedimiento administrativo, que no existe proceso en un juez investido (jurisdicción), y yéndose más allá, incluso el proceso instaurado ante un juez investido no tendrá validez sin el presupuesto principal de la imparcialidad. Por otro lado, esta imparcialidad no puede ser presupuesto de validez de un procedimiento administrativo, pues el órgano administrativo, facultado con plenos poderes decisorios, no es sino el propio órgano parte del litigio (así, por ejemplo, los recursos administrativos tributarios, que son decididos por el propio órgano de recaudación, muchas veces son inclusive juzgados por el propio fiscal responsable, v.g., por la actuación fiscal que el contribuyente en defensa administrativa señala como viciada)[79].

Ante lo expuesto y con la procesalización del contencioso administrativo tributario, la expresión «proceso administrativo» dejó de ser impropia porque pasó a exponer un sólido fundamento, el cual justifica de forma clara la idoneidad para identificar el campo donde el Poder Estatal desempeña la función administrativa judicial[80].

En ese aspecto, tendríamos[81] (i) el procedimiento como camino para obtener el acto de determinación (fiscalización tributaria e imposición de penalidades); (ii)

---

[79] ALVIM, Teresa Arruda y MARINS, James. Processo tributário, *en* ALVIM, Teresa Arruda (coord.). *Repertório de jurisprudência e doutrina sobre processo tributário*. São Paulo: Revista dos Tribunais, 1994, pp. 10 y 11.

[80] BOTTALLO, Eduardo Domingos. *Curso de processo administrativo tributário*. São Paulo: Malheiros Editores, 2006, p. 67.

[81] MARINS, James. *Direito processual tributário brasileiro (administrativo e judicial): atualizado com o CPC/15, comparativamente como o CPC/73*. 8.ª ed. São Paulo: Dialética, 2015, p. 139.

el proceso como elemento de solución administrativa de conflictos fiscales; y (iii) el proceso como elemento de solución judicial de los conflictos fiscales.

Consideramos que la distinción propuesta encuentra respuesta en la simple definición de que la etapa del proceso administrativo fiscal se caracteriza por la formación del conflicto de intereses (resistencia administrativa), vale decir, el procedimiento administrativo fiscal se convierte en un proceso administrativo fiscal cuando el contribuyente manifiesta su inconformidad con el acto administrativo practicado por la Administración Tributaria, el cual puede estar relacionado a la determinación del tributo o a cualquier otro acto administrativo que el contribuyente entienda que le causa un perjuicio[82].

Luego, la insurgencia del contribuyente contra la Administración Tributaria instaura el proceso administrativo fiscal (variación procedimiento-proceso) y modifica la naturaleza jurídica del actuar administrativo fiscal.

Además, esta controversia se encuentra superada porque no existe esa distinción en las redacciones de las legislaciones constitucionales e infraconstitucionales que rigen la materia, dado que los dispositivos legales tratan ese fenómeno tan solo como «proceso administrativo».

De esta forma, el procedimiento, cumplido como objeto del proceso administrativo fiscal, tan solo sería el modo de constitución del crédito tributario en la perspectiva de la ejecución forzada.

2.2. Proceso tributario

El subsistema constitucional tributario se encuentra insertado en el sistema constitucional brasileño. Por lo tanto, el primero debe ser comprendido a través de las normas dispuestas en el sistema jurídico por su aspecto procesal.

En este sentido, Marcelo Harger señala lo siguiente:

> El proceso es considerado como el aspecto dinámico de un fenómeno que se concretiza en el transcurrir del tiempo y que refleja la transformación del poder estatal latente en actos y decisiones. Por esta razón, actualmente no se niega la existencia del proceso en el ejercicio de la función jurisdiccional, sino se afirma que el ejercicio de las funciones legislativa y ejecutiva también es caracterizado por la procesalidad[83].

---

82 La mera bilateralidad del procedimiento no es suficiente para caracterizarlo como proceso. Puede haber participación del contribuyente en la actividad formalizadora del tributo y eso se da, por ejemplo, cuando este anexa documentos contables que le fueron solicitados o cuando comparece al procedimiento para esclarecer alguna conducta o procedimiento fiscal que haya adoptado en su actividad privada. Hasta ese punto no se habla de litigio o de conflicto de intereses porque el Estado todavía no ha formalizado su pretensión tributaria. Hay un mero procedimiento que pretende formalizar una determinada obligación tributaria (autodeterminación) (Marins, James. *Direito processual tributário brasileiro (administrativo e judicial): atualizado com o CPC/15, comparativamente como o CPC/73*. 8.ª ed. São Paulo: Dialética, 2015, p. 142).

83 Harger, Marcelo. *Princípios constitucionais do processo administrativo*. 2.ª ed. Río de Janeiro: Forense, 2008, pp. 40 y 41.

La procesalización en el Derecho Tributario, entendiéndose esta como el cobro de tributos a través de los tribunales administrativos y judiciales (abarcada por las garantías constitucionales y procesales), se asienta al lado de la llamada *conquista de la procesalización criminal*. Antes de la Revolución Francesa y, consecuentemente, del Estado de Derecho, la punición penal era otorgada a los que tenían el dominio (poder) de la sociedad, que castigaban de forma indiscriminada al pueblo, asimismo, el «poder tributario» era utilizado (con arbitrariedad) como instrumento de opresión política[84].

Teresa Arruda ALVIM establece la diferencia de la expresión «proceso tributario» en Brasil porque en nuestro ordenamiento no existirían de forma sistemática las diversas facetas procesales que surgen de la discusión judicial de los problemas tributarios:

> La denominación «Proceso Tributario», en Brasil, infelizmente no puede pretender tener el mismo alcance que encuentra en otros países, donde recibe una extensión precisa en virtud de la codificación de la materia, como, por ejemplo, el reciente Código de Proceso Tributario portugués (Dec. Ley N.° 154/91), creado de acuerdo con la reforma tributaria ocurrida en ese país, evidenciando la importancia creciente que empiezan a tener las cuestiones procesales en el contexto del Derecho Tributario, o, de forma pionera en Alemania, el Orden de los Tribunales Financieros.
>
> Entonces, el Proceso Tributario se refiere predominantemente a un conjunto de reglas extraídas de la experiencia de los Tribunales, fértiles en discusiones procesales surgidas en los conflictos tributarios, y no consideraciones realizadas sobre imposiciones legislativas, ante la ausencia de normas legales ampliamente sistematizadas, o doctrinarias, por la escasez de obras nacionales que traten de forma genérica y directa el asunto.
>
> Esto es así porque no existe, entre nosotros, un texto legal que comprenda sistemáticamente las diversas facetas procesales que surjan de la discusión judicial de los problemas tributarios, o, en la precisa delimitación conceptual de Arruda ALVIM, en las acciones con referencia al derecho tributario. Sin embargo, el proceso tributario consiste exactamente en la sistematización de las cuestiones procesales que nacen de las discusiones judiciales que versen sobre la obligación tributaria, vale decir, es el análisis técnico de los problemas de Derecho Procesal Civil, surgido en las causas donde son partes el Poder Público –como ente recaudador de tributos– y el ciudadano –como contribuyente–, pudiendo, ambos, figurar en cualquiera de los polos, activo o pasivo, de la relación jurídica procesal[85].

---

84 PREVITALLI, Cleide. *O processo tributário*. 3.ª ed. São Paulo: Revista dos Tribunais, 2001, p. 214.

85 ALVIM, Teresa Arruda y MARINS, James. Processo tributário, *en* ALVIM, Teresa Arruda (coord.). *Repertório de jurisprudência e doutrina sobre processo tributário*. São Paulo: Revista dos Tribunais, 1994, pp. 8 y 9.

Normalmente, esos conflictos de interés relacionados a temas tributarios ocurren porque el contribuyente incumple la exigencia tributaria, siendo esta impositiva, y porque la relación jurídico-tributaria no admite la participación de la voluntad del obligado (contribuyente) por la norma[86].

Sin embargo, el proceso tributario[87] en Brasil ha evolucionado muy poco en las últimas décadas, según lo destaca el profesor James MARINS, y por eso decidimos analizarlo a través del panorama proporcionado por los procesos tributarios en sus ámbitos administrativo y judicial:

> Pero infelizmente en Brasil el proceso tributario camina muy lentamente. De hecho, a excepción, tal vez, de la renovada creación de la Justicia Federal, en 1946, con su Tribunal Federal de Recursos, recientemente transformado en Superior Tribunal de Justicia y virtualmente sustituido por los Tribunales Regionales Federales instalados en cinco regiones del país por expresa previsión de la Constitución de 1988, poco evolucionó en nuestro sistema en términos orgánicos y fundamentales, especialmente por la falta notable de apetito legislativo para esos asuntos procesales, característica común de casi todos los gobiernos, siempre más dedicados a realizar modificaciones de orden material[88].

Es importante mencionar que las normas del proceso tributario guardan una estrecha relación con el Derecho Público y deben ser eminentemente analizadas desde el enfoque constitucional:

> Las normas del proceso integran el derecho público e inciden sobre la actividad del Estado, por la cual se desarrolla la función judicial. En el proceso no se establece una relación de coordinación, sino de poder y sujeción, donde el interés público en la resolución de los conflictos prevalece sobre los intereses divergentes de los litigantes. El carácter

---

86 Ese conflicto motiva el nacimiento de la relación jurídico-procesal tributaria, formulada y desarrollada ante el Estado juzgador, caracterizándose dos situaciones absolutamente distintas: hay una relación jurídico-tributaria y una relación jurídico-procesal que tienen características tributarias. En la primera existen voluntades con intereses opuestos; el interés del Fisco imponiendo la satisfacción de una obligación, por un lado, y, por otro lado, el interés de quien debe satisfacer la exigencia. Sin embargo, en ese momento, esos intereses no están necesariamente en conflicto, porque el particular puede cumplir de forma voluntaria la obligación tributaria. Pero cuando se instaura la relación jurídico-procesal tributaria, de forma distinta, las voluntades colisionan (PREVITALLI, Cleide. *O processo tributário*. 3.ª ed. São Paulo: Revista dos Tribunais, 2001, pp. 214 y 215).

87 El proceso tributario, comprendiendo así a toda forma de discusión, sea de la obligación principal, sea de la obligación accesoria, puede desarrollarse en dos o en una sola esfera. En la instancia administrativa y posteriormente en la judicial o solo en una de ellas, dado que si la solución administrativa dada por la Hacienda es favorable al contribuyente, o este se conforma con la solución, el caso termina tan solo con la actividad administrativa (NOGUEIRA, Ruy Barbosa. *Curso de direito tributário*. 5.ª ed. São Paulo: Saraiva, 1999, p. 244).

88 MARINS, James. *Direito processual tributário brasileiro (administrativo e judicial): atualizado com o CPC/15, comparativamente como o CPC/73*. 8.ª ed. São Paulo: Dialética, 2015, pp. 34 y 35.

técnico de la norma procesal es el medio idóneo para pacificar y hacer justicia (...)[89].

Asimismo, Alberto XAVIER señaló lo siguiente:

Proceso es el procedimiento que tiene por objeto la solución de un litigio, caracterizado, en la clásica visión de CARNELUTTI, por el conflicto de interés (elemento material) y por el binomio de pretensión-resistencia (elemento formal). Proceso Administrativo es aquel cuyo juicio compete a la propia administración[90].

Vale decir, las normas que pretenden el equilibrio de la relación entre fisco y contribuyente son integrantes del proceso tributario y, además, tienen un gran valor para el análisis del panorama procesal tributario.

Isabela BONFÁ sostiene que el Derecho Procesal Tributario es una rama jurídica autónoma que se refiere a las relaciones jurídico-procesal-civiles que tienen por objeto los conflictos de naturaleza tributaria[91].

Así, el proceso tributario no podría ser aceptado y desarrollado de acuerdo a las reglas de proceso común, dado que tiene principios constitucionales propios y características que lo alejan de los postulados eminentemente civilistas.

En síntesis, el profesor James MARINS estableció siete factores de gran influencia en la construcción del Derecho Procesal Tributario, a saber[92]:

(i) Débil percepción de la importancia del conflicto y del fenómeno procesal en la doctrina tradicional o fundacional del Derecho Tributario;

(ii) Esa doctrina se desarrolló más en el campo material que en el formal y procesal;

(iii) Perfeccionamiento y desarrollo del proceso administrativo en todo el mundo;

(iv) Evolución doctrinaria en el seno del Proceso Civil para constituir el Derecho Procesal Público;

(v) La nueva disciplina constitucional brasileña para el proceso administrativo torna imperativa la necesidad de adaptación de las leyes y doctrina;

(vi) Obligación de la disciplina armónica entre la justicia civil y administrativa para evitar conflictos o superposiciones entre ellas; y

---

89 RIBAS, Lídia Maria Rodrigues Lopes. *Processo administrativo tributário*. São Paulo: Malheiros Editores, 2000, p. 44.

90 XAVIER, Alberto. *Princípios do processo administrativo e judicial tributário*. Río de Janeiro: Forense, 2005, p. 5.

91 DE JESUS, Isabela Bonfá; DE JESUS, Fernando Bonfá y DE JESUS, Ricardo Bonfá. *Manual de direito e processo tributário*. 3.ª ed. São Paulo: Revista dos Tribunais, 2016, p. 381.

92 MARINS, James. *Direito processual tributário brasileiro (administrativo e judicial): atualizado com o CPC/15, comparativamente como o CPC/73*. 8.ª ed. São Paulo: Dialética, 2015, p. 41.

(vii) Necesidad de un esfuerzo jurídico coherente respecto a las amenazas recurrentes al Estado Democrático de Derecho bajo la óptica del procedimiento y del Proceso Tributario.

No podemos olvidar que la interpretación[93] de los textos legales, a pesar de estar en constante evolución, se encuentra vinculada (mediada) a los principios constitucionales. Actualmente en la hermenéutica jurídica es muy importante sopesar los principios de naturalezas distintas (creación de un poliedro interpretativo), cuando se recoloca el referido texto en relación con los principios y se llega a la conclusión de qué interpretación es más compatible con esos vectores interpretativos[94].

Por lo tanto, para que sea cumplido el anhelado equilibrio entre el fisco y el contribuyente, con la correcta preservación de derechos y deberes, debemos entender que esas normas son los medios para una correcta conjetura de la relación jurídico-procesal-tributaria[95].

2.3. Proceso administrativo fiscal federal

2.3.1. Base constitucional del proceso administrativo

Antes de ingresar en las especificidades del proceso administrativo, debemos analizar la base del Derecho Administrativo nacional, dado que su progreso se encuentra intrínsecamente conectado con todos los principios subordinados y subprincipios, los cuales descansan en las nociones categóricas que presiden en su organicidad[96].

En este sentido, se verifica el Derecho Administrativo como un sistema coherente y lógico. Por esta razón, debemos seguir las enseñanzas de Geraldo ATALIBA:

---

93 «(...) actividad compleja, técnica, en que el operador extrae, de los textos legales, el contenido de las normas jurídicas» (BECHO, Renato Lopes. *Lições de direito tributário*. 3.ª ed. São Paulo: Saraiva, 2015, p. 151).

94 VITA, Jonathan Barros. Tributação, direito concorrencial e processo: as mudanças das circunstâncias de fato e de direito no campo da ação revisional do art. 505 do CPC/2015, *en* CONRADO, Paulo Cesar (coord.). *Processo tributário analítico*. 2.ª ed. V. II. São Paulo: Noeses, 2016, p. 131.

95 Recordando que existe una diferencia entre una relación simplemente de poder y una relación jurídica: «La relación simplemente de poder nace, se desarrolla y se extingue sin ninguna conexión con las normas, mientras que la relación jurídica nace, se desarrolla y se extingue en los términos de las previsiones normativas. Quien actúa en una relación simplemente de poder no se somete a ninguna norma. Tan solo se somete a las limitaciones no normativas, como, por ejemplo, las de orden física, psicológica, moral, religiosa, pero no se somete a ningún límite proveniente de una norma jurídica. Por otro lado, quien actúa en una relación jurídica se somete a las normas. Se somete a todas las limitaciones normativas» (MACHADO, Hugo de Brito. *Os princípios jurídicos da tributação na Constituição de 1988*. 5.ª ed. São Paulo: Dialética, 2004, p. 22).

96 MELLO, Celso Antônio Bandeira de. *Elementos de direito administrativo*. São Paulo: Revista dos Tribunais, 1980, p. 4.

El carácter orgánico de las realidades componentes del mundo que nos rodea y el carácter lógico del pensamiento humano conducen al hombre a abordar las realidades que pretende estudiar, bajo criterios unitarios, de alta utilidad científica y conveniencia pedagógica, buscando un reconocimiento coherente y armónico de la composición de diversos elementos en un todo unitario, integrado en una realidad mayor. A esta composición de elementos, bajo una perspectiva unitaria, se denomina sistema. Los elementos de un sistema no constituyen el todo, con su suma, como sus simples partes, sino que cada uno desempeña su función coordinada con la función de los otros[97].

Debemos mencionar que la Constitución Federal de 1988, en lo que se refiere al proceso administrativo, mantuvo la exclusión establecida en la Constitución de 1967, que ocasionó la ausencia de una previsión expresa sobre el contencioso administrativo, lo que no prohíbe y mucho menos niega la existencia de este instituto.

En su artículo 5º, inciso XXXV, la Carta Magna expresó como garantía fundamental el acceso de nacionales y extranjeros al Poder Judicial, dejando de mencionar la obligatoriedad de agotarse el contencioso administrativo en esos casos.

Art. 5º Todos son iguales ante la ley, sin distinción de ninguna naturaleza, garantizándose a los brasileños y a los extranjeros residentes en el país la inviolabilidad del derecho a la vida, a la libertad, a la igualdad, a la seguridad y a la propiedad, en los siguientes términos:

(...)

XXXV. La ley no excluirá de la apreciación del Poder Judicial lesión o amenaza a derecho.

Sin embargo, Regina Helena COSTA señala lo siguiente:

En el proceso administrativo, el Estado también aplica la ley para dirimir un conflicto, pero, diversamente de lo que ocurre en el proceso judicial, el aplicador de la ley es, al mismo tiempo, parte y juez. En otras palabras, en el proceso administrativo el juez es parcial, vale decir, el juzgador es, simultáneamente, parte en el proceso[98].

Así, con el claro objetivo de establecer una imprescindibilidad constitucional al tema, la Carta Magna prescribió lo siguiente:

Art. 5º Todos son iguales ante la ley, sin distinción de ninguna naturaleza, garantizándose a los brasileños y a los extranjeros residentes en el

97 ATALIBA, Geraldo. *Sistema constitucional tributário brasileiro*. São Paulo: Revista dos Tribunais, 1968, p. 4.

98 COSTA, Regina Helena. *Curso de direito tributário: Constituição e Código Tributário Nacional*. São Paulo: Saraiva, 2009, p. 412.

país la inviolabilidad del derecho a la vida, a la libertad, a la igualdad, a la seguridad y a la propiedad, en los siguientes términos:

(...)

LIV. Nadie será privado de la libertad o de sus bienes sin el debido proceso legal;

LV. A los litigantes, en proceso judicial o administrativo, y a los acusados en general se les garantizan el contradictorio y la amplia defensa, con los medios y recursos inherentes a ella.

Vale decir, el legislador constituyente promovió indudablemente la garantía constitucional de que el contribuyente puede recurrir al ámbito administrativo tributario, dejando clara la garantía de su ejercicio a la amplia defensa de forma irrestricta e incondicional, de acuerdo al principio del debido proceso legal.

Además de ese dispositivo, el inciso LIV, leído en conjunto con la letra «a» del inciso XXXIV, ambos de la Constitución Federal de 1988, también establece la correlación del proceso administrativo fiscal[99] con los dictámenes constitucionales:

XXXIV. A todos se les garantiza, con independencia del pago de tasas:

a) El derecho de petición a los Poderes Públicos en defensa de derechos o contra la ilegalidad o abuso de poder;

Sin embargo, todos sabemos que en nuestro país (Brasil) existe un claro favorecimiento del modelo a la Administración Tributaria[100], tanto porque el órgano administrativo actúa como parte y juez al mismo tiempo, lo que por sí solo ya desnaturalizaría el contencioso, como por diversos privilegios otorgados a las autoridades administrativas en el desarrollo del proceso administrativo fiscal:

En rigor, solo se puede decir que existe contencioso en los sistemas jurídicos que atribuyen a ese organismo cuotas de poder (competencia) casi

---

99 El proceso administrativo tributario se destina a regular la práctica de los actos de la administración y del contribuyente en lo que se puede denominar de forma acertada como relación jurídico-tributaria (De Jesus, Isabela Bonfá; De Jesus, Fernando Bonfá y De Jesus, Ricardo Bonfá. *Manual de direito e processo tributário.* 3.ª ed. São Paulo: Revista dos Tribunais, 2016, p. 371).

100 Se puede designar «Administración Tributaria» a la gestión estatal de las funciones ordenadas y estructuradas, de normativización instrumental, fiscalización, cobro y solución de conflictos administrativos, destinados a la recaudación de los tributos previstos en las normas materiales, emitidas bajo el manto de la competencia constitucional atribuida a la Unión, Estados y Municipios (Valero, Luiz Martins. Fiscalização tributária: poderes do Fisco e direitos dos contribuintes, *en* Tôrres, Heleno Taveira; Queiroz, Mary Elbe y Feitosa, Raymundo Juliano [coords.]. *Direito tributário e administrativo aplicados.* São Paulo: Quartier Latin, 2005, p. 213).

judicial, que se caracteriza por la definitividad de sus decisiones. Es un requisito esencial, en ese caso –según los patrones constitucionales propios del Estado de Derecho–, que los juzgadores gocen de condiciones objetivas y subjetivas de actuación imparcial. Que sus cargos sean dotados de las características de una magistratura. Esto resulta del principio según el cual nadie podrá ser juez y parte simultáneamente[101].

Aunque afirmemos que el contencioso administrativo presenta regulación y formatos propios para el sistema jurídico en los ámbitos municipal, estatal y federal, a continuación desarrollaremos individualmente tan solo este último porque es de suma importancia para el objeto de este estudio.

2.3.2. Objeto del proceso administrativo fiscal federal

En primer lugar, esclarecemos que el derecho procesal administrativo fiscal puede ser dividido en dos funciones básicas; la primera, regular el procedimiento de determinación (formalización del crédito tributario) a través de lo dispuesto en la legislación nacional, y la segunda, salvaguardar el derecho subjetivo por el restablecimiento del ordenamiento jurídico.

Ricardo Lobo Torres sostiene que el proceso administrativo es aquel donde «participa de la actividad de autotutela de la legalidad ejercida por la propia Administración, vale decir, tiene por finalidad el control de legalidad y legitimidad de la determinación realizada por las autoridades administrativas»[102].

La profesora Julcira Maria de Mello Vianna Lisboa, sobre el principio de legalidad, enseña lo siguiente:

> The principle of legality irradiates its effects through all Juridical Ordering. Even so, in tributary matter, the constitutional legislator was rigid and exhaustive. This way, it presents a more rigorous feature when predicts Strict Legality, (article 150, I, Brazilian Federal Constitution) much for the institution as to surcharge of taxes, exception made only on cases where the Constitution demands Complementary Law to compulsory lending, residual taxes and residual social contributions[103].

Asimismo, Odete Medauar sostiene que en el proceso administrativo estarían presentes todos los elementos comunes del núcleo de la procesalidad:

> Y todos los elementos del núcleo común de la procesalidad pueden ser detectados en el proceso administrativo: a) los elementos *in fieri* y pertinencia al ejercicio del poder están presentes, pues el proceso administra-

---

[101] Ataliba, Geraldo. Recurso em matéria tributária, *en Revista de Informação Legislativa*. Brasília: Editora do Senado Federal. V. 97. N.° 25, ene./mar. de 1988, p. 122.

[102] Torres, Ricardo Lobo. *Curso de direito financeiro e tributário*. 12.ª ed. Río de Janeiro: Renovar, 2005, p. 339.

[103] Lisboa, Julcira Maria de Mello Vianna. *Brazilian Tax Law and The Principle of Legality*. São Paulo: Claris, 2016, pp. 57 y 58.

tivo representa la transformación de poderes administrativos en un acto; b) el proceso administrativo implica una sucesión encadenada y necesaria de actos; c) es una figura jurídica distinta del acto, esto es, el estudio del proceso administrativo no se confunde con el estudio del acto administrativo; d) el proceso administrativo mantiene correlación con el acto final en el que culmina; y e) hay un resultado unitario a donde se dirigen las acciones vinculadas de los sujetos en simetría de poderes, facultades, deberes y cargas, por lo tanto, en un esquema de contradictorio[104].

Debemos señalar que el proceso administrativo fiscal federal se encuentra regulado por el Decreto N.° 70.235, del 6 de marzo de 1972[105], el cual derivó de la delegación de competencia[106] legislativa al Poder Ejecutivo por medio del artículo 2 del Decreto-Ley N.° 822/69 («El Poder Ejecutivo regulará el proceso administrativo de determinación y exigencia de créditos tributarios federales, penalidades, préstamos compulsorios y el de consulta»), el cual, delante del agotamiento de esa delegación y ya bajo el amparo de la Carta Magna, regula el proceso administrativo fiscal en el ámbito de la Administración Pública[107] Federal y dispone sobre diversos principios, por ejemplo, amplia defensa, contradictorio, debido proceso legal y seguridad jurídica.

---

104 MEDAUAR, Odete. *A processualidade no direito administrativo*. São Paulo: Revista dos Tribunais, 1996, pp. 41 y 42.

105 Es bueno recordar que el Decreto N.° 70.235/72, acto administrativo como ley ordinaria, tan solo trata de los procesos relativos a la exigencia de crédito tributario y de consulta, y no se ocupa de otros procesos que también son de competencia de la Hacienda Nacional (v.g., restitución, resarcimiento, compensación, exclusión del SIMPLE, aplicación de penalidades). Con eso, las lagunas existentes en esa norma especial son, muchas veces, cumplimentadas por la emisión de actos normativos (Decretos, Ordenanzas), que, aunque traduzcan la orientación de la Administración, a quien los subordinados deben obediencia, no alejan la posibilidad arbitraria de las autoridades administrativas en la conducción de esos procesos (NEDER, Marcos Vinicius. A Lei Geral n. 9.784/99: a norma geral que informa o sistema processual administrativo tributário, *en* TÔRRES, Heleno Taveira; QUEIROZ, Mary Elbe y FEITOSA, Raymundo Juliano (coords.). *Direito tributário e administrativo aplicados*. São Paulo: Quartier Latin, 2005, p. 42).

106 El profesor Tácio Lacerda GAMA sostiene que la estructura de la norma de competencia en materia tributaria debe ser analizada con especificidad. Este gran autor señala lo siguiente: «(...) la estructura de la norma de competencia tributaria, en la forma que proponemos, evidencia el tipo de conexión que se establece entre los más diversos enunciados prescriptivos en la regulación de cómo el derecho debe ser producido. Hipótesis normativas, relaciones jurídicas, principios, inmunidades, hecho jurídico, enunciados complementarios, entre muchos otros conceptos acabarían por ser reconducidos a la norma de competencia. Por ello, bajo esa perspectiva, la norma de competencia tributaria puede ser entendida como un mínimo común denominador de conceptos filosóficos, fundamentales y dogmáticos que se muestran sueltos y dispersos, sin ningún vínculo aparente» (Competência tributária e a sua estrutura normativa, *en* ROBLES, Gregorio y CARVALHO, Paulo de Barros (coords.). *Teoria comunicacional do direito: diálogo entre Brasil e Espanha*. V. II. São Paulo: Noeses, 2017, p. 605).

107 No se conquista la paz social sin la existencia de una buena administración pública. Dinamizada en la legalidad y en la moralidad (SOBRINHO, Manuel de Oliveira Franco. *O princípio constitucional da moralidade administrativa*. Curitiba: Genesis, 1993, p. 7).

Asimismo, consideramos que el Derecho Tributario no es una rama autónoma del Derecho (al contrario de lo que algunos piensan), sino un capítulo del Derecho Administrativo, dado que deben ser analizadas las relaciones entre fisco[108], contribuyentes y demás terceros involucrados en las relaciones jurídicas establecidas entre ellos.

El derecho tributario sustantivo no sería un derecho fundado en el contrato o en el delito, sino exactamente en la voluntad objetiva de la ley, vale decir, la obligación no debe nacer del consenso entre las partes, sino en base a lo dispuesto en la legislación, la cual establece los supuestos en los cuales la obligación debe pasar a existir. Sin embargo, el proceso administrativo fiscal no tiene la función de actuar en el interés de una u otra parte, sino en el interés de ambas[109], teniendo como objetivo final la protección del orden público.

De esta forma, Lintney Nazareno afirma que «nos adherimos a las enseñanzas de Edvaldo BRITO[110] cuando utilizamos la expresión 'proceso administrativo fiscal', por entender que este es un *modus procedendi* específico de la Administración Tributaria». Edvaldo BRITO (1982) señala lo siguiente:

> Derecho tributario es una parte especial del Derecho Financiero, exactamente aquella que regula las relaciones jurídicas pertinentes a los tributos, los cuales son una especie de ingreso derivado, y, consecuentemente, un tema específico, vale decir, es muy restringido en el amplio campo del Derecho Financiero. Aquí contrasta la relación jurídica tributaria, determinada a partir del momento en que un hecho se juridiciza realizando la hipótesis de incidencia de la regla jurídica descrita en una norma de Derecho Positivo. (...). Mientras que el Derecho Fiscal regula las relaciones jurídicas establecidas entre el sujeto activo de la obligación tributaria, ya nacida, y su sujeto pasivo, en lo que se refiere a la exigencia y a la ejecución del crédito tributario existente, vale decir, nacido con la obligación tributaria. Aquí se encaja la relación jurídico-fiscal instaurada con el procedimiento de determinación, que es la *conditio iuris* para la exigibilidad y ejecución del crédito tributario.

Posteriormente, entró en vigencia el Decreto N.° 7.574/2011, sin derogar el anterior, que reglamentó el proceso de determinación y de exigencia de créditos tributarios de la Unión, el proceso de consulta relativo a la interpretación de la legislación tributaria y aduanera, a la clasificación fiscal de mercancías, a la clasificación de servicios, intangibles y de otras operaciones que

---

108 Fisco es la forma convencional de denominar a la administración pública, organismo preocupado por la recaudación tributaria (ATALIBA, Geraldo. Princípios de Procedimento Tributário, *en* PRADE, Péricles Luiz y CARVALHO, Célio B. (coords.). *Novo processo tributário*. São Paulo: Resenha Tributária, 1975, p. 18).

109 CABRAL, Antonio da Silva. *Processo administrativo fiscal*. São Paulo: Saraiva, 1993, pp. 22-24.

110 VEIGA, Lintney Nazareno da. Processo administrativo fiscal, *en Revista de Direito Tributário*. N.° 73. São Paulo: Dialética, 1996, p. 164.

produjesen variaciones en el patrimonio y de otros procesos que especifica, sobre materias administradas por la Secretaría de Ingresos Federales de Brasil.

Así, queda claro que el objeto del proceso administrativo fiscal está intrínsecamente conectado a su formación, su desarrollo y su extinción[111].

En el ámbito administrativo, se debe tener cuidado para que no se confunda el procedimiento de fiscalización, el cual es iniciado por las autoridades de hacienda y regido tan solo por los principios generales del denominado proceso administrativo fiscal, el cual se inicia cuando el sujeto pasivo presenta a las autoridades administrativas su defensa (impugnación) contra la legalidad del acto administrativo de exigencia fiscal emitido[112]. En este sentido, Marcos Vinicius NEDER y Maria Teresa Martínez LÓPEZ señalan lo siguiente:

> El proceso administrativo fiscal tiene dos momentos distintos: el primero se caracteriza por un procedimiento en el que son emitidos los actos inherentes al poder de fiscalización de la autoridad administrativa cuya finalidad es verificar el correcto cumplimiento de los deberes tributarios por parte del contribuyente, examinando registros contables, pagos, retenciones en la fuente, y culminando con la determinación. Por lo tanto, este es el acto final que reconoce la existencia de la obligación tributaria y constituye el respectivo crédito, vale decir, crea el derecho a la pretensión estatal. En esta fase, la actividad administrativa puede ser de oficio y destinada tan solo a la formalización de la exigencia fiscal. El segundo se inicia con la inconformidad del contribuyente sobre la exigencia fiscal o, en los casos de iniciativa del contribuyente, con la decisión que se opone al derecho exigido. A partir de ahí se formaliza el conflicto de intereses, momento en el que se considera existente un verdadero proceso, imponiéndose la aplicación de los principios inherentes al debido proceso legal, entre ellos, la amplia defensa y el contradictorio. En realidad, la participación de los que serán afectados por las decisiones implica la calificación del procedimiento como proceso. La actividad procedimental, generalmente, precede a la etapa contenciosa[113].

---

[111] Esa discusión del contribuyente disconforme con la determinación puede girar en torno a la existencia de la obligación tributaria (el contribuyente puede negar la propia obligación sosteniendo que el hecho generador no ocurrió, o que, si ocurrió, no se identifica con lo tipificado por la ley); sobre las características de la obligación (el contribuyente, sin negar la existencia de la obligación, entiende que la verificación del hecho generador no fue correctamente realizada por el fisco, dado que la obligación no tiene las características que le fueron atribuidas por la determinación); y sobre el monto de la obligación (cuando entiende que el monto debe ser menor de lo que se exige) (PREVITALLI, Cleide. *O processo tributário*. 3.ª ed. São Paulo: Revista dos Tribunais, 2001, p. 2016).

[112] ROCHA, Sergio André. *Processo administrativo fiscal: controle administrativo do lançamento tributário*. 4.ª ed. Río de Janeiro: Lumen Juris, 2010, pp. 330 y 331.

[113] NEDER, Marcos Vinicius y LÓPEZ, Maria Teresa Martínez. *Processo administrativo fiscal comentado (de acordo com a Lei nº 11.941, de 2009, e o Regimento Internado do CARF)*. 3.ª ed. São Paulo: Dialética, 2010, p. 104.

Debemos advertir que el proceso administrativo cada vez toma mayor relevancia en Brasil, según estudios de la profesora Thais Helena MORANDO, porque se encuentra ubicado en último lugar cuando se trata de tiempo invertido para pagar tributos (2.600 horas), mientras que Camerún, con todo su subdesarrollo, tiene un número mucho más pequeño (1.400 horas)[114].

Finalmente, considerando que los dictámenes previstos en esos decretos no pueden ser alterados por actos normativos de la misma jerarquía[115] formal, ahora analizaremos algunos de los principios constitucionales tributarios aplicados al proceso administrativo fiscal.

2.3.3. Principios constitucionales tributarios aplicados al proceso administrativo fiscal

Los principios constitucionales tributarios son las vigas que sostienen el ordenamiento jurídico tributario nacional, dado que constituyen la base de todo el cuerpo jurídico tributario, presentándose como las principales características que sostienen todo el sistema normativo, y se establecen como verdaderos cimientos de la estructura jurídica tributaria[116].

El profesor Geraldo ATALIBA señalaba que los principios son las líneas maestras, las directrices magnas del sistema jurídico, que estipulan el rumbo que será seguido por toda la sociedad y obligatoriamente perseguidos por los órganos del gobierno[117]. Esta también es la comprensión cuando analizamos el derecho comparado:

> Por lo tanto, los principios tributarios serán la realización de valores superiores de base constitucional; si la justicia es uno de esos valores, finalidad esencial de Estado de Derecho, los principios tributarios materiales encarnarán los criterios de justicia que deben regir las relaciones

---

114 MORANDO, Thais Helena. *A natureza jurídica da obrigação tributária acessória e os princípios constitucionais informadores*. São Paulo, 2010, p. 172. Tesis de doctorado - Programa de Posgraduación en Derecho, Pontificia Universidad Católica de São Paulo.

115 Charles MCNAUGHTON sostiene lo siguiente: «La jerarquía se da cuando una determinada autoridad jurídica creadora de una norma N se encuentre, según las reglas pragmáticas de aquel sistema jurídico, obligada a hablar en nombre de cierto conjunto C de normas para que su decisión jurídica sea acatada. Entre las normas que pertenecen a C y N, habrá precisamente aquella relación jerárquica». El referido autor continúa: «Cuando digo que hay jerarquía en el derecho estoy enunciando que en una decisión, como un fallo, el aplicador 'habla en nombre de normas de mayor jerarquía' para fundamentar la idoneidad de su decisión. En ese sentido, no importa cuál es el contenido de esas normas. No importa ni siquiera si esas normas existen previamente al acto de decisión, o si son creadas por el intérprete. Lo que importa es que sus pares -los demás jueces- se encuentren convencidos de que ese contenido fue atendido en la votación ganadora del fallo» (MCNAUGHTON, Charles William. Hierarquia e sistema jurídico, *en* CARVALHO, Paulo de Barros [coord.]. *Construtivismo lógico-semântico*. V. II. São Paulo: Noeses, 2018, p. 418).

116 CASTRO, Alexandre Barros. *Teoria e prática do direito processual tributário*. São Paulo: Saraiva, 2000, p. 22.

117 ATALIBA, Geraldo. *República e Constituição*. 2.ª ed. São Paulo: Malheiros Editores, 1998, p. 34.

sociales que son objeto del Derecho Tributario. Así, los principios tributarios tradicionales llamados «substantivos» -especialmente la capacidad económica, pero también la igualdad, progresividad, generalidad y no confiscatoriedad- son básicamente principios de ordenación de lo que se entiende como un «impuesto justo»[118].

Debemos recordar que los Decretos N.° 70.235/72 (que dispone sobre el proceso administrativo fiscal, entre otros) y N.° 7.574/2011 (que dispone, entre otros, sobre diversas materias administradas por la Secretaría de Ingresos Federales de Brasil) no establecen de forma transparente y coactiva la aplicación de los principios constitucionales tributarios, dado que solo actúan de forma implícita.

Asimismo, concordando con el pensamiento de Renato Lopes BECHO, los principios son imprescindibles para la comprensión de un ordenamiento, de una sistematización y, por eso, negarlos sería una tarea imposible[119].

Sin embargo, no olvidemos que se rechazó el pedido preliminar de la Acción Directa de Inconstitucionalidad N.° 712-2/DF, que se basaba en la violación de algunos principios, como isonomía, irretroactividad y anterioridad, bajo el fundamento de que los principios constitucionales tributarios existen, en realidad, para imponer límites al poder estatal, siendo oponible tan solo frente al Estado y nunca por este contra los contribuyentes[120]:

> Así, los principios constitucionales tributarios, además de representar una importante conquista político-jurídica de los contribuyentes, constituyen una expresión fundamental de los derechos individuales otorgados a los particulares por el ordenamiento estatal. Puesto que existen para imponer límites al poder de tributar del Estado, esos postulados tienen por destinatario exclusivo al Estado, que se somete a la imperatividad de sus restricciones.
>
> (...)
>
> Se trata en realidad, al igual que los demás postulados establecidos en el artículo 150 de la Carta Política, de un principio que -por traducir limitación al poder de tributar- tan solo es oponible por el contribuyente contra la acción del Estado.

En otras palabras, un análisis de los principios constitucionales aplicables al proceso administrativo fiscal solo puede ser realizada con claridad después de la publicación de la Ley N.° 9.784/99, la cual evidenció cuáles serían los principios que caracterizarían al sistema y también definió su forma:

---

118 NOVOA, César García. Seguridad Jurídica y Derecho Tributario, *en* MELLO, Celso Antônio Bandeira de (coord.). *Direito tributário: estudos em homenagem a Geraldo Ataliba*. São Paulo: Malheiros Editores, 1997, p. 69.

119 BECHO, Renato Lopes. *Filosofia do direito tributário*. São Paulo: Saraiva, 2010, p. 130.

120 TROIANELLI, Gabriel Lacerda. Repetição de Indébito e Compensação: prazos para o seu exercício, *en* ROCHA, Valdir de Oliveira (coord.). *Problemas de processo judicial tributário*. V. 4. São Paulo: Dialética, 2000, p. 113.

Los objetivos perseguidos por la Ley N.º 9.784/99 fueron muy bien expuestos por el profesor Caio TÁCITO en la presentación de su Proyecto de Ley al Congreso Nacional, a saber: «*La Comisión estableció como parámetros básicos de la propuesta los dictámenes de la actual Constitución que garantizan la aplicación, en los procesos administrativos, de los principios de contradictorio y de amplia defensa, así como reconocen a todos los individuos los derechos que tienen para recibir informaciones de los órganos públicos en materia de interés particular o colectivo y garantizan el derecho de petición y la obtención de certificados en órganos públicos* (art. 5º, en los XXXIII, XXXIV y LV). (...) En el artículo 37 de la Constitución Federal se destacaron los principios esenciales de legalidad, impersonalidad, moralidad y publicidad. Sin embargo, a estos principios se añadieron otros igualmente estructurales, acogidos en la ley, la doctrina y la jurisprudencia. La conducta de la Administración debe guiarse necesariamente por el propósito de la competencia y conducir su actuación por los postulados de proporcionalidad y razonabilidad. El diagnóstico de la presencia de esos elementos se basa en la motivación de los actos administrativos, moldeados por el interés público y procurando la seguridad jurídica en la prestación de servicios públicos. *El proyecto pretende enunciar los criterios básicos a los que deben someterse los procesos administrativos, en función de los mencionados principios, tratando de definir los derechos y los deberes de los administrados, así como el deber de la Administración de decidir sobre las pretensiones de los interesados*»[121] (la cursiva es nuestra).

Dada la complejidad del tema propuesto, que necesita de un análisis de los conceptos del Derecho Constitucional, Administrativo y Procesal Tributario, a continuación analizaremos los principios fundamentales que afectan al proceso administrativo fiscal, en sus desdoblamientos teóricos y prácticos, con la finalidad de delimitar con claridad las bases de los regímenes jurídicos que deben ser aplicados al presente tema.

2.3.3.1. Debido proceso legal

El principio del debido proceso legal tuvo su origen en la Carta Magna de 1215, en la cual se establecía que ninguna persona podría ser privada de la vida, propiedad, libertad, salvo mediante un juicio (conforme afirmó COOELY[122] en su libro *A Treatise on the Law of Taxation*, p. 47). Con el transcurrir del tiempo, se desarrolló y se amplió la importancia de este principio, en conjunto con el conocimiento del Estado Democrático de Derecho[123].

---

121 NEDER, Marcos Vinicius y LÓPEZ, Maria Teresa Martínez. *Processo administrativo fiscal comentado (de acordo com a Lei nº 11.941, de 2009, e o Regimento Interno do CARF)*. 3.ª ed. São Paulo: Dialética, 2010, p. 39.

122 CABRAL, Antonio da Silva. *Processo administrativo fiscal*. São Paulo: Saraiva, 1993, p. 62.

123 VEIGA, Lintney Nazareno da. Processo Administrativo Fiscal, *en Revista Dialética de Direito Tributário*. N.º 73. São Paulo: Dialética, 1996, p. 166.

Victor UCKMAR comprende la importancia de la cláusula del *due process of law* cuando analiza las garantías de los individuos y de los grupos sociales ante las controversias fiscales. Este gran autor sostiene lo siguiente:

> Pero la buena legislación y la administración eficiente no son suficientes para un «Estado de Derecho» en materia tributaria. Si no se asegura al contribuyente la garantía jurisdiccional, a través de un *due process of law*, se constata amargamente que la justicia en las controversias tributarias generalmente es considerada de «segundo nivel» tanto que usualmente en gran parte se sustrae al juez ordinario, sea porque no se lo considera competente en una materia tan técnica o bien porque las controversias en algunos países son tan numerosas (en Italia están pendientes alrededor de 4 millones de controversias) que sofocarían a la magistratura. Se subsigue así la creación de órganos específicos, constituidos por miembros frecuentemente sin una adecuada preparación profesional y llamados a un servicio *part-time*. ¡Con frecuencia hay más garantía en las controversias por accidentes automovilísticos que en las controversias fiscales![124]

En el caso de Brasil, la Constitución Federal no solo hizo referencia a la expresión americana (debido proceso legal), tal como lo revelan claramente los principios constitucionales, dejando claro que la Ley Mayor aseguró a todos los acusados la más amplia defensa[125]:

> En Brasil, la Constitución Federal *se refiere al principio del debido proceso legal en el Capítulo en el que se enumeran los derechos y garantías fundamentales del ciudadano*. Es el caso del artículo 5°, inciso LIV, que prescribe lo siguiente: «Nadie será privado de su libertad o de sus bienes sin el debido proceso legal». *En el inciso siguiente (LV), el legislador constituyente trata, más específicamente, de la obediencia a ese principio en el ámbito del proceso administrativo, previendo que: «A los litigantes, en proceso judicial o administrativo, y a los acusados en general se les garantiza el contradictorio y la amplia defensa»*[126] (la cursiva es nuestra).

Por ser un derecho que mereció referencia en nuestra Constitución Federal, y habiendo derivado de la propia comprensión de la legalidad, debemos analizarlo en conjunto con las costumbres administrativas y la tradición (jurídica), pero sin olvidarnos del ordenamiento jurídico brasileño, como muy bien nos enseñó Sergio André ROCA:

---

124 UCKMAR, Victor. El Sistema Tributario: las instituciones, las administraciones fiscales, los contribuyentes, *en* MELLO, Celso Antônio Bandeira de (coord.). *Direito tributário: estudos em homenagem a Geraldo Ataliba*. São Paulo: Malheiros, 1997, pp. 116 y 117.

125 CABRAL, Antonio da Silva. *Processo administrativo fiscal*. São Paulo: Saraiva, 1993, p. 62.

126 NEDER, Marcos Vinicius y LÓPEZ, Maria Teresa Martínez. *Processo administrativo fiscal comentado (de acordo com a Lei nº 11.941, de 2009, e o Regimento Interno do CARF)*. 3.ª ed. São Paulo: Dialética, 2010, p. 44.

Sin embargo, se debe señalar que no basta la existencia de un procedimiento legalmente establecido para que se atienda la exigencia del debido proceso legal, *sino que es necesaria y obligatoria la existencia de un verdadero proceso, para lo cual se exige que estén presentes los derechos a la amplia defensa, al contradictorio y a la doble instancia.*

Así, desde el enfoque procesal, el principio del debido proceso legal tiene un aspecto formal, consistente en la exigencia de que el procedimiento que externaliza el proceso esté previsto en la ley, y un aspecto material, referente a las características de ese procedimiento, que debe observar los principios mencionados en el párrafo anterior[127] (la cursiva es nuestra).

Para iluminar este tema, transcribimos las enseñanzas del maestro Paulo de Barros CARVALHO[128]:

El derecho al debido proceso, el *due processo of law*, presupone la verificación de una serie de desdoblamientos que pueden ser enumerados de la siguiente manera:

1º - Derecho a ser oído, que comprende lo siguiente:

a) Amplia publicidad de todos los actos del procedimiento, principalmente los que son propios de la Administración, garantizándose, en ese plano, el derecho a conocer del particular, que no puede ser obstaculizado bajo ningún pretexto. GORDILLO señala que el acto «secreto del procedimiento solo se justifica en casos excepcionales y por decisión expresa de la autoridad competente»;

b) Oportunidad de expresar sus razones en momentos previos a la expedición del acto administrativo, y también, por deducción lógica, en momentos subsecuentes a la celebración y publicidad del acto;

c) Manifestación expresa de la autoridad que tiene la competencia para revisar lo realizado, con relación a cada uno de los argumentos y de las cuestiones presupuestas, excepto naturalmente las que se encuentran fuera del segmento circunscrito en la controversia;

d) Deber de la Administración de decidir explícitamente los reclamos, impugnaciones y recursos, fundamentando sus soluciones y analizando, directamente, los puntos planteados por las partes; y

e) Derecho a ser representado por un profesional especializado, lo que se explica en las innumerables situaciones en las que el sujeto pasivo no tiene el conocimiento deseado de la sistemática que preside la exigencia de Hacienda. Sin embargo, esta facultad no suprime la de-

---

127 ROCHA, Sergio André. *Processo administrativo fiscal: controle administrativo do lançamento tributário*. 4.ª ed. Río de Janeiro: Lumen Juris, 2010, p. 119.

128 CARVALHO, Paulo de Barros. Processo Administrativo Tributário, *en Revista de Direito Tributário*. N.º 9/10. São Paulo: RT, 1979, pp. 286 y 287.

fensa del propio interesado, muchas veces imposibilitado de contratar a alguien para que lo represente.

2° - Derecho a ofrecer y presentar pruebas adecuadas para la defensa de sus pretensiones. Esta prerrogativa también trae los siguientes presupuestos:

a) Derecho a que toda prueba, razonablemente propuesta, se produzca, aunque tenga que hacerlo la propia Administración, como atestados, certificaciones, informaciones, aclaraciones etc.;

b) Derecho a que se presenten las pruebas antes de que el Poder Público adopte alguna posición definitiva sobre el contenido de la cuestión; y

c) Derecho a participar en la producción de las pruebas realizadas por la Administración, sea ella pericial o testimonial, como otra manifestación más del principio de publicidad.

Por lo tanto, se debe respetar este principio en el transcurso del proceso administrativo fiscal de deliberación y exigencia del crédito tributario, dado que la Constitución Federal garantiza a los contribuyentes el derecho de presentar su defensa y manifestarse sobre la determinación tributaria de forma amplia y accesible.

De esta forma, a los contribuyentes también se los protege contra los abusos cometidos por el Poder Legislativo, cuando este se sirve de medios ilegales para obligar al contribuyente al pago de tributos, y por las autoridades fiscales, en situaciones de restricciones a la libertad del contribuyente, por medio de la realización de procedimientos fiscales con el claro objetivo de obligarlo al cumplimiento de los deberes tributarios.

Otro punto importante que no podría pasar desapercebido es el derecho a la sustentación oral o el llamado «derecho a ser oído» (en la esfera administrativa o judicial), que es uno de los pilares del contencioso administrativo fiscal y se encuentra intrínsecamente vinculado con el principio del debido proceso legal, debiendo apartarse cualquier impedimento para su utilización, incluso cuando no exista una previsión legal específica sobre el tema, conforme dispone el artículo 7°, inciso X, de la Ley N.° 8.906/94:

Art. 7° Los derechos del abogado son los siguientes:

(...)

X. Uso de la palabra, por orden, en cualquier juzgado o tribunal, mediante una intervención sumaria, para esclarecer cualquier error o duda que haya surgido en relación a hechos, documentos o afirmaciones que influyan en el juicio, así como para replicar la acusación o censura que se realizaron contra ellos.

Por lo tanto, el principio del debido proceso legal se torna esencial e imprescindible en la estructura y en la dinámica operacional del proceso administrativo fiscal[129], más todavía cuando entendemos que este principio orientará a los demás, que también deben ser observados en nuestro análisis.

2.3.3.2. Amplia defensa y contradictorio

En primer lugar, considerando que el proceso administrativo fiscal forma parte del proceso en general (objeto de la teoría general del proceso), se debe entender que se le otorgaron los mismos principios y normas que se reconocieron como categorías del proceso judicial (civil)[130]:

> Cuando CARNELUTTI exigía que, además del conocimiento de los institutos específicos del proceso civil y del proceso penal, los estudiosos deberían buscar nuevas reflexiones destinadas hacia las categorías generales, en el fondo pretendía decir que en esas categorías estaría el objeto principal de la dogmática. Si ya existiese una teoría general del proceso bien fundamentada, cuyos estudios tuviesen como base los conceptos fundamentales, nadie ignoraría que el proceso administrativo, desde siempre, estuvo basado en aquellos mismos axiomas.
>
> (...)
>
> El presente versículo admite la existencia, tanto en el ámbito judicial como en el administrativo, de litigios. Y, en las dos esferas, la *res* litigiosa será solucionada por intermedio del proceso.

Analizando esta materia en el derecho comparado, verificamos que el contradictorio en los procesos administrativos también es obligatorio según los dictámenes de la Unión Europea, siendo cierto que la obligatoriedad del contradictorio derivaría exactamente de los principios de imparcialidad y de conducta adecuada de la administración pública, conforme también consta en la Constitución italiana (art. 97)[131].

De esta forma, Francesco TESAURO sostiene que sería obligatorio un procedimiento de determinación tributaria personalizada y fundamentado en parámetros y estudios del sector, así como en procedimientos aduaneros, según las normas específicas que se establecen a continuación[132].

- El órgano debe comunicar al contribuyente el éxito de la verificación, para que pueda proporcionar las aclaraciones necesarias cuando, por las verificaciones automáticas y por la verificación formal de la declaración, surja un resultado distinto al declarado;

---

[129] BOTTALLO, Eduardo Domingos. *Curso de processo administrativo tributário*. São Paulo: Malheiros Editores, 2006, p. 43.

[130] BALERA, Wagner. *Processo administrativo previdenciário: benefícios*. São Paulo: LTr, 1999, pp. 122 y 123.

[131] TESAURO, Francesco. *Instituições de direito tributário*. São Paulo: IBDT, 2017, p. 177. Traducción de Fernando Aurelio Zilveti y Laura Fiore Ferreira.

[132] *Ibídem*, pp. 177 y 178.

- Antes de realizar las inscripciones en el registro de deudores provenientes de la liquidación de tributos que resulten de las declaraciones, cuando existan incertidumbres sobre aspectos relevantes de la declaración, la Administración Financiera debe invitar al contribuyente para que brinde las aclaraciones necesarias o presente los documentos que faltan;
- Cuando se rectifique la renta de modo sintético, el órgano tiene la obligación de invitar al contribuyente para que proporcione datos y noticias relevantes para la determinación, y para que pueda iniciar, posteriormente, el procedimiento de determinación con adhesión;
- El órgano, cuando considera que una operación es evasiva, antes de emitir la determinación, debe solicitar una aclaración al contribuyente;
- Antes de emitir un aviso de determinación que niega la deducibilidad de costos que resulten de operaciones existentes con «empresas extranjeras vinculadas», el órgano debe enviar al contribuyente un aviso para que pueda proporcionar la prueba de las circunstancias que tornan deducibles esos costos; y
- Al final de las verificaciones fiscales, el contribuyente tiene 60 días para enviar sus observaciones y solicitudes al órgano; el aviso es nulo si es enviado antes del plazo dilatorio de 60 días.

Además del derecho a manifestarse, también se debe observar el derecho que tienen las partes a un tratamiento equilibrado e igualitario, manteniendo un ambiente de estricto equilibrio e igualdad:

> De esta forma, para tener un debido proceso legal, es necesario que el proceso se realice por intermedio de un procedimiento que permita que las partes involucradas demuestren la procedencia de sus razones. Marçal Justen Filho señala que «un procedimiento tendría poca utilidad si no fuese prevista la libre manifestación de todos los interesados, con derecho a la participación activa y prohibición de la actuación unilateral de una de las partes. *Finalmente, el procedimiento no consiste en la observancia formal de un ritual. No es congruente con el Estado Democrático la institución de un procedimiento con perfil arbitrario o prepotente*»[133] (la cursiva es nuestra).

Vale decir, en el procedimiento administrativo fiscal se debe evidenciar la existencia del contradictorio en una situación de equilibrio, donde el contribuyente debe conocer todos los elementos integrantes del proceso para que pueda servirse de los medios disponibles en la elaboración del material probatorio. En este sentido, José Eduardo Soares de Melo señala lo siguiente:

[133] Rocha, Sergio André. *Processo administrativo fiscal: controle administrativo do lançamento tributário*. 4.ª ed. Río de Janeiro: Lumen Juris, 2010, p. 121.

La participación personal del contribuyente debe ser lo más completa posible, ofreciendo defensas, recursos (o contraargumentos), con la presentación de la sustentación oral, siendo imprescindible su citación para manifestarse sobre los documentos/elementos que sean presentados por el fisco.

(...)

Las pruebas orales (testimonio personal y auditiva de testigos) *tampoco podrían ser rechazadas, bajo la afirmación de que no existe una regulación específica para permitir su realización, a pesar de la posibilidad de aplicar las reglas subsidiarias de la legislación procesal civil*[134] (la cursiva es nuestra).

El término «defensa» solo puede ser considerado amplio cuando el contribuyente pueda utilizar todos los medios probatorios disponibles, vale decir, el principio de amplia defensa garantiza al contribuyente el conocimiento de todos los elementos disponibles en el ámbito del proceso administrativo fiscal, el cual se inicia con el conocimiento de la determinación en conjunto con los documentos y argumentos que sustentan la exigencia tributaria.

Agustín GORDILLO[135] sostiene que cada uno de los aspectos de esa garantía, desde el acceso a las multas, la presentación de recursos y la producción de pruebas, deben ser respetados antes de que se torne una decisión que pueda afectar los derechos del contribuyente (individuo), dado que tiene una importancia significativa para la defensa efectiva del interesado y, finalmente, como una forma de dar mayor seguridad y relevancia a los controles preventivos que a los represivos.

El principio de amplia[136] defensa debe ser analizado como corolario del principio del debido proceso legal. Este hecho tan solo ocurrirá mediante el contradictorio, ya que los principios constitucionales tributarios están íntimamente vinculados con la instrumentalidad del proceso administrativo y son los mecanismos de acceso a un orden jurídico justo en su ámbito de actuación[137].

---

134 MELO, José Eduardo Soares de. *Processo tributário administrativo federal, estadual e municipal*. São Paulo: Quartier Latin, 2006, pp. 77 y 78.

135 GORDILLO, Agustín. *Procedimento y recursos administrativos*. 2.ª ed. Buenos Aires: Marchi, 1971.

136 Amplia significa lata, extensa, abierta, irrestricta. Causa la nulidad de los procedimientos cualquier tipo de obstáculo o restricción que reduzca, de cualquier forma, la posibilidad que tienen los acusados de deducir sus razones en juicio, así como producir todas las pruebas testimoniales, documentales, pericias y otras, en su beneficio, en defensa de sus derechos (...). La Constitución hace referencias a los 'recursos' inherentes a la amplia defensa. Se debe entender que no solo se necesita prever la posibilidad de un recurso, sino también de la existencia de más de un recurso (ATALIBA, Geraldo. Recurso em Matéria Tributária, *en Revista de Informação Legislativa*. V. 97. N.° 25. Brasília: Editora do Senado Federal, ene./mar. de 1988, p. 131).

137 VEIGA, Lintney Nazareno da. Processo administrativo fiscal, *en Revista Dialética de Direito Tributário*. N.° 73. São Paulo: Dialética, 1996, p. 167.

Podemos advertir que el principio de contradictorio se encuentra plenamente vinculado con el principio de amplia defensa, considerando que no tendría eficacia si el contribuyente o ambas partes no tienen el debido conocimiento de los actos relevantes realizados en el ámbito del proceso administrativo fiscal.

El referido principio, además de erigir un derecho fundamental del contribuyente, que es el de conocer todos los actos practicados en el ámbito del proceso administrativo fiscal, también es un instrumento para la realización del principio de verdad material, ya que a través de él todo contribuyente participa de las decisiones que serán emitidas por las autoridades juzgadoras.

2.3.3.3. Publicidad

El principio de publicidad traduce las pretensiones del contribuyente para que este tenga conocimiento de todos los actos realizados en el ámbito del proceso administrativo fiscal. En este sentido, el profesor Wagner BALERA señala lo siguiente:

> Al erigir la publicidad en un principio expreso de la actividad administrativa, el constituyente impuso una exigencia que no puede ser reducida en su significado. Para que pueda dar un efectivo cumplimiento al principio, la Administración debe adoptar, como *modus operandi*, la transparencia de las acciones.
>
> (...)
>
> El ideal democrático es más exigente. En la democracia, como agudamente lo observó Cândido DINAMARCO, el proceso es una proyección minúscula del Estado Democrático[138].

La Ley N.° 9.784/99, la cual regula el proceso administrativo en el ámbito de la Administración Pública Federal, establece que constituye derecho del administrado (contribuyente), además del conocimiento de la tramitación de actos (procesos) en los que sea interesado, la lectura de los autos y sus documentos (así como obtener una copia de estos), en conjunto con la formulación de alegaciones y presentación de nuevos documentos[139]:

> Art. 3° El administrado tiene los siguientes derechos ante la Administración, sin perjuicio de otros que le sean asegurados:

---

[138] BALERA, Wagner. *Processo administrativo previdenciário: benefícios*. São Paulo: LTr, 1999, pp. 158-160.

[139] Eurico Marcos Diniz de SANTI sostiene lo siguiente: «Las consecuencias del abuso del secreto fiscal son las siguientes: la difusión de la inseguridad jurídica sistémica, el fomento exponencial de la industria del contencioso fiscal, y el bloqueo y no sometimiento de la administración pública al control social de sus actos» (SANTI, Eurico Marcos Diniz de. *Kafka, alienação e deformidades da legalidade: em defesa da ação da OAB contra julgamentos públicos secretos*. Disponible en el siguiente link: <http://s.conjur.com.br/dl/parecer-professor-eurico-marcos-diniz.pdf>. Visto el 19/04/2015).

I. Ser tratado con respeto por las autoridades y funcionarios, que deberán facilitar el ejercicio de sus derechos y el cumplimiento de sus obligaciones;

II. Tener conocimiento de la tramitación de los procesos administrativos en los que tenga la condición de interesado, poder leer los autos, obtener copias de los documentos contenidos en ellos y conocer las decisiones emitidas;

III. Formular alegaciones y presentar documentos antes de la decisión, los cuales serán objeto de consideración por el órgano competente; y

IV. Ser asistido, facultativamente, por un abogado, salvo cuando sea obligatoria la representación, por fuerza de ley.

Así, siguiendo las enseñanzas de Norberto BOBBIO[140], la democracia es el gobierno del Poder Público en público y que nada puede permanecer confinado en el espacio del misterio. El principio de publicidad debe ser visto como el fundamento de la garantía de la democracia, ya que determina que los contribuyentes deben ser informados de cualesquier actos que puedan interferir en su esfera jurídica tributaria[141].

Asimismo, Sergio André ROCHA sostiene que el principio de publicidad preconiza la garantía de la eficacia de los actos administrativos, vale decir, aparece como una garantía de la democracia y de la propia sociedad:

> El principio de publicidad corresponde al hecho, ya enfatizado en el presente estudio, de que las autoridades administrativas ejerzan una función pública. En este sentido, Carlos Ari SUNDFELD señala lo siguiente:
>
> La razón de ser del Estado es totalmente externa. Todo lo que ocurre en él, todo lo que hace, todo lo que posee, se dirige hacia el exterior. La finalidad de su acción no reside jamás en algún beneficio íntimo: siempre está destinado al interés público. Y ¿qué es interés público? Sería lo que el ordenamiento entiende como valioso para la colectividad (no para la persona estatal), razón por la cual protege y prestigia. Así, los beneficiarios de su actividad siempre son los particulares. Los recursos que utiliza no son suyos: vienen de los particulares individualmente considerados y pasan a formar parte de la colectividad. Los actos que produce siempre están destinados a los particulares: incluso los actos internos tan solo son una etapa intermedia para que, al final, algo se produzca en relación a ellos. En síntesis, al Estado le falta una vida interior, le faltan intereses personales íntimos[142].

---

140 BOBBIO, Norberto. *El futuro de la democracia*. México: Fondo de Cultura Económica, 1986, p. 65.

141 ROCHA, Sergio André. *Processo administrativo fiscal: controle administrativo do lançamento tributário*. 4.ª ed. Río de Janeiro: Lumen Juris, 2010, p. 75.

142 *Ídem*.

En este sentido, la publicidad[143] se torna importante no solo para las partes involucradas, que deben ser informadas con anticipación para que puedan comparecer a las sesiones de juicio, presentar alegatos orales o asistir a los debates, sino también para eventuales interesados que pueden tener conocimientos de actos/hechos que estén ocurriendo en los límites de aquel proceso administrativo:

> Se revela la necesidad de publicar las pautas de las sesiones de juicio -especialmente por los órganos administrativos-, con un razonable plazo de anticipación, para que los actores puedan comparecer a las referidas sesiones, asistir a los debates y acompañar la votación. La simple noticia del juicio a través de la Internet, para realizarse al día siguiente, no caracteriza la amplia e indispensable necesidad de publicación.
>
> Por lo tanto, resulta cuestionable la juridicidad de las sesiones de juicio (Consejos de Contribuyentes, o Cámara Superior de Recursos Fiscales, ambas del Ministerio de Hacienda), en una conferencia (carácter reservado), con la exclusiva presencia de sus miembros (reglamentos internos). En esta situación, el contribuyente (o su representante) no debería ser instado para abandonar la salsa de las sesiones, ya que no tiene sentido este comportamiento confidencial[144].

La importancia del principio de publicidad se traduce en la comprensión de que el acto administrativo tan solo puede ser considerado eficaz cuando el contribuyente tiene acceso a su pleno conocimiento, no solo para la ejecución de los intereses de la colectividad, sino principalmente para corroborar con la transparencia absoluta, tan defendida por el principio de moralidad administrativa.

De esta forma, el referido principio, al garantizar la posibilidad de controlarse los actos administrativos, además de permitir a todos los contribuyentes el acceso a las informaciones fiscales (antes confidencial) contenidas en los

---

143 «Susy HOFFMANN realiza una interesante distinción entre los tipos de publicidad de datos en el proceso administrativo. El primer grupo se refiere a la publicidad de los actos ocurridos en el proceso, como, por ejemplo, decisiones, votos, pedidos de diligencias; y el segundo se refiere al proceso administrativo en sí, facultándose a cualquier ciudadano el acceso a él, vale decir, podría acceder a los autos y verificar todos los documentos anexados. Para la autora, el acceso a las informaciones del primer grupo no vulnera la garantía constitucional de confidencialidad de los datos. La Administración tiene el deber de publicar los actos y decisiones correspondientes a los procesos administrativos para permitir la transparencia y el control de su actuación. Sin embargo, en la segunda situación debe haber límites a la consulta. Permitir el acceso irrestricto de las personas a los autos podrá exponer datos confidenciales del contribuyente, como, por ejemplo, la declaración de bienes e ingresos» (NEDER, Marcos Vinicius. A Lei Geral nº 9.784/99: a norma geral que informa o sistema processual administrativo tributário, *en* TÔRRES, Heleno Taveira; QUEIROZ, Mary Elbe y FEITOSA, Raymundo Juliano (coords.). *Direito tributário e administrativo aplicados*. São Paulo: Quartier Latin, 2005, p. 50).

144 MELO, José Eduardo Soares. *Processo tributário administrativo federal, estadual e municipal*. São Paulo: Quartier Latin, 2006, pp. 73 y 74.

procedimientos fiscales, también permite el control social de la actuación de los agentes de hacienda. En este sentido, los profesores Marcos Vinicius Neder y Maria Tereza Martínez señalan de forma clara y objetiva lo siguiente:

> Por otro lado, si se impide de modo absoluto el acceso del ciudadano a los actos administrativos practicados en el curso del proceso administrativo se frustraría la tan deseada transparencia de la Administración Pública.
>
> (...)
>
> Por lo tanto, si no hay una norma que regule de forma expresa la materia, la Administración deberá graduar las restricciones a la publicidad de los actos procesales como, de hecho, ya viene ocurriendo con las decisiones emitidas por el CARF. En este sentido, las decisiones administrativas de primera instancia también podrían ser difundidas, permitiendo el conocimiento general de su contenido y evitando el tratamiento desigual en el juicio de procesos por parte de órganos distintos de la Administración.
>
> De hecho, el procedimiento adoptado por las Oficinas Fiscales Federales de Juzgamiento ha sido impugnado porque no otorga al impugnante la fecha y horario de los juicios, así como no permite la presencia del abogado o interesado en el recinto cerrado donde se realiza la sesión. La Revista *Consultor Jurídico*, del 2 de febrero del 2004, informó sobre la autorización judicial otorgada al contribuyente en los autos del proceso MS 2004.61.00, por la jueza de la 4.ª Sala Civil, para que el interesado pudiese asistir al juicio en la Oficina Fiscal Federal de Juzgamiento en São Paulo. La Jueza también permitió que «el abogado del demandante aplique el ejercicio de la amplia defensa, entendiendo como tal, la entrega de informes, la sustentación oral, la solicitud de pruebas, la participación en debates y todos los demás actos necesarios para el ejercicio de ese derecho»[145].

La Administración Tributaria tiene el deber de hacerlo público, tanto para permitir la eficiencia en la defensa de los derechos individuales previstos en la Carta Magna, como para la sociedad (pueblo), siendo esta la titular del poder y la mayor beneficiaria de él, para controlar cada paso de su ejercicio reglamentario.

Por lo tanto, es evidente la importancia que tiene el principio de publicidad y sus desdoblamientos en el ámbito del proceso administrativo fiscal, el cual debe prevalecer en todo el ordenamiento jurídico brasileño.

2.3.3.4. Seguridad jurídica

La figura del principio de seguridad jurídica limita la discrecionalidad de la Administración Tributaria para adherirse a los términos exigidos en la ley, ya

[145] Neder, Marcos Vinicius y López, Maria Teresa Martínez. *Processo administrativo fiscal comentado (de acordo com a Lei nº 11.941, de 2009, e o Regimento Interno do CARF)*. 3.ª ed. São Paulo: Dialética, 2010, pp. 62 y 63.

que su deber es cumplir, en cualquiera de sus actos, con el necesario y pleno cumplimiento de la Constitución Federal, pero sin poder abrir una brecha para cualquier tipo de subjetividades propias de su competencia discrecional:

> No se trata de que la obligación tributaria esté fijada en una ley formal, sino en la «previsibilidad» objetiva de las situaciones jurídicas de los particulares -*Vorhersehbarkeit*-, elemento nuclear en la definición de un derecho seguro en un conjunto normativo de fijación de obligaciones de dar una cantidad de dinero, como es el ordenamiento tributario. En este, la base de la posición jurídica del ciudadano será la posibilidad de prever esas obligaciones, o, como han insistido en Alemania, entre otros, *Bühler-Strickrodt*, Jaenke o Klein, la determinabilidad -*Bestimmbarkeit*- de la suma a pagar. La seguridad no solo requiere que la ley permita generar certeza sobre la cuantía de la obligación, sino que cuando la certeza dependa de un acto administrativo de aplicación legal, esta sea pronta y definitiva, tal y como se deduce de los principios que inspiran la Ordenanza Tributaria alemana[146].

Hugo de Brito MACHADO sostiene que el principio de legalidad «es una forma de preservar la seguridad», dado que, «aunque la ley no represente la voluntad del pueblo, y por esta razón no se pueda afirmar que el tributo es consentido por haber sido instituido en ley, incluso así se tiene que el ser instituido en una ley garantiza un mayor grado de seguridad en las relaciones jurídicas»[147].

Sin embargo, el profesor Alberto XAVIER enseña que la idea de seguridad jurídica sería mucho más amplia que la de legalidad, pero, cuando entran en contacto, no se puede dejar de delinearla, de otorgarle un contenido, siendo este el que revela el grado de seguridad jurídica o certeza del impuesto[148]:

> Ahora bien, el Derecho Tributario es, de todas las ramas del Derecho, aquel en donde la seguridad jurídica asume su mayor intensidad posible; y, por ello, el principio de legalidad se configura como una reserva absoluta de ley formal.
>
> (...)
>
> La importancia de la seguridad jurídica en el Derecho Tributario no resulta tan solo de lo atribuido a la seguridad jurídica, en general, que -como ya hemos visto- es susceptible de varios grados, dependiendo de la naturaleza de los intereses a los que se refiere. También reside en su necesaria conexión con el tipo de sistema económico en el cual rige.

---

146 NOVOA, César García. Seguridad jurídica y Derecho Tributario, *en* MELLO, Celso Antônio Bandeira de (coord.). *Direito tributário: estudos em homenagem a Geraldo Ataliba*. São Paulo: Malheiros Editores, 1997, p. 71.

147 MACHADO, Hugo de Brito. *Os princípios jurídicos da tributação na Constituição de 1988*. 5.ª ed. São Paulo: Dialética, 2004, p. 22.

148 XAVIER, Alberto. *Os princípios da legalidade e da tipicidade da tributação*. São Paulo: Revista dos Tribunais, 1978, pp. 43-54.

> (...)
>
> Por otra parte, la competencia presupone la igualdad ante la ley, y esta obviamente no puede ser garantizada si la Administración fiscal dispone en sus manos de poderes de decisión que le permitan una aplicación «individualizadora» de la ley de impuesto. De esta manera, los principios de seguridad jurídica, legalidad e igualdad se encuentran estrechamente vinculados.

Este principio se encuentra transcrito y previsto de forma expresa en el Preámbulo de la Constitución Federal. Se encuentra vinculado con el valor de justicia, el cual proviene de una victoria perseguida de forma incesante por los pueblos a lo largo de los siglos: «La gran seguridad del administrado consiste en la observancia de los valores positivizados por los mandatos constitucionales, así como de los principios que se extienden por todo el ordenamiento jurídico»[149].

El principio de certeza del derecho establece las pretensiones del principio de seguridad jurídica, dado que, por un lado, «exige del enunciado normativo la especificación del hecho y de la conducta regulada», y, por otro, «requiere previsibilidad del contenido de la coactividad normativa»[150]:

> La seguridad jurídica debe ser considerada en el proceso fiscal, siempre que se respete el derecho a la defensa, amplia producción de pruebas, decisiones imparciales e interposición de recursos[151].

Este principio fue previsto por la Ley N.° 9.784/99 como un criterio que será obedecido por la Administración Tributaria, de acuerdo con la redacción del artículo 2°, párrafo único, inciso XIII, de la referida Ley:

> Art. 2° La Administración Pública obedecerá, entre otros, a los principios de legalidad, finalidad, motivación, razonabilidad, proporcionalidad, moralidad, amplia defensa, contradictorio, seguridad jurídica, interés público y eficiencia.
>
> Párrafo único. En los procesos administrativos se observarán, entre otros, los criterios de:
>
> (...)
>
> XIII. Interpretación de la norma administrativa en la forma que mejor garantice el cumplimiento del fin público al que se dirige, prohibiéndose la aplicación retroactiva de una nueva interpretación.

---

149 NEDER, Marcos Vinicius y LÓPEZ, Maria Teresa Martínez. *Processo administrativo fiscal comentado (de acordo com a Lei nº 11.941, de 2009, e o Regimento Interno do CARF)*. 3.ª ed. São Paulo: Dialética, 2010, p. 75.

150 CARVALHO, Paulo de Barros. *Segurança jurídica no novo CARF*. Disponible en el siguiente link: <http://www.ibet.com.br/download/Paulo%20de%20Barros%20Carvalho.pdf>. Visto el 19/10/2015.

151 MELO, José Eduardo Soares. *Processo tributário administrativo federal, estadual e municipal*. São Paulo: Quartier Latin, 2006, p. 88.

Maria Sylvia Zanella Di Pietro señala lo siguiente:

> Como he formado parte del grupo, sé, por conocimiento propio, que el principal objetivo de la inclusión del principio de seguridad jurídica era prohibir la aplicación retroactiva de una nueva interpretación, interpretación de la esfera administrativa; (...) porque es muy común, en el ámbito de la administración pública, que un órgano jurídico realice un informe, que este informe sea aprobado con carácter normativo y pase a valer como interpretación uniforme en toda la administración pública; por esta interpretación se garantizan los derechos de los administrados; de repente, podría ocurrir que se cambia la interpretación, se adopta otra interpretación con carácter normativo y se quiera comenzar a quitar aquello que había sido dado a las personas. Esto crea una inseguridad muy grande. Por lo tanto, se quiso prohibir la aplicación retroactiva de una nueva interpretación[152].

Se viola el principio de seguridad jurídica cuando la legislación ordinaria establece una nueva carga tributaria a los contribuyentes sin respetar las directrices jurisprudenciales. La certeza tributaria será concretizada cuando los órganos administrativos se posicionen de forma rápida y con la independencia esperada, en relación de las controversias tributarias que resulten de la aplicación de las legislaciones ordinarias, cuando estas violen los principios y las directrices constitucionales tributarias[153].

La importancia de este principio para el proceso administrativo fiscal se consolida cuando se considere el derecho a la defensa del contribuyente basado en la amplia producción de pruebas, junto con la celebración de sentencias imparciales, en el análisis cuidadoso de los recursos interpuestos.

Por lo tanto, es manifiesto que el máximo ideal del derecho es la seguridad jurídica, la cual se irradia por todo el ordenamiento jurídico y se concretiza por medio de otros principios[154], limitando a la Administración Tributaria a adherirse a los términos impuestos en la legislación sin la posibilidad de alcanzarse cualesquier subjetividades propias de la competencia discrecional de las autoridades.

2.3.3.5. Verdad material

El poder-deber del Estado de investigar y probar (búsqueda de la verdad material), manifestado en la capacidad legislativa plena dispuesta en el Código

---

[152] Di Pietro, Maria Sylvia Zannella; Ferreira, Sérgio de Andrés y Zancaner, Weida. Tema em destaque: atos administrativos. Elementos. Poder discricionário face ao princípio da legalidade. Anulação, revogação e a consolidação. O processo administrativo codificado pela Lei nº 9.784/99, *en Boletim de Direito Administrativo*. Ed. NDJ LTDA. V. 16. N.º 9, setiembre del 2000.

[153] Melo, José Eduardo Soares. *Processo tributário administrativo federal, estadual e municipal*. São Paulo: Quartier Latin, 2006, p. 87.

[154] Carvalho, Paulo de Barros. *Segurança jurídica no novo CARF*. Disponible en el siguiente link: <http://www.ibet.com.br/download/Paulo%20de%20Barros%20Carvalho.pdf>. Visto el 19/10/2015.

Tributario Nacional[155], debe ser ejercido en su plenitud, vale decir, con el objetivo de dar a la determinación la imperativa presunción de liquidez y certeza.

---

155 «Art. 6º La atribución constitucional de competencia tributaria comprende la plena competencia legislativa, con excepción de las limitaciones contenidas en la Constitución Federal, en las Constituciones de los Estados y en las Leyes Orgánicas del Distrito Federal y de los Municipios, y observado lo dispuesto en esta Ley». El Código Tributario Nacional también estableció diversas normas de interpretación [consideró el derecho como un cuerpo lingüístico que se manifiesta bajo la forma de textos, vertidos sobre la región material de las conductas intersubjetivas, en función prescriptiva y cuyo producto interpretativo se denomina norma jurídica. De esta sencilla definición ya se puede ver dos aspectos importantes en el ámbito de todo y cualquier ordenamiento: (1) el derecho tiene la finalidad de prescribir conductas a los sujetos, actuando con el propósito de estabilizar las relaciones interpersonales; y (2) el intérprete es el protagonista en la construcción del sentido de las reglas que componen un determinado ordenamiento, dado que él es quien atribuye el contenido al mensaje legislado, para comprender el mandato jurídico y dirigir las conductas intersubjetivas» (CARVALHO, Paulo de Barros. *Derivação e positivação no direito tributário*. 2.ª ed. V. 3. São Paulo: Noeses, 2016, p. 208)], como las dispuestas en los artículos 99, 118 y, también, en los artículos 107 a 112 bajo el título de «Interpretación e Integración de la Legislación Tributaria»: «Art. 99. El contenido y el alcance de los decretos se restringen a los de las leyes bajo las cuales se dictan, determinados con observancia de las reglas de interpretación establecidas en esta Ley. (...) art. 107. La legislación tributaria será interpretada según lo dispuesto en este Capítulo. Art. 108. Ante la ausencia de una disposición expresa, la autoridad competente, para aplicar la legislación tributaria, utilizará de forma sucesiva en el siguiente orden: I. La analogía; II. Los principios generales de derecho tributario; III. Los principios generales de derecho público; IV. La equidad. § 1º El empleo de la analogía no podrá resultar en la exigencia de un tributo no previsto en ley. § 2º El empleo de la equidad no podrá resultar en la exoneración del pago de un tributo debido. Art. 109. Los principios generales de derecho privado se utilizan para investigar la definición, el contenido y el alcance de sus institutos, conceptos y formas, pero no para definir los respectivos efectos tributarios. Art. 110. La ley tributaria no puede alterar la definición, el contenido y el alcance de institutos, conceptos y formas de derecho privado, utilizados, expresa o implícitamente, por la Constitución Federal, por las Constituciones de los Estados, o por las Leyes Orgánicas del Distrito Federal o de los Municipios, para definir o limitar las competencias tributarias. Art. 111. Se interpreta literalmente la legislación tributaria que disponga sobre: I. Suspensión o exclusión del crédito tributario; II. Otorgue exención; III. Exonere del cumplimiento de obligaciones tributarias accesorias. Art. 112. La ley tributaria que define infracciones, o impone penalidades, se interpreta de la manera más favorable al acusado en caso de duda con respecto: I. A la tipificación legal del hecho; II. A la naturaleza o a las circunstancias materiales del hecho, o a la naturaleza o extensión de sus efectos; III. A la autoría, imputabilidad, o punibilidad; IV. A la naturaleza de la penalidad aplicable, o a su gradación. (...) Art. 118. La definición legal del hecho generador es interpretada abstrayéndose: I. La validez jurídica de los actos efectivamente practicados por los contribuyentes, responsables, o terceros, así como la naturaleza de su objeto o de sus efectos; II. Los efectos de los hechos efectivamente ocurridos». Vale decir, para la solución en el campo tributario, el Código Tributario Nacional establece el uso de la analogía, los principios generales de Derecho Tributario y la equidad; pudiendo percibir que el principio es el «enunciado portador de núcleos significativos de gran magnitud, influenciando sensiblemente la orientación de cadenas normativas, a las cuales otorga carácter de unidad relativa, sirviendo como un factor de agregación para otras reglas del sistema del derecho positivo, lo cual ya hemos resaltado» (CARVALHO, Paulo de Barros. *Derivação e positivação no direito tributário*. 2.ª ed. V. 1. São Paulo: Noeses, 2014, p. 37).

La verdad material, o, dicho de una mejor forma, la búsqueda de la verdad material, debe ser entendida como inseparable al poder que la legislación otorga a la Administración Tributaria. Consideramos que la importancia de ese principio se debe a que el procedimiento fiscal, cuando es realizado de manera incorrecta, puede provocar una exigencia tributaria irrazonable y, en consecuencia, colisionar con los derechos a la propiedad y libertad, los cuales son derechos fundamentales del contribuyente, previstos en la Constitución Federal.

La doctrina y la jurisprudencia alejaron con mucho esfuerzo la comprensión de que habría la inversión de la carga de la prueba[156], dado que la Administración Tributaria (acto administrativo) goza de la presunción de legitimidad. En otras palabras, de forma clara y precisa, la autoridad fiscal tiene el deber de probar sus alegaciones.

No podemos olvidar que, cuando analizamos materias de derecho punitivo, debemos tomar en consideración que el principio de verdad material debe prevalecer sobre el principio de verdad formal, ya que ese análisis difiere de aquellas relacionadas a materias patrimoniales.

Se debe advertir que, según lo dispuesto en los artículos 194, 195 y 197, todos del Código Tributario Nacional, el contribuyente no podrá librarse de soportar las actividades fiscales y todas las diligencias, así como de colaborar con la Administración Tributaria cuando así lo solicite:

> Art. 194. La legislación tributaria, observando lo dispuesto en esta Ley, regulará de forma general o específica, de acuerdo a la naturaleza del tributo en cuestión, la competencia y los poderes de las autoridades administrativas respecto a la fiscalización de su aplicación.
>
> Párrafo único. La legislación a la que se refiere este artículo se aplica a las personas naturales o jurídicas, contribuyentes o no, inclusive a las que gocen de inmunidad tributaria o de exención de carácter personal.
>
> Art. 195. A los efectos de la legislación tributaria, no se aplicarán las disposiciones legales que excluyan o limiten el derecho de examinar mercancías, libros, archivos, documentos, papeles y efectos comerciales o fiscales, de los comerciantes industriales o productores, ni la obligación de estos de exhibirlos.

---

156 La regla general sobre la carga de la prueba proviene de una imposición incuestionable de la lógica jurídica, universal y que, por esta misma razón, prevalece en la teoría de la prueba. La carga de la prueba corresponde a quien alega el hecho y no a quien lo niega. Y no podía incluso dejar de ser así porque es absolutamente imposible probar la no ocurrencia de un hecho. Es cierto que se puede probar otro hecho que también es incompatible con el hecho alegado que, si se comprueba este, se tendrá como probada la inexistencia de aquel (MACHADO, Hugo de Brito. O ônus da prova no procedimento administrativo tributário. As alterações mais importantes do processo civil em matéria tributária e o Novo CPC, *en* ROCHA, Valdir de Oliveira (coord.). *Grandes questões tributárias*. V. 19. São Paulo: Dialética, 2015, p. 156).

Párrafo único. Los libros obligatorios de registro comercial y fiscal, así como los comprobantes de las determinaciones efectuadas en ellos se conservarán hasta que ocurra la prescripción de los créditos tributarios que resulten de las operaciones a las que se refieran.

(...)

Art. 197. Mediante una notificación escrita, son obligados a prestar a la autoridad administrativa todas las informaciones que tengan con relación a los bienes, negocios o actividades de terceros:

I. Los notarios, fedatarios y demás funcionarios de oficio;

II. Los bancos, casas financieras, cajas económicas y otras instituciones financieras;

III. Las empresas de administración de bienes;

IV. Los corredores, subastadores y agentes de aduanas;

V. Los inventariadores;

VI. Los síndicos, comisionadores y liquidadores;

VII. Otras entidades o personas que la ley designe, en razón de su cargo, oficio, función, ministerio, actividad o profesión.

Párrafo único. La obligación prevista en este artículo no comprende la prestación de informaciones sobre hechos que el informante esté legalmente obligado a guardar secreto en razón de su cargo, oficio, función, ministerio, actividad o profesión.

Paulo de Barros Carvalho señala lo siguiente[157]:

A la Administración Tributaria, especialmente para otorgar efectividad a esos objetivos, se le facultó para que identifique, respetando los derechos individuales y en los términos que indique la ley, el patrimonio, los ingresos y las actividades económicas del contribuyente. La referencia expresa a esa facultad, tan antigua como el poder jurídico de exigir tributos, no aparecía en las constituciones anteriores, precisamente porque configuraba un aspecto de esencial inmanencia para el desempeño de la Administración Tributaria[158].

---

157 Carvalho, Paulo de Barros. *Curso de direito tributário*. 26.ª ed. São Paulo: Saraiva, 2014, p. 529.

158 La experiencia brasileña es un testimonio elocuente del uso de la nueva facultad, pero antes de eso el testimonio histórico nos muestra el abuso de esa facultad, muchas veces desarrollada en términos de violación a los derechos de la ciudadanía. De esta forma, si alguna medida ocupase el importante tópico, en el cuadro de los principios generales del Sistema Tributario Nacional, ciertamente albergaría un contenido opuesto, el cual consistiría en adoptar criterios más seguros para la delimitación de aquella antigua facultad, fortaleciendo los derechos individuales e impidiendo groseros atentados contra el ordenamiento jurídico nacional (Carvalho, Paulo de Barros. *Curso de direito tributário*. 26.ª ed. São Paulo: Saraiva, 2014, pp. 529 y 530).

Vale decir, a la Administración Tributaria le corresponde oficialmente requerir lo que sea de derecho, dado que es la entidad encargada de ordenar lo que fuese necesario, correspondiendo el informalismo al contribuyente (acusado). En este caso, deberían destacarse todas las solemnidades como la inobservancia de plazos, así como de las formas procesales, siempre que afecten la observancia de las formalidades destinadas a garantizar el derecho del contribuyente para defenderse de forma amplia e irrestricta, en la búsqueda incesante de la verdad plena.

Además, no se debe olvidar las repercusiones de ese tema en el proceso judicial, ya que, comprobado el análisis superficial de la autoridad fiscal o el rechazo del pedido que realiza el contribuyente para producir pruebas, el Poder Judicial podrá manifestarse de forma favorable al contribuyente en un caso en el que el crédito tributario exigido era realmente debido.

El principio de verdad material se caracteriza como uno de los aspectos más relevantes para distinguir la jurisdicción administrativa y la judicial, dado que las condiciones para el procesamiento de las informaciones del mundo fenoménico hacia el sistema jurídico implican la aplicación de reglas distintas entre el proceso judicial y el proceso administrativo fiscal.

En otras palabras, el proceso administrativo fiscal opera con sus propias categorías y régimen jurídico. Por lo tanto, el juez administrativo establece un contorno más activo en la formación de su convicción y en su decisión, con la finalidad de establecer una mejor solución para el conflicto de interés analizado:

> La forma de introducir los enunciados lingüísticos en el proceso administrativo fiscal es digna de referencia, respecto a la preclusión temporal, que principalmente en ese ambiente procesal sufre cambios, mientras que en el proceso judicial es un dato objetivo, vinculado a los plazos prescritos por el derecho positivo, en el proceso administrativo fiscal se añade otro dato, de naturaleza subjetiva, íntimamente vinculado con el principio de oficio[159].

Por lo tanto, para que esas actividades puedan ser controladas, la actividad fiscal debe ser documentada, con la redacción de términos que certifiquen las diligencias de la autoridad fiscal, como el inicio y término de la fiscalización y otras medidas que se tomen en el transcurrir de la fiscalización (como la incautación de libros y mercancías).

2.3.3.6. Principio *in dubio pro* contribuyente

Marcos de Aguiar VILLAS-BOAS señala que el principio *in dubio pro* contribuyente funcionaría para el Derecho Tributario como el debido proceso legal funcionaría para el Derecho Procesal o incluso el *in dubio pro* reo para el

159 ARAÚJO, Ana Clarissa Masuko dos Santos. Princípio da verdade material e processo administrativo fiscal de compensação, *en* CONRADO, Paulo Cesar (coord.). *Processo tributário analítico*. 2.ª ed. V. 2. São Paulo: Noeses, 2016, p. 8.

Derecho Penal. Así, esta sería una norma de máxima amplitud dentro del sistema tributario, siendo eficaz sobre todas las demás, y con el poder de otorgar efectividad a los derechos de las partes en los aspectos procesales, dado que protege al contribuyente en lo concerniente con los tributos[160].

Así, queda claro que ese principio rige las relaciones jurídico-tributarias (entre la Hacienda Pública/Administración Tributaria y el contribuyente), donde la autoridad administrativa tributaria se encuentra en una posición privilegiada, teniendo innumerables poderes para fiscalizar a las empresas y para cobrar la prestación debida, pero su actividad no puede limitar los derechos fundamentales de los contribuyentes.

El Poder Judicial (como intérprete auténtico de los textos normativos y de los hechos jurídicos) y la Administración Tributaria deben reconocer la existencia de ese principio, ya que no estamos tratando de una búsqueda ciega de la protección del contribuyente, ni de aplaudir el fraude fiscal, sino de la representación de la Constitución Federal de otorgar efectividad a las normas del sistema constitucional tributario, que, al mismo tiempo que confiere el poder a la Administración Tributaria, también recorta las aristas de ese poder, intentando evitar sus excesos, como muchas veces ocurre, imponiendo limitaciones que necesitan ser implementadas en la práctica de acuerdo con los valores que conllevan la protección de los derechos fundamentales del contribuyente[161].

La aplicación del principio constitucional *in dubio pro* contribuyente alcanza a todas las normas del sistema constitucional tributario, impidiendo interpretaciones y construcciones de normas contrarias al contribuyente, lo que lleva a creer que la Administración Tributaria debe mostrar una mayor preocupación por la protección de los derechos fundamentales del contribuyente, reduciendo el espacio para medidas puramente recaudatorias (por ejemplo, cuando se deja de restituir lo que al contribuyente le corresponde por derecho), las cuales normalmente son tomadas en los autos de los procesos administrativos fiscales sin tomar en consideración lo dispuesto en la Constitución Federal y violando diversos principios constitucionales tributarios[162].

---

160 VILLAS-BÔAS, Marcos de Aguiar. *In dubio pro contribuinte: visão constitucional em busca da proteção dos direitos fundamentais*. São Paulo: MP Editora, 2012, p. 226.

161 *Ibídem*, pp. 227 y 228.

162 *Ibídem*, pp. 235-262.

3.

PROCESO ADMINISTRATIVO FISCAL

3.1. Relación entre el proceso administrativo fiscal y el judicial

El título de este capítulo menciona las palabras «proceso» y «administrativo» para que se pueda realizar precisamente la distinción cuando desarrollemos el proceso judicial, que es aquel proceso tributario desarrollado en el Poder Judicial:

> Las acciones tributarias suponen en rigor una estructura peculiar, especial, en una mayor o menor medida, que consiste en el proceso tributario, que tiene como objetivo producir una norma individual que establezca «en el caso concreto el exacto alcance de las obligaciones determinadas por las normas generales de Derecho Tributario sustantivo».
>
> En estas acciones tendremos, componiendo la relación jurídica procesal, como partes, por un lado, a la Hacienda Pública y, por el otro, al ciudadano contribuyente, pudiendo figurar, cualquiera de ellos, en el polo activo o pasivo. Algunas acciones especiales, que también pueden referirse al Derecho Tributario, como la acción directa de inconstitucionalidad, la acción declarativa de constitucionalidad o incluso la acción popular, no tendrán esta característica estructura, pero ni por eso dejan de integrar el conjunto de acciones que componen el proceso tributario, como veremos más adelante[163].

Eduardo Bottallo sostiene que en el Derecho Positivo brasileño no se puede afirmar que exista una jurisdicción fuera del Poder Judicial o que el proceso judicial es un mero desdoblamiento del proceso administrativo, dado que ambos formarían parte de un único sistema orgánico[164].

En este sentido, el concepto de acceso a la justicia podría ser entendido como el acceso al órgano judicial para obtener la tutela jurisdiccional (acceso

---

[163] Alvim, Teresa Arruda y Marins, James. Processo tributário, *en* Alvim, Teresa Arruda (coord.). *Repertório de jurisprudência e doutrina sobre processo tributário*. São Paulo: Revista dos Tribunais, 1994, p. 15.

[164] Bottallo, Eduardo Domingos. Princípios gerais do processo administrativo tributário, *en* *Revista de Direito Tributário*. N.° 1. São Paulo: RT, 1977, p. 48.

al Poder Judicial - como género) o, en un sentido más amplio, como una orden determinada de valores y derechos fundamentales para el ser humano (visión axiológica y teleológica - como especie)[165].

Vale decir, el proceso visto como un instrumento al servicio de la sociedad amplió su alcance cuando se constató que todos los órganos del Estado desempeñan, aunque sea de forma secundaria, una función jurisdiccional.

El profesor Odete MEDAUAR[166] trata sobre esta amplitud y señala lo siguiente:

> Así, se puede observar que la concepción publicista del proceso condujo a la idea de acción como derecho independiente y derecho subjetivo material; condujo al desplazamiento de la preocupación científica hacia el tema de la jurisdicción y permitió la idea de esta como poder estatal; por su parte, la teoría del proceso como relación jurídica permitió visualizarlo como un conjunto de posiciones jurídicas activas y pasivas, de cada uno de sus sujetos (...) y no solo como una simple sucesión de actos.
>
> (...)
>
> Esos enfoques, aquí ventilados de modo sucinto, desembarcaron en la concepción metodológica de una Teoría General del Proceso, que ve el «Derecho Procesal como un conjunto de principios, institutos y normas estructurados para el ejercicio del poder según determinados objetivos». Por consiguiente, emerge perfectamente clara la idea de una procesalidad concerniente al Poder Ejecutivo y al Poder Legislativo.

El proceso judicial se distingue del proceso administrativo porque se tramita en un órgano del Poder Judicial en el cual se establece la relación jurídica procesal entre demandante y demandado. El denominado proceso judicial tributario constituye exactamente la suma de principios que «vivifican el sentido y la función desempeñada por los institutos jurídicos en nuestro sistema jurídico»[167], en especial cuando analizamos la relación entre fisco y contribuyente.

De esta forma, no podemos confundir el proceso judicial tributario con el proceso administrativo fiscal, dado que el primero se establece ante los órganos del Poder Judicial, resguardado por las garantías de la magistratura con la obligación de garantizar que las decisiones sean emitidas de acuerdo con la legislación y la Constitución Federal, procurando efectuar la justicia social, la cual es inherente a la correcta aplicación de la legislación en el ámbito del derecho tributario[168].

---

165 RODRIGUES, Horácio Wanderley. *Acesso à justiça no direito processual brasileiro*. São Paulo: Acadêmica, 1994, p. 28.

166 MEDAUAR, Odete. *A processualidade no direito administrativo*. São Paulo: Revista dos Tribunais, 1993, p. 15.

167 Cleide PREVITALLI al citar a Arruda ALVIM en sus conclusiones (CAIS, Cleide Previtalli. *O processo tributário*. 3.ª ed. São Paulo: Revista dos Tribunais, 2001, p. 223).

168 *Ibídem*, pp. 223 y 224.

Por lo tanto, se debe hablar de proceso administrativo fiscal como especie del proceso administrativo, tomándose en cuenta sus peculiaridades, ya que el proceso judicial se encuentra enteramente sometido a la ley, mientras que el otro está regulado por decretos del Poder Ejecutivo. La eficacia del proceso judicial es claramente más acentuada, por medio de la cosa juzgada, mientras que en el proceso administrativo fiscal el contribuyente obtiene en su última instancia la decisión definitiva[169].

3.1.1. Derecho de petición

En primer lugar, debemos señalar que la impugnación administrativa (de competencia del ente tributante) fiscal (actos tributarios - determinación) y la impugnación judicial (de competencia de la Unión Federal) son garantías establecidas en la Constitución Federal, teniendo la primera como fundamento el artículo 5°, inciso XXXIV, y la segunda como fundamento el inciso XXXV, ambos asegurados por el inciso LV del referido artículo:

> XXXIV. A todos se les garantiza, con independencia del pago de tasas:
>
> a) El derecho de petición a los Poderes Públicos para defender sus derechos o contra la ilegalidad o abuso de poder;
>
> b) La obtención de autorizaciones en oficinas públicas, para defender sus derechos y aclarar situaciones de interés personal;
>
> XXXV. La ley no excluirá de la apreciación del Poder Judicial lesión o amenaza a derecho;
>
> (...)
>
> LV. A los litigantes, en proceso judicial o administrativo, y a los acusados en general se les garantizan el contradictorio y la amplia defensa, con los medios y recursos inherentes a ella.

En este sentido, el profesor Marco Aurélio Greco, en su obra *Dinâmica da Tributação y Procedimento*, señala lo siguiente:

> Tratándose de Derecho Tributario, la aplicación de esas constataciones nos lleva a las siguientes conclusiones:
>
> 1. Cualquier acto de la Administración practicado en aplicación de las normas tributarias y que el particular considere lesivo a sus derechos, podrá dar lugar al ejercicio del derecho de petición. Por su parte, este derecho garantiza lo siguiente: I) el poder de pedir la revisión del acto que presuntamente viola el derecho del particular; y II) el derecho de obtener una respuesta que resulte de la revisión del acto impugnado.
>
> 2. Cuando alguien es acusado de cometer una infracción -penal o administrativa, ya que la Constitución no las distingue- se le garantiza la

---

[169] Cabral, Antonio da Silva. *Processo administrativo fiscal*. São Paulo: Saraiva, 1993, p. 23.

amplia defensa. Se debe advertir que, en el dispositivo específico, la Constitución se preocupa de calificar esa defensa como «amplia» cuando en otros fragmentos se limitaba a mencionarla sin ningún adjetivo (§§ 35 y 30 del art. 153). De ahí se puede concluir que el § 15 del artículo 153 debe ser entendido en su mayor alcance como una prerrogativa que asegura la posición del particular ante la autoridad[170].

Así, la impugnación administrativa (proceso constitutivo de anulación), en relación de una violación o abuso de derecho, sería una petición y no una acción, considerando que la tutela del derecho se efectúa en el ámbito del mismo Poder en el cual se realizó la determinación (acto administrativo) y jamás en un Poder diferente e independiente, como el Poder Judicial[171].

Wagner Balera, en un libro específico sobre el proceso administrativo de seguridad social, cita las lecciones de José Antônio Pimento Bueno donde sostiene que el derecho de petición sería intuitivo, sin la exigencia de un derecho perfecto, bastando tan solo la existencia de un simple interés, siempre que sea lícito, lo cual generó las siguientes conclusiones[172]:

> Ciertamente, para que exista instrumentación y consecuencias prácticas, el derecho de petición exige que el sistema jurídico imponga a la autoridad pública el deber de evaluar, aunque sea de forma sumaria, la controversia que se le presenta.
>
> (...)
>
> Así comprendida la garantía constitucional, que resulta del régimen y de los principios adoptados por la Ley Suprema, es inadmisible que una norma de menor jerarquía proponga una regla que colisione con toda la tradición del derecho público brasileño.
>
> (...)
>
> Las prestaciones expresan un bien social. Toda la sociedad (ver el encabezado del art. 194 de la Constitución Federal) responde por el singular bien común que merece cada beneficiario. Así, es de interés social que las prestaciones sean concedidas a quienes necesiten de ellas.

Debemos advertir que el Código Tributario Nacional no reguló la impugnación administrativa, tratando de forma genérica «las reclamaciones y los recursos» cuando aborda las causas de suspensión de la exigibilidad del crédito tributario, a pesar de regular la revisión de la determinación por iniciativa de las autoridades fiscales.

---

170 Greco, Marco Aurélio. *Dinâmica da tributação e procedimento*. São Paulo: Revista dos Tribunais, 1979, pp. 139 y 140.

171 Xavier, Alberto. *Princípios do processo administrativo e judicial tributário*. Río de Janeiro: Forense, 2005, p. 20.

172 Balera, Wagner. *Processo administrativo previdenciário: benefícios*. São Paulo: LTr, 1999, pp. 29-33.

Este derecho de petición tiene un determinado contenido que exige al menos que la Administración Pública se manifieste sobre lo que le fue demandado. El contribuyente podrá recurrir al Poder Judicial cuando reciba una respuesta negativa, de acuerdo a lo previsto en la legislación nacional.

Respecto al contenido de ese derecho, se exige que la Administración Tributaria al menos se pronuncie sobre lo que fue presentado por el contribuyente, y, cuando la respuesta sea negativa, todavía le queda la posibilidad de recurrir al Poder Judicial.

Además, el profesor Alberto XAVIER señala que, al contrario de la impugnación administrativa, la «disciplina jurídica de la impugnación judicial es de competencia exclusiva de la Unión»[173].

Finalmente, el derecho de petición es un mecanismo constitucional de acceso a la justicia en el ámbito de la administración tributaria y debe ser objeto de una mayor atención e interés por parte de la doctrina, así como de los legisladores[174].

3.2. Fases del proceso administrativo fiscal

3.2.1. Constitución del crédito tributario

El profesor Tercio Sampaio FERRAZ JR. sostiene que «la ciencia jurídica como teoría de la decisión capta, así, el problema de la resolución de los conflictos sociales como una intervención continua del Derecho en la convivencia humana, vista como un sistema de conflictos intermitentes»[175].

De esta forma, el cientista del Derecho Tributario debe acompañar la evolución de los instrumentos y mecanismos jurídicos[176], ya que esta cien-

---

173 XAVIER, Alberto. *Princípios do processo administrativo e judicial tributário*. Río de Janeiro: Forense, 2005, p. 20.

174 VEIGA, Lintney Nazareno da. Processo administrativo fiscal, *en Revista Dialética de Direito Tributário*. N.° 73. São Paulo: Dialética, 1996, p. 167.

175 FERRAZ JR., Tercio Sampaio. *Ciência do direito*. São Paulo: Atlas, 1977, p. 98.

176 Debemos señalar que el cambio de hábitos de la población mundial ha provocado cambios significativos en los ordenamientos jurídicos, así como un proceso de evolución tecnológica de la Administración Tributaria. Vale decir, una gran parte de los países han buscado a lo largo de los últimos años estudiar modelos de informatización para que los sistemas judiciales y administrativos no solo puedan transformar los documentos de papel en archivos digitales, sino también reducir costos y auxiliar en los procedimientos con el objetivo de otorgar una mayor seguridad y agilidad a los procedimientos. En este sentido, esa tendencia mundial fue seguida por Brasil, que se ha convertido en uno de los pioneros en la implementación de procedimientos y obligaciones tributarias en formato electrónico, por ejemplo, la Factura Electrónica (NF-e) y la Escritura Fiscal Digital (EFD). La doctrina establece que «la tecnología está vinculada con el desarrollo de la civilización, dependiente cada vez más de los procesos de industrialización, de la agricultura racional, de la producción masiva, de tal modo que no es difícil comprender la enorme importancia de esa ciencia para conservar, divulgar y perfeccionar los métodos de la actividad humana en casi todos los sectores de la vida» (SALLES, Ivanhoe Nóbrega de. A tecnologia e o direito tributário, *en*

cia siempre será provisional, evitando así el desajuste entre él y la realidad fáctica, sociológica y económica.

Nogueira, Ruy Barbosa (coord.). *Direito tributário*. São Paulo: José Bushatsky, 1969, p. 224). El concepto de informatización fiscal consiste precisamente en la adopción de mecanismos y sistemas tecnológicos para el cumplimiento de las obligaciones tributarias, auxilio en la fiscalización y emisión de las actas de infracción, así como de todos los demás instrumentos jurídicos tributarios en los cuales la tecnología pueda ser utilizada como medio para alcanzar su fin (Pinto, Fabiana Lopes. *Informatização fiscal: o uso da tecnologia no Sistema Tributário Nacional*. São Paulo, 2012. Tesis de doctorado de Derecho – Programa de Posgraduación en Derecho, Pontificia Universidad Católica de São Paulo, p. 158). Esta informatización fiscal lleva a la reestructuración y a la clara necesidad de la revisión teórica de diversos procedimientos de la Administración Tributaria, en especial las decisiones emitidas en primera instancia. En el ordenamiento jurídico nacional, esa informatización ha sido involucrada desde la década pasada a través de varias alteraciones en las normas jurídicas que regulan los deberes instrumentales, acomodando las normas para que se adecuen a la nueva realidad tecnológica. En este sentido, el profesor Guilherme Lopes de Moraes señala lo siguiente: «El avance de la informatización fiscal observado en la mayoría de los países es algo irreversible. La utilización de la informática alcanzó a los más diversos sectores y viene agregando valores a los procesos, además de disminuir considerablemente los costos. En el ámbito jurídico, se ha innovado de forma muy rápida y sobre él gira un conjunto de actos jurídicos virtuales. Conviviendo con el ordenamiento jurídico, ese nuevo ámbito necesita ser analizado a profundidad para una buena comprensión de las normas tributarias, principalmente cuando estas resultan de un proceso de enunciación virtual (...). En este nuevo escenario, entendemos que la Teoría Comunicacional del Derecho puede ayudar con el análisis de los procesos de informatización fiscal, una realidad cotidiana en nuestro ordenamiento jurídico-tributario. Como reflejo de esa evolución tecnológica, la preocupación del estudioso del derecho positivo se orienta hacia la cuestión probatoria, dado que los procesos informatizados (como es el caso de la NF-e) reclaman nuevos abordajes para una mejor comprensión del proceso virtual de enunciación de las normas jurídicas y sus efectos sobre las relaciones tributarias» (Moraes, Guilherme Lopes. Teoria comunicacional do direito e informatização fiscal, *en* Robles, Gregorio y Carvalho, Paulo de Barros (coords.). *Teoria comunicacional do direito: diálogo entre Brasil e Espanha*. V. II. São Paulo: Noeses, 2017, pp. 459 y 460). Así, si las autoridades administrativas vienen empleando diversos mecanismos tecnológicos respecto a la informatización legal de los deberes instrumentales con el objetivo de fiscalizar a los contribuyentes ¿por qué este mismo compromiso no debe ser dirigido a los juicios administrativos de primera y segunda instancia? El Consejo Administrativo de Recursos Fiscales (CARF), órgano máximo del contencioso administrativo fiscal, ya implantó la realización de juicios en un ambiente virtual y con el soporte de videoconferencia, a través del mismo patrón de seguridad utilizado por los consejeros en los trabajos a distancia previos a las sesiones presenciales (disponible en el siguiente link: <http://idg. carf.fazenda.gov.br/noticias/2017/carf-comeca-a-julgar-casos-de-menor-valor-em-sessoes-virtuais>. Visto el 27/09/2017). Esas Salas Extraordinarias, instituidas por la Orden CARF 47/17, fueron creadas con el deber de otorgar una mayor celeridad a la tramitación de recursos no prioritarios. Por lo tanto, queda claro que, con el avance tecnológico de la propia Administración Tributaria, no podrían existir más obstáculos para que los juicios de primera instancia continúen siendo realizados de forma «oculta» y sin la participación de los contribuyentes y sus abogados, lo que ocurre también en algunos juicios de segunda instancia, apreciándose la ausencia de recursos de algunos contribuyentes. Todos los temas que componen el derecho tributario pueden ser trabajados teniendo como referencia los presupuestos filosóficos, tales como las fuentes del derecho tributario, su finalidad y su clasificación, por ejemplo (Becho, Renato Lopes. *Filosofia do direito Tributário*. São Paulo: Saraiva, 2010, p. 327).

Respecto a los procedimientos administrativos y la Constitución Federal, el profesor Marco Aurélio GRECO señala lo siguiente:

> La primera regulación de los procedimientos administrativos que debe ser obedecida es dada por la Constitución Federal. Esta regulación puede ser vista desde dos ángulos: uno positivo, correspondiente a las exigencias mínimas impuestas a todos los procedimientos, y otro negativo, que no consiste en deberes directamente impuestos a los Poderes Públicos, sino en situaciones aseguradas a los individuos cuyo ejercicio condicionará la actuación de la autoridad[177].

De forma didáctica, podemos desdoblar el proceso formativo de la obligación tributaria en tres fases distintas[178]:

(i) Pura soberanía o poder de imperio: resulta de la existencia (simple) de la ley instituidora del tributo sujeta a la descripción abstracta y genérica contenida en su hipótesis de incidencia. En esta primera etapa, el Estado tendría una mera expectativa de derecho oponible (en principio) frente a todos aquellos que pertenecen al ordenamiento jurídico positivo;

(ii) Ocurrencia del hecho imponible: verificación material y concreta de la descripción prevista en la hipótesis de incidencia (ocurrencia del hecho imponible); y

(iii) Proceso fiscal: Rubens Gomes de SOUSA enseña que «este concepto comprende tanto la afirmación unilateral de la voluntad del Estado a través de la emisión de un acto administrativo (etapa de oficio del proceso fiscal correspondiente a la determinación) como del 'pronunciamiento jurisdiccional en sede contenciosa' (etapa contenciosa del proceso fiscal correspondiente a la sentencia, aquí entendida en sentido amplio)».

El profesor Paulo de Barros CARVALHO sostiene que, tratándose de la materia tributaria, «el ilícito puede provenir de la no prestación del tributo (de la cuantía pecuniaria), o del incumplimiento de los deberes instrumentales o formales»[179].

El Decreto N.° 70.235/72 prescribe que la exigencia del crédito tributario, así como la aplicación de determinadas multas (por ejemplo, la aislada[180]),

---

177 GRECO, Marco Aurélio. *Dinâmica da tributação e procedimento.* São Paulo: Revista dos Tribunais, 1979, p. 139.

178 BOTTALLO, Eduardo Domingos. Princípios gerais do processo administrativo tributário, *en Revista de Direito Tributário*. N.° 1. São Paulo: RT, 1977, pp. 47 y 48

179 CARVALHO, Paulo de Barros. *Direito tributário, linguagem e método.* 5.ª ed. São Paulo: Noeses, 2013, p. 855.

180 N. T.: el profesor Robson Maia LINS define la multa aislada de la siguiente manera: Realicemos primero una reflexión sobre el «aislado» de la multa. ¿Esta multa estaría aislada de qué? ¿Sería del tributo debido y ya pagado? ¿Sería de la multa de demora?

serán formalizas por medio de actas de infracción (o notificaciones de determinación), las cuales deben ser acompañadas con todos los documentos pertinentes para esclarecer la cuestión, como laudos, testimonios, emails, hojas de cálculo y otros elementos de prueba indispensables para la comprobación del acto ilícito[181].

> Art. 9° La exigencia del crédito tributario y la aplicación de la penalidad aislada se formalizarán en actas de infracción o notificaciones de determinación, distintas para cada tributo o penalidad, las cuales deberán estar instruidas con todos los términos, testimonios, laudos y otros elementos de prueba indispensables para la comprobación del ilícito.
>
> § 1° Las actas de infracción y las notificaciones de determinación, referidas en el encabezado de este artículo, formalizados en relación al mismo sujeto pasivo, pueden ser objeto de un único proceso, cuando la comprobación de los ilícitos dependiese de los mismos elementos de prueba.
>
> § 2° Los procedimientos referidos en este artículo y en el artículo 7° serán válidos, aunque sean formalizados por funcionario competente de una jurisdicción distinta a la del domicilio tributario del sujeto pasivo.
>
> § 3° La formalización de la exigencia, en los términos del párrafo anterior, preserva la jurisdicción y extiende la competencia de la autoridad que conoce primero de ella.
>
> § 4° Lo dispuesto en el encabezado de este artículo se aplica también en las hipótesis en que, constatada la infracción a la legislación tributaria, de ella no resulte la exigencia del crédito tributario.
>
> § 5° Las actas de infracción y las notificaciones de determinación, tratadas por el encabezado de este artículo, formalizadas como resultado de

---

En este ítem advierto que nuestras respectivas respuestas tendrán una influencia decisiva en la composición de esta multa aislada.
Consideramos que el «aislado» de esta multa se refiere al tributo debido y pagado, aunque haya sido realizado después de haberse expirado el plazo para pagarse. Queda, entonces, vigente y eficaz en el sistema de derecho.
Recordemos que el hecho jurídico moratorio que da causa a la relación jurídica sancionatoria denominada multa aislada es el «no pago de la multa de demora». En este momento ya podemos concluir que la base de cálculo de esta multa aislada tan solo puede ser el valor de la multa de demora que dejó de ser cumplida.
No se puede incluir el valor del tributo que ya fue pagado, aunque sea a destiempo, en la base de cálculo de la referida multa aislada. La base de cálculo utilizada en las normas sancionatorias tiene una triple función (de la misma forma que ocurre en la relación jurídica tributaria resultante de la incidencia de la RMIT), vale decir, medir las proporciones reales del hecho jurídico moratorio: confirmar, infirmar o afirmar el verdadero criterio material de la descripción contenida en el antecedente de la norma sancionatoria (*La mora en el Derecho Tributario*. Lima: Grijley, 2018, p. 150).

181 MELO, José Eduardo Soares. REFIS E PAES – hipóteses e requisitos legais para exclusão dos programas de parcelamento, *en III Congresso Nacional de Estudos Tributários*. São Paulo: Noeses, 2006, p. 374.

una fiscalización relacionada a un régimen especial unificado de recaudación de tributos, podrán contener una determinación única para todos los tributos que ellas comprenden.

§ 6° Lo dispuesto en el encabezado de este artículo no se aplica a las contribuciones que trata el artículo 3° de la Ley N.° 11.457, del 16 de marzo del 2007.

La naturaleza jurídica de esos ilícitos tributarios[182] fue frontalmente analizada por Celso Antonio Ribeiro Bastos cuando esclareció que «las violaciones a la ley tributaria pueden acarrear tanto sanciones de carácter administrativo como también de carácter penal, o ambas»[183]:

(...) los denominados ilícitos fiscales son infracciones a la legislación tributaria y producen sanciones administrativas; son ilícitos administrativos. Y, por otro lado, los ilícitos penales tributarios constituyen delitos y se rigen por el Derecho Penal.

Así, en relación a lo dispuesto en la Constitución Federal, se garantiza al contribuyente el previo conocimiento de todos los elementos integrantes e inherentes al procedimiento fiscal, el cual inicia con el conocimiento de la determinación por el contribuyente.

Por lo tanto, conforme destacaremos en el próximo ítem, es fundamental la participación del contribuyente en el proceso fiscal instaurado para que se examine la posibilidad y legitimidad de esos actos, dado que puede tener documentos o conocer elementos que prohíban esa medida[184].

3.2.2. Acta de infracción

El acta de infracción deberá contener necesariamente los datos relacionados a la obligación tributaria, dispuestos en el artículo 10 del Decreto N.° 70.235/72, los cuales son la información del contribuyente, la descripción del hecho, la disposición legal infringida, y la penalidad aplicable:

---

182 El profesor argentino Agustín Gordillo, citado por Geraldo Ataliba, señalaba lo siguiente: «(...) las sanciones no siempre son *penas* (privación de la libertad, la vida o la propiedad, a título no de reparación, sino de castigo), puesto que pueden consistir en el establecimiento de una relación jurídica nueva, la extinción de una relación jurídica preexistente, o la ejecución coactiva del deber jurídico violado. Si se quiere, en todos estos casos hay un «aliquid» de castigo, pero se debe advertir que salvo en el caso del derecho penal, lo más importante en la sanción «o específica 'reacción del derecho ante la violación de un deber jurídico'», no es el castigo, sino la aplicación forzada del objeto del derecho, es decir, el cumplimiento o ejecución coactiva del deber incumplido» (Ataliba, Geraldo. *Hipótese de incidência tributária*. 6.ª ed. São Paulo: Malheiros Editores, 2014, p. 44).

183 Bastos, Celso Ribeiro. Sanções em Matéria Tributária, *en* Martins, Ives Gandra da Silva. *Curso de direito tributário*. 8.ª ed. São Paulo: Saraiva, 2001, p. 360.

184 Melo, José Eduardo Soares. REFIS E PAES – hipóteses e requisitos legais para exclusão dos programas de parcelamento, *en III Congresso Nacional de Estudos Tributários*. São Paulo: Noeses, 2006, p. 375.

Art. 10. El acta de infracción será redactada por el funcionario competente, en el lugar donde se verifique la falta, y contendrá obligatoriamente lo siguiente:

I. La información del infractor;

II. El lugar, la fecha y la hora del registro;

III. La descripción del hecho;

IV. La disposición legal infringida y la penalidad aplicable;

V. La determinación de la exigencia y la notificación para cumplirla o impugnarla en el plazo de treinta días; y

VI. La firma del fiscalizador, la indicación de su cargo o función y el número de registro.

Debemos advertir que el acta de infracción, aunque tenga una propia identidad, tiene una perfecta correlación con la determinación (siendo común que esos actos aparezcan en un mismo documento), ya que esta presupone la ocurrencia del hecho imponible, mientras que el primero indica la supuesta práctica del ilícito, a la cual el ordenamiento jurídico impone sanción pecuniaria.

Geraldo ATALIBA, al analizar la determinación como un procedimiento regulado y la discrecionalidad en la investigación y en la recopilación de datos, así como de informaciones del contribuyente, estableció de forma clara que los derechos individuales garantizados a los contribuyentes en la Constitución Federal (art. 150) y las directrices del Estado de Derecho no servirían de nada si el carácter vinculado de la determinación no fuese sancionado con la rigurosidad que caracteriza a nuestra legislación y a todos los pueblos civilizados[185]:

> Ciertamente porque todos los medios, de la forma más amplia, deben ser dados al fisco para que desempeñe su actividad de fiscalización. El control de las actividades de los contribuyentes, el conocimiento de los hechos que se vinculan directa o indirectamente a la ocurrencia de los hechos imponibles, el acompañamiento de todos los hechos que permitan revelar cualquier tipo de capacidad contributiva, así calificados por la ley, todo esto requiere una libertad casi total para el fisco, agilidad y rapidez de los movimientos, posibilidad de amplia libertad de indagación e investigación.
>
> A esta libertad le corresponde el deber de examinar locales, libros y mercancías, de contrastar toda y cualquier actividad económica del contribuyente.
>
> Y a estas atribuciones, facultades y deberes corresponden las llamadas obligaciones accesorias del contribuyente, deberes generales de sujetarse «a la fiscalización» (ZANOBINI. *Corso di Diritto Aministrativo*. Vol. IV).

[185] ATALIBA, Geraldo. Lançamento - procedimento regrado, *en Estudos e pareceres de direito tributário*. V. 2. São Paulo: RT, 1978, pp. 330 y 331.

El círculo de discrecionalidad fiscal es amplio, en el uso de sus «poderes de contorno», como los designa Renato ALESSI.

En contraste con esta libertad -como fue visto- es enteramente vinculada la actividad de determinación. Con esta culmina el procedimiento, que se inició con los actos preparatorios, que comenzaron con un análisis impreciso a partir de indicios y simples alegaciones.

Una vez culminado el procedimiento con las pruebas producidas; realizadas las estimaciones y evaluaciones; y examinados y sopesados los elementos de convicción, «se concretiza la deuda en una persona determinada, con características individuales» (GOMES DE SOUSA. *Compêndio de Legislação Tributária*, p. 63).

En este momento, el Estado realizará el supremo acto de soberanía, retirando coactivamente una parte de la riqueza de una determinada persona. Y la piedra fundamental de la imposición es la determinación, «momento lógico y técnicamente indispensable e ineludible (GIANINNI. *I Concetti Fondamentali del Diritto Tributario*, p. 273).

La Administración Tributaria debe indicar, cuando labre el acta de infracción, los fundamentos y términos en los que se sustenta la responsabilidad fiscal del contribuyente en cuestión, prevaleciendo los derechos y las garantías constitucionalmente previstos.

Por lo tanto, es normal y saludable que los contribuyentes puedan presentar informaciones y documentos a las autoridades tributarias en el curso del proceso administrativo, ya que estos pueden comprobar, por ejemplo, la propia liquidación de los tributos, así como el cumplimiento de los deberes accesorios, evitando que se labre el acta de infracción (actos anteriores) o incluso la insubsistencia del hecho tributario[186].

3.2.3. Defensa administrativa

La defensa administrativa se inicia con la impugnación de la determinación, siendo presentada en la Oficina Fiscal Federal de Juzgamiento (DRJ)[187] ante la cual el contribuyente en cuestión esté subordinado.

Se debe advertir que la Ley N.° 9.784/99 introdujo una serie de modificaciones relevantes en el derecho de defensa, así como en sus medios para que no fuesen olvidados los derechos de los contribuyentes en la esfera administrativa.

---

186 MELO, José Eduardo Soares. REFIS E PAES - hipóteses e requisitos legais para exclusão dos programas de parcelamento, *en III Congresso Nacional de Estudos Tributários*. São Paulo: Noeses, 2006, p. 375.

187 N.T.: en la legislación brasileña se utilizan estas siglas para hacer referencia a la *Delegacia da Receita Federal de Julgamento*.

Estos cambios fueron muy bien desarrollados por Marcos Vinicius NEDER en un artículo sobre el tema[188]:

> El artículo 6°, párrafo único, atendió la antigua reivindicación de los contribuyentes. La prohibición expresa del rechazo inmotivado para recepcionar documentos, pone fin a la práctica arbitraria de algunas oficinas públicas que vinculan la recepción de documentos a pagos de deudas o de multas administrativas. La entrega de declaración de tributos (DCTF) después del vencimiento, por ejemplo, no puede estar condicionada al pago de la multa administrativa correspondiente.
>
> Con relación a las personas legitimadas para actuar en el proceso administrativo fiscal, el artículo 9°, inciso II, amplió las personas interesadas e incluyó también a «aquellos que, sin haber iniciado el proceso, tienen derecho o intereses que puedan ser afectados por la decisión que será adoptada». En la legislación anterior no se contemplaba que terceros actúen en el proceso administrativo y, ciertamente, se trata de un cambio significativo. La legitimación del tercero se configura cuando la solución que se dará a la controversia influya en otra relación jurídica de derecho sustancial en que él forma parte, como ocurre, por ejemplo, en los casos de responsabilidad tributaria. Ante la ausencia de un dispositivo específico que regule la materia en el Decreto N.° 70.235/72, se concluye que esta nueva regla también es válida para el contencioso fiscal.

Después que el contribuyente presenta su impugnación, fase en la cual se instaura el proceso administrativo fiscal (instrucción del proceso), nos dirigimos a la fase donde se complementan las pruebas presentadas en la impugnación (fase de la defensa) y se producen nuevas pruebas técnicas, como diligencias y pericias.

Además, el contribuyente se debe someter a lo dispuesto en los artículos 17 del Decreto N.° 70.235/72 y 58 del Decreto N.° 7.574/2011, los cuales establecen que se considerarán no impugnadas las materias que no hayan sido taxativamente contestadas:

> Decreto N.° 70.235/72:
>
> Art. 17. Se considerará no impugnada la materia que no haya sido expresamente contestada por el impugnante.

---

188 El autor también señala que, «en la fase de defensa, el artículo 27 de la Ley N.° 9.784/99 establece que 'la falta de notificación no significa el reconocimiento de la verdad de los hechos, ni la renuncia al derecho del administrado. En el transcurrir del proceso se garantizará el derecho de amplia defensa al interesado'. Este dispositivo prohibió que la Administración impida la presentación de pruebas por el sujeto pasivo en la fase impugnatoria cuando no correspondan a notificaciones en el curso del procedimiento fiscal» (NEDER, Marcos Vinicius. A Lei Geral n° 9.784/99: a norma geral que informa o sistema processual administrativo tributário, *en* TÔRRES, Heleno Taveira; QUEIROZ, Mary Elbe y FEITOSA, Raymundo Juliano (coords.). *Direito tributário e administrativo aplicados*. São Paulo: Quartier Latin, 2005, pp. 54 y 55).

Decreto N.° 7.574/2011:

Art. 58. Se considera no impugnada la materia que no haya sido expresamente contestada por el impugnante (Decreto N.° 70.235, de 1972, art. 17, con la redacción dada por la Ley N.° 9.532, de 1997, art. 67).

El Consejo Administrativo de Recursos Fiscales, por medio de la Sumilla 71, estableció que «todos los inscritos como responsables tributarios en la emisión son parte legítima para impugnar y recurrir la exigencia del crédito tributario y del respectivo vínculo de responsabilidad» (Vinculante, conforme el Decreto MF 277, del 07.06.2018, DOU del 08.06.2018).

Concluida esta fase inicial (instrucción del proceso), el proceso es remitido hacia la fase de juicio, realizada en primera instancia por la Oficinal Fiscal Federal de Juzgamiento y, en segunda instancia, por el Consejo Administrativo de Recursos Fiscales.

3.2.4. El acto de juzgar como decisión administrativa

El aplicador no sabría, *a priori*, cuál sería el acto que realizará, dado que para ello tendría que identificar los presupuestos de hecho ocurridos en concreto, y, de acuerdo al caso, podría utilizar la ponderación de las circunstancias fácticas. Así, el acto principal se presentaría como una decisión emitida por el órgano competente, consistente en una manifestación vinculada a la existencia o no de la deuda tributaria, establecida en las diversas modalidades de conexión existentes[189].

Debemos señalar que en Italia, junto a cada *Direzione Regionale dell'Agenzia delle Entrate*, se instituyó el Garante del contribuyente, que es básicamente un órgano colegiado, formado por tres miembros, escogidos y nombrados por el presidente de la *Commissione Tributaria* regional, en algunas categorías que se escogieron de forma particular, como magistrados, profesores universitarios y profesionales designados por los respectivos colegios profesionales, entre otros[190]. Vale decir, el Garante es precisamente un órgano autónomo en relación con la Administración Tributaria; tiene la tarea de proteger al contribuyente que «reclama sobre disfunciones, irregularidades, conductas impropias, prácticas administrativas anormales o irrazonables, o cualquier otro comportamiento que pueda deteriorar la relación de confianza entre ciudadanos y la Administración Tributaria»[191].

Si se parte del presupuesto de que una decisión puede eliminar, generar o resolver un conflicto, entonces resulta muy interesante las enseñanzas del profesor Tercio Sampaio FERRAZ JR.:

---

189 GRECO, Marco Aurélio. *Dinâmica da tributação e procedimento*. São Paulo: Revista dos Tribunais, 1979, p. 131.

190 TESAURO, Francesco. *Instituições de direito tributário*. São Paulo: IBDT, 2017, p. 186. Traducción de Fernando Aurelio Zilveti y Laura Fiore Ferreira.

191 *Ídem*.

> Los conflictos son cuestiones en las que la relación entre las partes no es predominantemente simétrica, dado que está constituida por alternativas incompatibles. Las alternativas incompatibles se diferencian de las contradictorias. Estas son mutuamente excluyentes y su afirmación conjunta no tiene sentido. Sin embargo, las alternativas incompatibles no se excluyen de manera inmediata, ya que no indican, fuera de cualquier contexto, que la adopción de una excluya a la otra. De esta forma, por ejemplo, en un sistema de reglas de conducta, una regla que recomiende la cautela en los negocios y otra que requiera el valor de asumir riesgos aparecen como incompatibles si alguien, al realizar un negocio, tiene que elegir. Entonces, la incompatibilidad solo surge de la oposición entre dos proposiciones, analíticas (actuar con cautela y asumir riesgos) y de una proposición empírica (hacer ese negocio). Por otra parte, los conflictos son alternativas incompatibles que requieran una decisión[192].

En otras palabras, la impugnación presentada por el contribuyente pretende descubrir la verdad material, realizada por la Administración Tributaria, relacionada con los hechos tributarios analizados en el ámbito del proceso administrativo fiscal. En el acto administrativo se manifiesta la decisión (decisión administrativa) resulta en un acto de contenido vinculado, formado por un procedimiento conducido por el principio de contradicción[193].

También debemos señalar que en las instancias administrativas fiscales se ha reconocido la importancia de los conceptos técnicos en la interpretación de los textos legales, y que la propia ley reconoce la relevancia de ese aspecto, permitiendo muchas veces las aclaraciones que traen los institutos especializados o contribuyentes[194].

3.2.5. Pronunciamiento en primera instancia

El profesor Alberto XAVIER sostiene que los órganos internos de la Administración Tributaria que realizan el control de sus actos no pueden ser denominados Tribunales Administrativos, sino órganos juzgadores:

> Los tribunales son órganos con soberanía independiente, integrados en el Poder Judicial, cuyas decisiones, dictadas en la secuencia de un proceso contradictorio, son obligatorias para todas las entidades de Derecho Público y Privado y están dotadas de fuerza y autoridad de cosa juzgada. Los órganos administrativos que juzgan no son, pues, «tribunales»[195].

---

[192] FERRAZ JR., Tercio Sampaio. *Teoria da norma jurídica*. Río de Janeiro: Forense, 1978, p. 28.

[193] XAVIER, Alberto. *Princípios do processo administrativo e judicial tributário*. Río de Janeiro: Forense, 2005, pp. 57 y 58.

[194] SALLES, Ivanhoe Nóbrega de. A Tecnologia e o Direito Tributário, *en* NOGUEIRA, Ruy Barbosa (coord.). *Direito tributário*. São Paulo: José Bushatsky, 1969, p. 236.

[195] XAVIER, Alberto. *Princípios do processo administrativo e judicial tributário*. Río de Janeiro: Forense, 2005, p. 49.

Debemos señalar que los juicios en primera instancia de procesos sobre la aplicación de la legislación referente a tributos administrados por la Hacienda Federal de Brasil competen a las Oficinas Fiscales Federales de Juzgamiento de Brasil, las cuales fueron creadas por la Ley N.° 8.748/93, en conjunto con el Decreto MF 341/2011, correspondiendo en ese momento analizar las cuestiones preliminares y de mérito:

Los órganos juzgadores que integran el contencioso administrativo tributario ejercen, en el ejercicio de sus funciones, actividad jurisdiccional, y no propiamente administrativa; lejos de construir (o reconstruir) el crédito tributario debatido administrativamente, ellos examinan la pretensión deducida en el instrumento de provocación que los impulsa a actuar (generalmente, producido por el contribuyente). Su actividad, antes de ser orientada a la recaudación (por lo tanto, no se relaciona con la noción de «cobro»), es marcada por la premisa de la antiexaccionalidad[196], vocablo forjado con la intención de definir los instrumentos procesales destinados a evaluar si la exigibilidad de determinado crédito tributario debe o no subsistir[197].

La competencia de las Oficinas Fiscales Federales de Juzgamiento incluye, principalmente, la decisión de la (i) impugnación del acta de infracción y notificación de la determinación; (ii) manifestación de inconformidad del contribuyente en procesos administrativos de restitución/compensación y resarcimiento de tributos; e (iii) impugnación del acto que declara la suspensión de inmunidad/exención[198].

---

[196] N. T.: respecto a este término, el profesor Paulo Conrado señala lo siguiente:
Todo esto reafirma directamente la idea que ya hemos señalado: el proceso tributario, como relación jurídica, exigirá inicialmente una actividad enunciativa de uno de los sujetos deliberadamente definidos, vale decir, el Estado-fisco o contribuyente, uno u otro respondiendo por el encargo de elaborar el instrumento de demanda (hablamos de demanda, porque estamos suponiendo la forma judicial del correlativo proceso).
Estas dos posibilidades, establecidas como existentes, al final, son las dos clases fundamentales de proceso tributario: en la línea terminológica de James Marins, los del Estado-fisco, que podríamos denominar exaccionales, y los del contribuyente, denominados, en contrapartida, antiexaccionales.
(...)
Si afirmamos que el surgimiento del proceso tributario requiere de una actividad inicial enunciativa de uno de los sujetos involucrados en la respectiva relación jurídica-base (obligación tributaria), Estado-fisco o contribuyente, podemos definir el modo de clasificación más fundamental de ese tipo procesal: el que toma en cuenta el centro emisor del correspondiente documento de provocación. En consecuencia, hablamos, por un lado, de proceso exaccional (cuya iniciativa es del Estado-fisco); y, por otro lado, de proceso tributario antiexaccional (cuya iniciativa es del contribuyente) (*Manual teórico-práctico del proceso tributario*. Lima: Legales, 2018, pp. 21-51).

[197] Conrado, Paulo Cesar y Pria, Rodrigo Dalla. Aplicação do Código de Processo Civil ao processo administrativo tributário, *en* Conrado, Paulo Cesar y Araujo, Juliana Furtado Costa (coords.). *O Novo CPC e o seu impacto no direito tributário*. São Paulo: Fiscosoft, 2016, p. 255.

[198] Melo, José Eduardo Soares. *Processo tributário administrativo federal, estadual e municipal*. São Paulo: Quartier Latin, 2006, p. 186.

Vale decir, las autoridades juzgadoras buscan corregir el acto administrativo que provocó la exigencia, fundamentándose en los principios constitucionales que orientan el proceso administrativo fiscal en conjunto con la legislación constitucional e infraconstitucional aplicable a cada caso en análisis:

> La reconstrucción de un hecho ocurrido en el pasado siempre está influenciada por aspectos subjetivos de las personas que le presenciaron, o incluso de aquel que (como el juez) recibirá y valorará la existencia concreta. El sujeto, siempre que percibe una información (sea presenciando directamente el hecho, o conociéndolo por otro medio) altera su real contenido, lo absorbe a su manera y añade un aspecto personal que distorsiona (si esta es la palabra que puede ser utilizada) la realidad. Más que eso, el juez (o el historiador), o, finalmente, quienquiera que pretenda reconstruir hechos del pasado, jamás podrá excluir, definitivamente, la posibilidad de que las cosas hayan ocurrido de una forma distinta a la que sus conclusiones lo llevaron[199].

Además, si el juzgador entiende (lo que también puede ocurrir en segunda instancia) que la instrucción probatoria no es satisfactoria para la realización del juicio, considerando las particularidades del caso, las divergencias de los laudos o las nuevas cuestiones traídas por el contribuyente, ese órgano debe solicitar las pruebas que correspondan al caso, de acuerdo a lo dispuesto en los artículos 5°, inciso LV, y 37 de la Constitución Federal y en defensa del interés público[200].

En este sentido, la decisión emitida en los autos del proceso administrativo fiscal federal debe ser realizada de forma motivada, con la elaboración de un informe en conjunto con el resumen de los autos, con una clara fundamentación legal y a partir de la conclusión de los juzgadores.

3.2.6. Pronunciamiento en segunda instancia

El Consejo Administrativo de Recursos Fiscales (CARF) es el órgano de jurisdicción administrativa federal encargado de resolver los autos de los procesos administrativos en segunda instancia administrativa, siendo dividido en tres Secciones (especializadas por materia) y por la Cámara Superior de Recursos Fiscales (instancia especial).

Debemos advertir que las decisiones emitidas, conforme ha sido dispuesto en la legislación específica del proceso administrativo fiscal federal, deben ser motivadas. Su omisión viola los principios de contradicción y de amplia defensa.

---

[199] Marinoni, Luiz Guilherme y Arenhart, Sérgio Cruz. *Manual do processo de conhecimento: a tutela jurisdicional através do processo de conhecimento*. São Paulo: Revista dos Tribunais, 2001, p. 281.

[200] Hoffmann, Susy Gomes. Breves considerações sobre as provas no processo administrativo tributário, *en III Congresso Nacional de Estudos Tributários*. São Paulo: Noeses, 2006, p. 827.

Sin embargo, el referido órgano paritario (compuesto por representantes de la Hacienda Nacional y de los contribuyentes) y el colegiado federal, que tiene la competencia para juzgar los recursos interpuestos en el ámbito de esos procesos (recursos voluntarios, de oficio y especial, embargos de declaración y agravio[201]) cuando tengan por objeto tributos federales, se encuentran subordinados al Ministerio de Hacienda:

> El primer Consejo de Contribuyentes fue creado en 1924, por el Decreto N.° 15.680, según el cual cada Estado y Distrito Federal instalarían un Consejo para juzgar los recursos referentes al Impuesto a la Renta. Tan solo se creó el Consejo del Distrito Federal, iniciando sus actividades en 1925. Este consejo de contribuyentes estaría compuesto por miembros nombrados por los contribuyentes y por miembros nombrados por el Ministerio de Hacienda. Entonces, se advierte que ya en su formación inicial la Corte Administrativa se configuraba como un órgano de juicio formado por miembros seleccionados por los contribuyentes y otros seleccionados por la Hacienda.
>
> Sin embargo, la composición paritaria, de la forma como existe actualmente, tan solo se implementó con la emisión del Decreto N.° 5.157/27, que se encargó del juicio de recursos relacionados al Impuesto sobre el consumo, atribuido al Consejo de Contribuyentes de la Capital. Este órgano no tenía competencia para juicios referentes al Impuesto a la Renta[202].

De esta forma y partiendo del análisis histórico de Sergio André ROCHA mencionado líneas atrás, el Consejo Administrativo de Recursos Fiscales es fruto de la reorganización de los propios Consejos establecidos desde 1924, los cuales fueron reformados a lo largo del tiempo por diversas normas infraconstitucionales.

El Consejo Administrativo de Recursos Fiscales, además de los recursos interpuestos en los procesos administrativos fiscales relativos a las actas de infracción, también es competente para resolver los casos que conlleven la compensación o el resarcimiento/restitución de tributos y contribuciones, así como de los casos que involucren la cancelación o la suspensión de los actos de exención o de inmunidad tributaria.

El principio de publicidad, que debe orientar a la Administración Tributaria, está siendo cumplido de forma positiva por el Consejo Administrativo de Recursos Fiscales, con una amplia divulgación de informaciones sobre los procedimientos, y disponibilizando las decisiones y normas internas. Esto

---

201 La reciente alteración del reglamento interno del Consejo Administrativo de Recursos Fiscales, a partir de la publicación del Decreto MF 152/2016, reintrodujo el Agravio como recurso procesal a la disposición de las partes (contribuyentes y Hacienda Nacional), que podrán utilizarlo cuando se rechace seguir el recurso especial de divergencia.

202 ROCHA, Sergio André. *Processo administrativo fiscal: controle administrativo do lançamento tributário*. 4.ª ed. Río de Janeiro: Lumen Juris, 2010, pp. 366 y 367.

hace que la Corte se aproxime mucho más a los principios constitucionales tributarios con equilibrio, seguridad jurídica e isonomía.

De esta forma, entendemos que diversas reformas fueron introducidas en el ámbito del proceso administrativo fiscal y principalmente en el Consejo Administrativo de Recursos Fiscales con el objetivo de aproximarlo a las aspiraciones consagradas en la Constitución Federal, dado que mejora la relación entre Estado y contribuyente en el ámbito tributario.

3.2.7. La prueba en el contencioso administrativo tributario

La profesora Fabiana Del Padre TOMÉ[203] sostiene que es necesario observar las respectivas reglas del ordenamiento para que se pueda probar algo, vale decir, para que se perciba un hecho jurídico en sentido estricto es necesario afirmar ese hecho y después probarlo, lo que, consecuentemente, divide la dinámica de las pruebas en dos ámbitos: en el primero se afirman los hechos, mientras que en el segundo se desarrolla la correspondiente producción probatoria.

Debemos advertir que, de forma general, el tributo es exigido por la Administración Tributaria cuando el contribuyente declara y registra su conducta o cuando las autoridades fiscales consigan demostrar los errores o las alegaciones falsas existentes en los registros o en las declaraciones entregadas por los contribuyentes, fundamentado efectivamente en sus descubrimientos o revelaciones.

Maria Rita FERRAGUT enseña lo siguiente:

> Para que el hecho jurídico tributario se considere verdadero para el derecho, no se requiere la certeza de que el relato corresponda fielmente al evento, sino la certeza de que el enunciado descriptivo fue elaborado de acuerdo con las reglas del sistema, se sometió a pruebas y resistió la refutación[204].

De esta forma, se torna claro que la Administración Tributaria no puede exigir el pago del tributo si esa exigencia no estuviese formalizada en un acta de infracción dotado de liquidez y certeza.

Susy Gomes HOFFMANN sostiene que en el proceso administrativo fiscal las autoridades fiscales no deben buscar la procedencia de la determinación a cualquier costo, debiendo buscar que el tributo esté en conformidad con lo dispuesto en la legislación, dado que la premisa de probar su interés de forma correcta es un interés público[205]:

---

203 TOMÉ, Fabiana Del Padre. *A prova no direito tributário: de Acordo com o Código de Processo Civil de 2015*. 4.ª ed. São Paulo: Noeses, 2016, p. 9.

204 FERRAGUT, Maria Rita. *Presunções no direito tributário*. São Paulo: Dialética, 2001, p. 43.

205 HOFFMANN, Susy Gomes. Breves considerações sobre as provas no processo administrativo tributário, en *III Congresso Nacional de Estudos Tributários*. São Paulo: Noeses, 2006, p. 822.

Por lo tanto, el compromiso de la Hacienda Pública en la constitución de la prueba es muy relevante y el juzgador debe considerar ese hecho, ya que la Hacienda Pública, además de la carga procesal, tiene el deber legal de constituir la prueba; la constitución del crédito tributario a través de la determinación tributaria debe ser realizada conforme a la ley. Y esta comprensión nos lleva a otra, vale decir, el contribuyente tiene el deber legal de colaborar en la constitución de la prueba, así como en muchos casos se reconoce, por medio de la ley, la presunción legal a favor de la Hacienda Pública.

Vale decir, queda claro que es en relación al análisis de las pruebas que se busca la verdad lógica:

(...) sea en el proceso, sea en otros campos científicos, jamás se podrá afirmar, con seguridad absoluta, que el producto encontrado corresponde a la verdad. Realmente, la esencia de la verdad es inalcanzable (o por lo menos la certeza de su adquisición)[206].

La realidad (realidad de la cual tomamos conocimiento) es lo que aparenta ser (se presenta = «presenta») para cada conciencia. Ante cualquier objeto, mi conciencia recibe el impacto de lo que representa (cómo se presenta) para mí. Puedo decir, entonces, que mi conciencia ve los objetos exteriores tal como son, ya que ellos son (para nosotros), en sus manifestaciones (apariciones), absolutamente indicativos de sí mismos. Sin embargo, como los objetos y la realidad, tan solo describo el modo bajo el cual ellos se manifiestan (= lo que representan para mí)[207].

Así, fundamentándose en el principio de verdad material y de garantía constitucional, no se puede admitir que la autoridad fiscal rechace la producción de pruebas y/o la realización de diligencias bajo ningún pretexto, excluyéndose tan solo las situaciones en las que se compruebe el objetivo dilatorio o su absoluta falta de necesidad.

Tampoco debemos reemplazar la comprensión establecida en la Constitución Federal, de forma rígida y clara, de que «son inadmisibles, en el proceso, las pruebas obtenidas por medios ilícitos» (art. 5°, inciso LVI). En este sentido, es evidente que esa prohibición impide la introducción de pruebas obtenidas de forma ilícita en el proceso administrativo fiscal (principio de prohibición de la prueba obtenida ilícitamente).

De esta forma, la prueba es un instrumento que ayuda a demostrar la verdad sobre un determinado hecho, permitiendo que el juzgador tenga convicción sobre su ocurrencia. En este sentido, Piero CALAMANDREI señala lo siguiente:

---

206 MARINONI, Luiz Guilherme y ARENHART, Sérgio Cruz. *Manual do processo de conhecimento: a tutela jurisdicional através do processo de conhecimento*. São Paulo: Revista dos Tribunais, 2001, p. 279.

207 GRAU, Eros Roberto. *O Direito Posto e o Direito Pressuposto*. 3.ª ed. São Paulo: Malheiros Editores, 2000, p. 15.

> (...) cuando se dice que un hecho es verdadero, se quiere decir en sustancia que ha logrado, en la conciencia de quien como tal lo juzga, aquel grado máximo de verosimilitud que, en relación a los limitados medios de conocimiento de que el juzgador dispone, basta para darle la certeza subjetiva de que aquel hecho ha ocurrido.
>
> Hablo, entendamos, no de las verdades lógicas o morales, sino de las verdades de los hechos ocurridos, de las llamadas verdades históricas, sobre las cuales Voltaire ya observa que "les veìriteìs historiques ne sont que desprobaliteìs" (las verdades históricas no son más que improbabilidades).
>
> Todo el sistema probatorio civil está preordenado, no sólo a consentir, sino directamente a imponer al juez que se contente, al juzgar acerca de los hechos, con el subrogado de la verdad que es la verosimilitud. Al juez no le es permitido, como se le permite al historiador, que permanezca incierto acerca de los hechos que tiene que decidir; debe a toda costa (esa es su función) resolver la controversia con una certeza jurídica. Para obtenerlo, se ve constreñido como extrema ratio a contentarse con la que alguien continúa llamando «verdad formal», lograda mediante el artificio de las pruebas legales y el mecanismo autónomo de la distribución de la carga de la prueba; pero aun cuando, en el sistema de las pruebas «libres», parece que la libertad de apreciación fuera el instrumento más adaptado para la consecución de la llamada «verdad sustancial», la valoración, aunque libre, lleva en todo caso a un juicio de probabilidad y de verosimilitud, no de verdad absoluta. (...) hasta en los casos en los que el Juez puede conocer los hechos de la causa mediante la inspeccioìn, la percepcioìn directa del hecho, que le da el grado maìximo de certeza subjetiva, no basta para excluir que la verdad sea distinta de lo que, por un error de los sentidos, puede haberle parecido. Aun para el juez maìs escrupuloso y atento vale el liìmite fatal de la relatividad propia de la naturaleza humana: lo que vemos, es soìlo lo que nos parece que vemos. No es verdad, sino verosimilitud, es decir, apariencia de verdad [208].

Analizando este tema desde el punto de vista del Derecho italiano, se puede afirmar que el hecho no probado es considerado no ocurrido, y, de esa forma, la decisión resulta desfavorable para la parte interesada en verificar el hecho no probado, que tendría la carga de la prueba[209]: «Por esta razón, la regla de la carga de la prueba es una proyección, en el proceso, de la disciplina sustancial del hecho generador que será juzgado; ella depende del derecho sustantivo, no de la posición de los litigantes en la corte».

---

208 Calamandrei, Piero. *Instituições de direito processual civil*. 2.ª ed. V. III. Campinas: Bookseller, 2003, pp. 275-277. Traducción de Douglas Dias Ferreira.

209 Tesauro, Francesco. *Instituições de direito tributário*. São Paulo: IBDT, 2017, p. 375. Traducción de Fernando Aurelio Zilveti y Laura Fiore Ferreira.

La cuestión de la carga de la prueba[210] en materia tributaria tiene una importancia trascendental en el contencioso administrativo fiscal, como se observa en el encabezado del artículo 142 del Código Tributario Nacional:

> Art. 142. Compete exclusivamente a la autoridad administrativa constituir el crédito tributario por la determinación, así entendido el procedimiento administrativo que pretende verificar la ocurrencia del hecho generador de la obligación correspondiente, determinar la materia tributable, calcular el monto del tributo debido, identificar al sujeto pasivo y, así, proponer la aplicación de la penalidad correspondiente.
>
> Párrafo único. La actividad administrativa de determinación es vinculada y obligatoria, bajo pena de responsabilidad funcional.

Se debe tomar en consideración que el proceso administrativo fiscal también se rige por el principio de impulso de oficio[211]. La autoridad fiscal tiene el deber legal de actuar (de oficio) con el objetivo de encontrar la verdad material de los hechos de forma imparcial, sin considerar ningún tipo de interés que altere el ejercicio de su competencia legal.

Paulo de Barros Carvalho señala lo siguiente:

> La administración puede tener fuertes indicios de un procedimiento doloso del contribuyente, pero no debe, con este poder de fiscalizar, perjudicarlo o incluso inviabilizar sus actividades comerciales por una mera sospecha de ilicitud. Recordemos que los indicios descubiertos por el fisco no deben ser suficientes para caracterizar la realización efectiva del ilícito atribuido al sujeto fiscalizado, señalando solo el marco inicial de un proceso de investigación más profundo, que puede o no culminar con la comprobación irrefutable de la existencia del elemento volitivo, vinculando el resultado a la conducta de la empresa[212].

---

210 Por carga se comprende una especie de gravamen jurídico al que se encuentran sometidas las partes del proceso, para obtener el resultado que el sistema otorga a quien realiza los actos en la forma y en el tiempo que este establece. La figura de la carga de la prueba proviene de la necesidad de permitir la decisión en situaciones en las que el conjunto probatorio es insuficiente para convencer al juez. Por lo tanto, funciona como regla para auxiliar en la formación del convencimiento del sujeto responsable de solucionar conflictos (Tomé, Fabiana del Padre. *A prova no direito tributário: de acordo com o Código de Processo Civil de 2015*. 4.ª ed. São Paulo: Noeses, 2016, p. 408).

211 «PAF -PRINCIPIO DE IMPULSO DE OFICIO- El deber de investigación proviene de la necesidad que tiene el fisco de probar la ocurrencia del hecho constitutivo de su derecho para realizar la determinación tributaria. Dado que este tiene la carga de probar la ocurrencia del hecho imponible, para ejercer el derecho de realizar la determinación, entonces tendrá el deber de investigar para poder producir las pruebas o indicios según determine la regla aplicable al caso. Si existe divergencia entre los valores reales de la facturación y lo efectivamente ofrecido a la tributación, sin ninguna explicación que justifique esos resultados, se comprueba la hipótesis de incidencia del artículo 841 del RIR/1999» (CARF, Fallo 108-08.971, Octava Cámara del primer Consejo de Contribuyentes, Rel. Cons. Ivete Malaquias Pessoa Monteiro, DJ 17.08.2006).

212 Carvalho, Paulo de Barros. *Curso de direito tributário*. 26.ª ed. São Paulo: Saraiva, 2014, pp. 530 y 531.

En otras palabras, no se debe aplicar ningún tipo de sanción basado en presunciones, así como tampoco se debe reconocer la existencia o culpa de cualquier hecho ilícito sin una amplia comprobación que sea efectivamente convincente a los ojos del juzgador administrativo.

La Administración Tributaria no puede sancionar al contribuyente fundamentándose en la presunción de que su conducta habría sido irregular, ya que la aplicación de sanciones tributarias exige que la prueba convenza de forma directa al juzgador (excluyendo las pruebas indiciarias) sobre la procedencia de los hechos narrados. Esta es una protección establecida que pretende preservar la libertad y el patrimonio del contribuyente.

Si añadimos el principio de presunción de inocencia, verificamos que quien acusa es el formulador de una hipótesis (que será probada), quien deberá someter una determinada conjetura a la prueba de la experiencia, donde la inocencia es percibida como un dato y la culpa como un nuevo elemento que debe ser comprobado[213].

El proceso administrativo fiscal es un procedimiento previo; por esta razón, simplifica y auxilia en la producción de pruebas ante el Poder Judicial. En este caso, incluso cuando el contribuyente no se encuentre en una posición favorable, todo el análisis realizado durante el proceso administrativo fiscal podrá instruir al tribunal competente para resolver el litigio.

Asimismo, el Supremo Tribunal Federal ha dejado clara su posición en el siguiente pronunciamiento:

> A la luz de la plena vinculación de la actividad administrativa que constituye el crédito tributario (art. 3° del Código Tributario Nacional y arts. 5°, encabezado -propiedad- 37, encabezado -moralidad e interés público-, párr. único 150, I - legalidad y representación democrática del poder de tributar), los eventuales e hipotéticos desvíos de la aplicación de los bienes, patrimonio o servicios no pueden ser pura y simplemente presumidos, correspondiendo a la autoridad fiscal indicar el modo por el cual el bien no atiende a la finalidad esencial de la entidad tradicionalmente dedicada a la enseñanza asistencial (art. 150, párr. 4° de la Constitución). De hecho, la presunción de validez de la determinación tributaria será tan fuerte como sea la consistencia de su motivación, revelada por el proceso administrativo de constitución del crédito tributario. El deber de probar la corrección del proceso administrativo corresponde a la Hacienda interesada, ya que ella es la entidad que reúne las informaciones necesarias para resolver la duda. El sujeto activo no se libera de su deber con la sencilla alegación de que el sujeto pasivo no ha demostrado el cumplimiento de los criterios legales, especialmente en las hipótesis en las que exista determinación o que se le niegue la oportunidad de producir una prueba imprescindible sobre el tema, en el ámbito administrativo o judicial[214].

---

213 McNaughton, Charles William. *Hierarquia e sistema jurídico*. São Paulo: Quartier Latin, 2011, p. 219.

214 STF, Ag. Reg. en la AI 718.963/RJ, Rel. Mag. Joaquim Barbosa, *DJ* 26.10.2010.

La ausencia de prueba en el momento de la determinación tributaria genera la anulabilidad del acto (determinación), considerando que necesita ser corregida para que se adecúe al lenguaje del derecho, ya que la «motivación por medio de pruebas es lo que impide que la comunicación polifónica del acto de enunciación de la ley no sea autoritariamente interrumpida por el arbitrio de una decisión administrativa»[215].

Por lo tanto, podemos comprender que el estudio de la prueba se encuentra estrictamente vinculado a la formación de la comprensión del juzgador cuando analiza la existencia y la validez de los hechos apreciados por él. Es necesario que exista la prueba para que se verifique el correcto encuadramiento de los hechos a la hipótesis prevista de la incidencia tributaria.

[215] MCNAUGHTON, Charles William. *Hierarquia e sistema jurídico*. São Paulo: Quartier Latin, 2011, p. 222.

4.

EFECTOS DE LAS DECISIONES EMITIDAS EN EL ÁMBITO DEL PROCESO ADMINISTRATIVO

4.1. Decisiones favorables

No se debe negar el efecto definitivo de la decisión final contraria a la Hacienda Pública, pues confrontar esta comprensión sería lo mismo que negar la validez a la jurisdicción previa representada por el contencioso administrativo fiscal, dado que si las dos partes (fisco y contribuyentes) pudiesen contestar las decisiones emitidas en el ámbito administrativo, entonces todo el camino recorrido podría ser entendido como tiempo perdido.

De esta forma, para que el proceso administrativo fiscal sea efectivo, debe ser el único entre las partes cuando la decisión final emitida en su ámbito favorezca al contribuyente:

> Como observó de forma correcta Alberto Xavier, siguiendo las lecciones de Rubens Gomes de Sousa, el no apartamiento del control judicial es una garantía individual, aunque se presenta, para el Estado, con fisionomía antagónica, vale decir, como una disposición «limitativa y no permisiva, de tal modo que la Administración no podría invocar a su favor la actuación del Poder Judicial, cualquiera que sea la naturaleza del asunto».
>
> Así, no se justifica que la Administración cuestione los pronunciamientos regulares de los órganos juzgadores que actúan en su interior, vale decir, *venire contra factum proprium*[216].

El proceso administrativo fiscal, previsto en los Decretos N.° 70.235/72 y 7.574/2011, regula las diversas fases del juicio y recursos que pueden ocurrir debido al litigio tributario, concluyéndose siempre con una decisión final.

El Código Tributario Nacional, en sus artículos 146 y 156, inciso IX, también consagra de forma clara la inmutabilidad e imperatividad (para la

---

[216] Bottallo, Eduardo Domingos. *Aspectos concretos do direito constitucional tributário*. São Paulo: Quartier Latin, 2016, pp. 88 y 89.

Administración Tributaria) de esas decisiones finales emitidas a favor del contribuyente; el primero establece que la autoridad administrativa no puede utilizar de forma retroactiva los nuevos criterios jurídicos para la determinación tributaria (la medida judicial pretende derogar la decisión administrativa que no admitió la pretensión de la autoridad fiscal), mientras que el segundo trata sobre la decisión administrativa definitiva, vale decir, esta exonera al contribuyente de las imposiciones tributarias:

> Art. 146. La modificación introducida, de oficio o a consecuencia de una decisión administrativa o judicial, en los criterios jurídicos adoptados por la autoridad administrativa en el ejercicio de la determinación tan solo puede ser realizada, en relación a un mismo sujeto pasivo, sobre un hecho generador ocurrido posteriormente a su introducción.
>
> (...)
>
> Art. 156. Extinguen el crédito tributario:
>
> (...) IX. La decisión administrativa definitiva, así entendida la definitiva en la órbita administrativa, que ya no puede ser objeto de acción anulatoria.

José Eduardo Soares de Melo señala lo siguiente:

> La decisión definitiva favorable al sujeto pasivo anulará la determinación y extinguirá el crédito tributario, siendo totalmente discutible la impugnación de la propia Hacienda, con el objetivo de anularla, dado que desprestigiaría completamente a sus órganos juzgadores, siendo cuestionable la aplicación de las Sumillas N.° 346 y 473 del STF, en el caso de un juicio que implique la consideración subjetiva de los elementos del hecho administrativo[217].

Debemos advertir que la relevancia de las decisiones emitidas en el ámbito administrativo se manifiesta precisamente cuando se reflexiona sobre el cuestionamiento de estas ante la Judicatura.

Luego, el contribuyente tiene el derecho de impugnar judicialmente lo decidido en su contra en la última instancia administrativa, pero no corresponde a la Hacienda Nacional impugnar con el único fin de reconsiderar el reexamen de las decisiones emitidas de forma terminante en el ámbito administrativo, las cuales son definitivas cuando les sean desfavorables.

Por ello, trastocar la imagen de la irrevocabilidad de las decisiones administrativas favorables a los contribuyentes, también denominada «cosa decidida administrativa»[218], «cosa juzgada administrativa»[219] o «preclusión admi-

---

217 Melo, José Eduardo Soares. *Curso de direito tributário*. 3.ª ed. São Paulo: Dialética, 2002, p. 271.

218 El reconocimiento de la cosa decidida administrativa, como imposibilidad para que la administración revise judicialmente sus decisiones administrativas, se apoya en que estas son tomadas en un proceso administrativo que es del propio Poder Ejecutivo, derivado de

nistrativa»[220], tan solo deterioraría el contencioso administrativo fiscal, bajo pena de destruir toda la consolidación de sus procedimientos ante los contribuyentes, construida a lo largo de décadas.

4.2. El control de constitucionalidad por los tribunales administrativos

El juzgador siempre debe tener en mente que el contencioso administrativo fiscal también debe ser entendido como una manera de seleccionar los litigios que llegarán al Poder Judicial, llenando de forma desastrosa la agenda de la corte, a pesar de concordar que esa es una garantía constitucional, la cual puede ser adoptada antes, durante o tras el término de la instancia administrativa relacionada a las cuestiones tributarias.

Así, es común, en el ámbito de los juicios administrativos, que se establezcan las premisas tanto del fisco como del contribuyente, y la solución no se alcanzaría de forma efectiva si los juzgadores tan solo se fundamentasen en normas complementarias de legislación tributaria, a pesar de la posibilidad de existir conflictos fundamentados en las disposiciones de las normas legales.

En otras palabras, los juzgadores administrativos, al analizar esa posibilidad, de forma general, entienden que la materia relacionada con la inconstitucionalidad de un acto normativo (aplicado por el Poder Ejecutivo) no podría ser objeto de revisión, en virtud de su condición de órgano juzgador vinculado a la Administración Tributaria («ente determinador»)[221].

---

la competencia atribuida al órgano que ejerce una cuota del mismo poder. El incumplimiento de la cosa decidida administrativa por la Administración constituiría una destrucción sinsentido del propio Poder que la ejerció (ROCHA, Valdir de Oliveira. *O novo processo administrativo tributário*. São Paulo: IOB, 1996, p. 36).

219 El principio del efecto vinculante de las decisiones definitivas de la administración judicial es un claro corolario del principio de jurisdiccionalidad del proceso administrativo tributario, ya que atribuye a esas decisiones, como a las decisiones de los tribunales, un efecto similar a la de la cosa juzgada formal (XAVIER, Alberto. *Do lançamento – teoria geral do ato do procedimento e do processo tributário*. Río de Janeiro: Forense, 1997, p. 322).

220 La jurisprudencia viene reconociendo la existencia de una «cosa juzgada administrativa» (*rectius*: preclusión administrativa). Si se agotan las instancias administrativas, ya no es posible la revisión en ese ámbito. Tampoco se puede decir que el principio de revisión, por la Administración, de los propios actos, por conveniencia y oportunidad, autorizaría a la Administración para que revise las decisiones ya cubiertas por la preclusión, fuera de los casos expresamente previstos. La Administración no puede, después de la preclusión administrativa, revisar sus decisiones. Esto vulneraría el propio proceso administrativo, que establece un procedimiento que será rigurosamente observado, y desmoralizaría las decisiones finales de la propia Administración (GRINOVER, Ada Pelegrini. A atividade administrativa em face do sistema constitucional, *en* MORAES, Alexandre de (coord.). *Os 20 anos da Constituição da República Federativa do Brasil*. São Paulo: Atlas, 2009, p. 53).

221 El engaño consiste en suponer que de ese acto (decisión administrativa) resultan los efectos que la Constitución reserva para el pronunciamiento de los Tribunales Judiciales por mayoría absoluta de la totalidad de sus miembros. (...) el argumento consiste en que el funcionario es subordinado al Poder Ejecutivo (...), debiendo, por lo tanto, obediencia a su Ministro o al Presidente de la República (CANTO, Gilberto de Ulhôa. *Do processo tributário administrativo – teoria do direito tributário*. São Paulo: Secretaria da Fazenda do Estado de São Paulo, p. 103).

Por lo tanto, no sería prohibido que los órganos juzgadores administrativos analicen la aplicación de normas ordinarias o inferiores por su supuesta invalidez con la Constitución Federal, ya que, si se analiza de forma cautelosa y con la atención debida, estaríamos cumpliendo lo dispuesto en el ordenamiento jurídico, vale decir, se estaría obedeciendo la Carta Magna:

> Vittorio Emanuele ORLANDO tiene una respuesta convincente, en su antiguo *Principii di Diritto Amministrativo* editado en 1892: «El Estado, en general, para manifestar su voluntad, así como para alcanzar los fines para los cuales fue creado, necesita de órganos para organizar la administración de la cosa pública, que es una de las formas por las cuales el Estado alcanza sus fines, y, por lo tanto, la administración no es más que una de las formas especiales de la organización del Estado. Ahora bien, Orlando esclarece que, para cumplir con los múltiples fines que le competen, es necesario que la administración dicte normas abstractas y organice los servicios públicos. En este simple hecho, la libertad de los particulares no corre ningún peligro y realmente esta es una esfera en la que el poder ejecutivo tiene plena independencia y autonomía. Sin embargo, cuando esas normas abstractas son ejecutadas y cumplidas, pueden perjudicar al particular, lesionando un derecho o interés. Suponiéndose que el lesionado pretenda quejarse de este daño y pedir su reparación, en relación con este hecho se origina, en primer lugar, la idea de una jurisdicción administrativa[222].

El órgano juzgador administrativo federal puede y debe conocer las alegaciones de inconstitucionalidad presentadas por el contribuyente, y posteriormente decidir sobre ellas, dado que corresponde a ese órgano el ejercicio del control de legalidad[223] de los actos administrativos de naturaleza tributaria.

En este sentido, Alberto XAVIER[224] señala lo siguiente:

> Habiendo tomado una posición sobre el problema anteriormente descrito, ahora debemos pronunciarnos sobre el «dilema» del argumento según el cual el sistema vigente sería incompatible con la competencia de los órganos juzgadores de la Administración para evaluar la constitucionalidad de las leyes, teniendo en vista la inadmisibilidad de decisiones definitivas que declaren, aunque *incidenter tantum*, la

---

222 BRITO, Edvaldo. Ampla defesa e competência dos órgãos julgadores administrativos para conhecer de argumentos de inconstitucionalidade e/ou ilegalidade de atos em que se fundamentem autuações, *en* ROCHA, Valdir de Oliveira (coord.). *Processo administrativo fiscal*. São Paulo: Dialética, 1997, pp. 53 y 54.

223 El principio de legalidad impide que se creen deberes por agentes enunciadores no legislativos que dejan de oír la ley, vale decir, que instituyen una norma que no corresponda a una competencia explícita, o implícitamente instituida por ley (MCNAUGHTON, Charles William. *Hierarquia e sistema jurídica*. São Paulo: Quartier Latin, 2011, p. 186).

224 XAVIER, Alberto. *Princípios do processo administrativo e judicial tributário*. Río de Janeiro: Forense, 2005, pp. 83 y 84.

inconstitucionalidad de leyes sin que esas decisiones sean revisadas por el Poder Judicial.

El carácter artificioso del «dilema» no pasó desapercebido para Djalma Bittar, juez del Tribunal de Impuestos y Tasas del Estado de São Paulo, cuando, en su voto individual en el célebre Fallo SF 2.713/95, denunció la falta de nexo lógico entre la cuestión de la «definitividad» de las decisiones emitidas contra la Hacienda por órganos juzgadores, integrados en la Administración, y la cuestión del análisis de la constitucionalidad o legalidad de un acto normativo por ese mismo órgano jurisdiccional.

En efecto, el argumento solo sería verdadero si los órganos juzgadores de la Administración tuviesen una «competencia de rechazo», vale decir, si estuviesen dotados del poder de declarar la inconstitucionalidad de las leyes con efectos constitutivos y *erga omnes*. Sin embargo, no es así. La mera inaplicación de la ley ordinaria como fundamento de la declaración de nulidad del acto administrativo tributario, por vicio de inconstitucionalidad indirecta, deja esa ley vigente, ilesa e intacta.

Además, el argumento también demuestra que los riesgos de definitividad de las decisiones emitidas en proceso administrativo desfavorables a la Administración activa no son privativos de la evaluación de inconstitucionalidad de las leyes, sino también alcanzan por igual a los casos de mala interpretación y aplicación de ley ordinaria.

Si se verifica que existen actos administrativos contrarios a las disposiciones constitucionales y legales que rigen el derecho tributario, el juzgador debe anularlos, no mediante una declaración de inconstitucionalidad, sino fundamentado en el ejercicio regular del derecho concedido por el Supremo Tribunal Federal al reconocer que corresponde a la Administración Pública (en general) anular o revocar sus actos cuando tengan vicios o defectos.

Por otro lado, Hugo de Brito MACHADO considera que la autoridad administrativa no podría dejar de aplicar una ley porque la considera inconstitucional, vale decir, la autoridad administrativa que juzga no tendría la competencia para decidir si una ley sería o no inconstitucional[225].

Vale decir, las propias características introducidas en los juzgadores por el proceso administrativo fiscal, por sí mismas, ya revelan un alto poder de independencia ante los otros entes de la Administración, y, además, la Constitución Federal jamás puede ser sustituida por otras legislaciones tributarias, como reglamentos, decretos y otros actos administrativos tributarios.

En este sentido, la Carta Magna no impediría que los órganos administrativos conozcan los argumentos mencionados por los contribuyentes, cuan-

---

[225] MACHADO, Hugo de Brito. O devido processo legal administrativo tributário e o mandado de segurança, *en* ROCHA, Valdir de Oliveira (coord.). *Processo administrativo fiscal*. São Paulo: Dialética, 1997, p. 80.

do pretendan demostrar que ciertos actos administrativos serían ilegales y/o inconstitucionales, ya que su decisión sería conclusiva tan solo en el ámbito del contencioso administrativo fiscal. La decisión definitiva en cuestión de constitucionalidad de normas legales o administrativas es exclusiva del Supremo Tribunal Federal, según lo dispone al artículo 102[226].

[226] «Art. 102. Compete al Supremo Tribunal Federal, principalmente, la protección de la Constitución, correspondiéndole: I. Procesar y juzgar, originariamente: a) la acción directa de inconstitucionalidad de ley o acto normativo federal o estatal y la acción declarativa de constitucionalidad de ley o acto normativo federal (letra con redacción dada por la Enmienda Constitucional 3, de 1993); b) en las infracciones penales comunes, el Presidente de la República, el Vicepresidente, los miembros del Congreso Nacional, sus propios Ministros y el Procurador-General de la República; c) en las infracciones penales comunes y en los delitos de responsabilidad, los Ministros de Estado y los Comandantes de la Marina, del Ejército y de la Aeronáutica, salvo lo dispuesto en el artículo 52, I, los miembros de los Tribunales Superiores, los del Tribunal de Cuentas de la Unión y los jefes de misión diplomática de carácter permanente (letra con redacción dada por la Enmienda Constitucional 23, de 1999); d) el hábeas corpus, siendo víctima cualquiera de las personas referidas en las letras anteriores; el mandato de seguridad y el hábeas data contra actos del Presidente de la República, de las Mesas de la Cámara de los Diputados y del Senado Federal, del Tribunal de Cuentas de la Unión, del Procurador-General de la República y del propio Supremo Tribunal Federal; e) el litigio entre un Estado extranjero u organismo internacional y la Unión, el Estado, el Distrito Federal o el Territorio; f) las causas y los conflictos entre la Unión y los Estados, la Unión y el Distrito Federal, o entre unos y otros, inclusive las respectivas entidades de la administración indirecta; g) la extradición solicitada por Estado extranjero; h) (derogada por la Enmienda Constitucional 45, del 2004); i) el hábeas corpus, cuando la autoridad sea el Tribunal Superior o cuando la autoridad o la víctima sea autoridad o funcionario cuyos actos estén sujetos directamente a la jurisdicción del Supremo Tribunal Federal, o se trate de un delito sujeto a la misma jurisdicción en una única instancia (letra con redacción dada por la Enmienda Constitucional 22, de 1999); j) la revisión penal y la acción rescisoria de sus juzgados; l) la reclamación para la preservación de su competencia y garantía de la autoridad de sus decisiones; m) la ejecución de sentencia en las causas de su competencia originaria, facultada la delegación de atribuciones para la práctica de actos procesales; n) la acción en que todos los miembros de la magistratura sean directa o indirectamente interesados, y aquella en que más de la mitad de los miembros del tribunal de origen estén impedidos o sean directa o indirectamente interesados; o) los conflictos de competencia entre el Superior Tribunal de Justicia y cualesquier tribunales, entre Tribunales Superiores, o entre estos y cualquier otro tribunal; p) el pedido de medida cautelar de las acciones directas de inconstitucionalidad; q) el mandato de injunción [al final de este pie de página se esclarecerá este tipo de mandato], cuando la elaboración de la norma reglamentaria sea atribución del Presidente de la República, del Congreso Nacional, de la Cámara de los Diputados, del Senado Federal, de las Mesas de una de esas Casas Legislativas, del Tribunal de Cuentas de la Unión, de uno de los Tribunales Superiores, o del propio Supremo Tribunal Federal; r) las acciones contra el Consejo Nacional de Justicia y contra el Consejo Nacional del Ministerio Público (letra aumentada por la Enmienda Constitucional 45, del 2004) II. Juzgar, en recurso ordinario: a) el hábeas corpus, el mandato de seguridad, el hábeas data y el mandato de injunción decididos en única instancia por los Tribunales Superiores, si es denegatoria la decisión; b) el delito político; III. Juzgar, mediante recurso extraordinario, las causas decididas en única o última instancia, cuando la decisión recurrida: a) colisione con un dispositivo de esta Constitución; b) declare la inconstitucionalidad de tratado o ley federal; c) juzgue válida ley o acto de gobierno local impugnada en relación de esta

Constitución; d) juzgue válida una ley local impugnada delante de una ley federal (letra aumentada por la Enmienda Constitucional 45, del 2004).
§ 1° La alegación de incumplimiento de un precepto fundamental, que resulta de esta Constitución, será apreciada por el Supremo Tribunal Federal, en la forma de la ley (párrafo único transformado en § 1° por la Enmienda Constitucional 3, de 1993). § 2° Las decisiones definitivas de mérito, emitidas por el Supremo Tribunal Federal, en las acciones directas de inconstitucionalidad y en las acciones declarativas de constitucionalidad, producirán eficacia contra todos y efecto vinculante, relativamente a los demás órganos del Poder Judicial y a la administración pública directa e indirecta, en las esferas federal, estatal y municipal (párrafo aumentado por la Enmienda Constitucional 3, de 1993 y con nueva redacción dada por la Enmienda Constitucional 45, del 2004). § 3° En el recurso extraordinario, el recurrente deberá demostrar la repercusión general de las cuestiones constitucionales discutidas en el caso, en los términos de la ley, para que el Tribunal examine la admisión del recurso, tan solo pudiendo rechazarlo por la manifestación de dos tercios de sus miembros (párrafo aumentado por la Enmienda Constitucional 45, del 2004)».
N.T.: el mandato de injunción, previsto en el artículo 5, inciso LXXI, de la Constitución de Brasil de 1988, es uno de los remedios-garantías constitucionales. El Supremo Tribunal Federal (STF) afirma que es una acción constitucional usada en un caso concreto, individualmente o colectivamente. Es usada para que el Poder Judicial ponga en conocimiento del Poder Legislativo sobre la ausencia de una norma reglamentadora que torna inviable el ejercicio de los derechos y garantías constitucionales y de las prerrogativas inherentes a la nacionalidad, soberanía y ciudadanía.
Posee un efecto muy semejante a la Acción Directa de Inconstitucionalidad (ADIn) por Omisión, diferenciándose de esta esencialmente porque es usado en un caso concreto, siendo aquella una de las formas de control concentrado en el STF (que puede ocurrir siempre que una de las partes legitimadas por el art. 103 de la Constitución Federal alega que una ley o un acto normativo federal o estatal, en tesis, es incompatible con la Constitución - ADIn Genérica; cuando alega que una ley o acto normativo federal es compatible con la Constitución - ADCT [actos de las disposiciones constitucionales transitorias]; o existe ausencia de una norma reglamentadora prevista en la CF/88 - ADIn por omisión). Existe también, como modalidad concentrada de control de constitucionalidad, la ADIn interventora, analizada por el STF por solicitud del Procurador General de la República, y el argumento de incumplimiento de precepto fundamental, cuando existe violación de un precepto fundamental, inclusive de ley municipal y ley anterior a la vigencia de la Constitución Federal de 1988.

5.

APLICACIÓN DEL CÓDIGO PROCESAL CIVIL DEL 2015 AL PROCESO ADMINISTRATIVO FISCAL

Con la llegada del actual Código de Proceso Civil, publicado en el 2015, se produjeron algunos cambios importantes en el papel de la jurisdicción civil[227]. El operador legal debería utilizarlo en una nueva perspectiva, olvidándose del Código de 1973 y sus dogmas ya por mucho tiempo proclamados.

El Código de Proceso Civil del 2015, de acuerdo con las comprensiones más modernas, se elaboró sobre los valores y las normas fundamentales estipuladas en la Constitución Federal, como podemos observar en su artículo 1°, el cual busca una sociedad más justa, solidaria y pacífica[228].

En su artículo 15, el Código de Proceso Civil del 2015 promovió una integración con las otras legislaciones que desarrollan los procesos administrativos, considerando que las nuevas disposiciones establecidas deben ser utilizadas de forma (i) suplementaria y (ii) subsidiaria en el ámbito de los procesos administrativos, incluido aquí el proceso administrativo fiscal[229]: «Art. 15. En la ausencia de normas que regulen los procesos electorales, laborales o administrativos, las disposiciones de este Código se aplicarán de forma suplementaria y subsidiaria».

Paulo Cesar Conrado y Rodrigo Dalla Pria sostienen que el Nuevo Código de Proceso Civil definió como jurisdiccional las actividades desempeñadas

---

227 «(...) aquella que aprecia cuestiones de índole penal, vale decir, regidas por el derecho penal. La jurisdicción civil, en estas condiciones, aparece de forma residual. Toda actividad jurisdiccional no destinada a resolver conflictos regidos por el derecho (material) penal es civil. Jurisdicción civil es no penal» (Bueno, Cassio Scarpinella. *Curso sistematizado de direito processual civil*. 4.ª ed. V. 1. São Paulo: Saraiva, 2010, p. 293).

228 Becho, Renato Lopes. As alterações mais importantes do processo civil em matéria tributária e o Novo CPC, *en* Rocha, Valdir de Oliveira (coord.). *Grandes questões tributárias*. V. 19. São Paulo: Dialética, 2015, p. 386.

229 Ribeiro, Diego Diniz. O CPC 2015 e seus reflexos no processo administrativo tributário, *en* Carvalho, Paulo de Barros (coord.). *Racionalização do sistema tributário*. São Paulo: Noeses, 2017, p. 221.

por los órganos administrativos[230] (integrantes del contencioso administrativo fiscal), y su artículo 15 presentaría dos lados, siendo el primero el de externar una función normativo-substitutiva y el segundo de índole normativo-integrativo:

> En la primera situación, la suplementaria, se supone la total ausencia de una norma especial que regule el proceso administrativo, supuesto en el que el Código de Proceso Civil acaba por asumir una función «normativo-substitutiva».
>
> En la segunda hipótesis, la subsidiariedad, se presupone alguna reglamentación, ostentando el Código de Proceso Civil del 2015 una función «normativo-complementaria»[231].

Vale decir, teniendo en vista que la norma que regula el procedimiento administrativo no se confunde con la norma que regula el proceso administrativo, debemos advertir que el término «proceso» es aquel vinculado a la jurisdicción (normas de proceso, y no de procedimiento), siendo ese el concepto vinculado a las correspondientes normas procesales y a la aplicación de las técnicas que provienen del referido artículo 15[232].

Así, suponiendo que el procedimiento administrativo fiscal también tiene como objetivo el ejercicio de una actividad jurisdiccional (aunque de forma

230 «Usando otro vocablo: Los órganos juzgadores que integran el contencioso administrativo tributario ejercen, en el desempeño de sus funciones, actividad jurisdiccional, y no propiamente administrativa; lejos de construir (o reconstruir) el crédito tributario que se debate administrativamente, ellos examinan la pretensión deducida en el instrumento de provocación que los impulsa a actuar (generalmente, producido por el contribuyente). Su actividad, antes de ser vinculada a la recaudación (por lo tanto, no se relaciona con la noción de «cobro»), es marcada por la premisa de la antiexaccionalidad, vocablo forjado con la intención de definir los instrumentos procesales destinados a evaluar si la exigibilidad de un determinado crédito tributario debe o no subsistir» (Conrado, Paulo Cesar y Pria, Rodrigo Dalla. Aplicação do Código de Processo Civil ao processo administrativo tributário, *en* Conrado, Paulo Cesar y Araujo, Juliana Furtado Costa (coords.). *O Novo CPC e seu impacto no direito tributário*. 2.ª ed. São Paulo: Fiscosoft, 2016, p. 255).

231 Conrado, Paulo Cesar y Pria, Rodrigo Dalla. Aplicação do Código de Processo Civil ao processo administrativo tributário, *en* Conrado, Paulo Cesar y Araujo, Juliana Furtado Costa (coords.). *O Novo CPC e seu impacto no direito tributário*. 2.ª ed. São Paulo: Fiscosoft, 2016, p. 256.

232 «Con los ojos mantenidos sobre esa última observación, podemos (y debemos) reconocer: el legislador responsable por la emisión de normas procesales que regulen el proceso administrativo en determinado ámbito (federal, estatal o municipal) no es absolutamente libre; si el proceso administrativo es una expresión de la función jurisdiccional, las normas que regulan deben guardar conexión, así como las del Código de Proceso Civil, con los valores y técnicas que definen el sentido del 'debido proceso legal' - contradictorio, amplia defensa, acceso a la información, recurribilidad, seguridad jurídica, predictibilidad, solo para referir algunos de esos valores/técnicas» (Conrado, Paulo Cesar y Pria, Rodrigo Dalla. Aplicação do Código de Processo Civil ao processo administrativo tributário, *en* Conrado, Paulo Cesar y Araujo, Juliana Furtado Costa (coords.). *O Novo CPC e seu Impacto no Direito Tributário*. 2.ª ed. São Paulo: Fiscosoft, 2016, p. 257).

atípica), se debe invocar el Código de Proceso Civil del 2015 cuando sea necesario calificar la actividad jurisdiccional, siendo esa una valorización de los principios constitucionales[233] relativos a la materia. De esta forma, la utilización subsidiaria del *Codex* del 2015 debe ocurrir no solo en los casos de laguna legislativa, sino -principalmente- para dar una mayor carga valorativa a los principios constitucionales con el incremento de la efectividad a la orientación axiológica que tanto impregna el tema.

Además, también debemos observar cómo los órganos administrativos de decisión están reaccionando con los dictámenes establecidos por el Código de Proceso Civil del 2015 en sus artículos 10 (contradictorio maximizado), 489 (deber de fundamentación) y 927 (aplicación obligatoria del precedente)[234].

Por lo tanto, al proceso administrativo fiscal se impone el uso (aplicación subsidiaria) de las reglas introducidas por el Código de Proceso Civil del 2015 para llenar los vacíos de la legislación nacional, así como su aplicación supletoria para complementar lo dispuesto en el contencioso administrativo fiscal. Sin embargo, eso no significa una procesalización civil del proceso administrativo, ya que, aunque tengan una raíz constitucional y ciertas garantías, son procesos con características peculiares, con funciones y estructuras específicas, conforme hemos explicado durante todo el trabajo.

---

233 «Los principios constitucionales se ocupan específicamente por la conformación del propio proceso, entendido como método de actuación del Estado-juez y, por lo tanto, método de ejercicio de la función jurisdiccional. Aquellos suministran las directrices mínimas, pero fundamentales, del propio comportamiento del Estado-juez. (...) Por lo tanto, es correcto tratar los principios constitucionales del proceso civil como significativos de un modelo mínimo, pero indispensable, vinculante e impositivo, para la actuación del Estado-juez» (BUENO, Cassio Scarpinella. *Curso sistematizado de direito processual civil*. 4.ª ed. V. 1. São Paulo: Saraiva, 2010, p. 124).

234 CONRADO, Paulo Cesar. Perspectivas do contencioso tributário, judicial e administrativo, em vista do Novo Código de Processo Civil, *en* CARVALHO, Paulo de Barros (coord.). *Direito tributário e os novos horizontes do processo*. São Paulo: Editora Noeses, 2015, p. 1048.

6.

LA NATURALEZA JURÍDICA

Lo expuesto a lo largo de este trabajo pretende demostrar que el proceso administrativo fiscal es un instituto jurídico que puede ser muy utilizado por la sociedad, compuesto por una serie ordenada de actos para determinar y exigir a los contribuyentes el crédito tributario, conforme a lo dispuesto en los Decretos N.° 70.235/72 y 7.574/2011.

Sin embargo, debido a que el referido instituto también contiene el ofrecimiento de respuesta a la consulta tributaria, los actos correspondientes al análisis de los pedidos de Certificado Negativo de Débito (CND) y de reconocimiento de inmunidad o exención, así como los pedidos de compensación o restitución de los tributos pagados de forma indebida, se debe constituir un concepto mucho más amplio que el relatado líneas atrás. En otras palabras, el proceso administrativo fiscal debe ser entendido como una serie de actos administrativos mediante los cuales se expresa la Administración Tributaria en su relación con el contribuyente (responsable tributario y/o tercero), o al menos interpreta la legislación tributaria[235].

De esta forma, el proceso administrativo fiscal[236] debe ser visto como algo mucho mayor que la simple idea de litigio, ya que estos otros actos administrativos, como, por ejemplo, la solicitud del CND e incluso el inicio del proceso de investigación y exigencia del crédito tributario, no lo utilizan como un simple instrumento de resolución de conflictos.

---

235 Machado, Hugo de Brito. O devido processo legal administrativo tributário e o mandado de segurança, *en* Rocha, Valdir de Oliveira (coord.). *Processo administrativo fiscal*. São Paulo: Dialética, 1997, pp. 73 y 74.

236 Paulo Cesar Conrado sostiene que el proceso administrativo tributario «es una institución que contiene las siguientes peculiaridades: (i) como en la mayoría de los procesos, encuentra en el hecho jurídico en conflicto su antecedente lógico; (ii) su nacimiento está vinculado con el impulso del contribuyente (por lo tanto, es antiexaccional); (iii) el instrumento de lenguaje que lo origina, constituyendo el supuesto del conflicto, corresponde a ese sujeto específico (impugnación o silencio); y (iv) y requiere la constitución previa de la obligación tributaria, ostentando una función represiva» (Conrado, Paulo Cesar. *Processo tributário*. São Paulo: Quartier Latin, 2004, pp. 196 y 197).

Hugo de Brito MACHADO afirma que la «finalidad del Contencioso Administrativo consiste precisamente en reducir la presencia de la Administración Pública en las acciones judiciales. El Contencioso Administrativo funciona como un filtro»[237].

El proceso administrativo fiscal fue elevado a rango constitucional[238] y, a pesar de todos los privilegios atribuidos a la Administración Tributaria, es necesario un análisis minucioso de sus disposiciones en conjunto con los principios constitucionales y reglas procesales. Vale decir, la norma que regula el proceso administrativo fiscal tiene su fundamento de validez en la Carta Magna, y a pesar de los privilegios otorgados a la Administración Tributaria, las garantías y los principios constitucionales tributarios deben ser respetados.

Odete MEDAUAR[239] nos enseña que la afirmación de la procesalidad tributaria como proceso no se presentaría de forma gratuita, aleatoria o desprovista de consecuencias inherentemente prácticas, ya que el proceso expresa el vínculo jurídico entre los sujetos (además del vínculo entre actos) en términos de derechos y deberes. Así, queda claro su consecuente encuadramiento en las garantías previstas en el artículo 5°, inciso LV, de la Constitución Federal y otros desdoblamientos.

Desde el punto de vista del contribuyente, se constituye en derecho público subjetivo la impugnación del acto de determinación o aplicación de la sanción tributaria en la esfera administrativa (sin perjuicio de la posibilidad de acceso al Poder Judicial). A través de su acción se inicia la relación procesal, momento en el que la Administración Tributaria estaría obligada a emitir un acto jurídico que legitime el acto ahora impugnado[240].

Debemos advertir que, si bien no tenemos un código de derecho administrativo procesal fiscal, cuando se elaboró el Anteproyecto de Código Tributario, Rubens Gomes de SOUSA se preocupó de esa cuestión, llegando a destinar dos Libros (VIII y IX) a ese tema, estando el primero íntimamente vinculado con el proceso administrativo fiscal (arts. 302 a 373) y el segundo con el proceso tributario judicial[241].

> Art. 303. El proceso administrativo tributario es obligatorio, debiendo observarse todos los trámites previstos en la legislación tributaria aplica-

---

237 MACHADO, Hugo de Brito. *Mandado de segurança em matéria tributária*. 2.ª ed. São Paulo: Revista dos Tribunais, 1995, p. 303.

238 MELO, José Eduardo. Processo administrativo tributário, *en* ROCHA, Valdir de Oliveira (coord.). *Processo administrativo fiscal*. São Paulo: Dialética, 1997, pp. 93 y 94.

239 MEDAUAR, Odete. Processualização e publicidade dos atos do processo administrativo fiscal, *en* ROCHA, Valdir de Oliveira (coord.). *Processo administrativo fiscal*. São Paulo: Dialética, 1997, pp. 93 y 94.

240 BONILHA, Paulo Celso Bergstrom. Contraditório e provas no processo administrativo tributário (ônus, direito a perícia, prova ilícita), *en* ROCHA, Valdir de Oliveira (coord.). *Processo administrativo fiscal*. São Paulo: Dialética, 1997, p. 130.

241 CABRAL, Antonio da Silva. *Processo administrativo fiscal*. São Paulo: Saraiva, 1993, p. 121.

ble y agotarse todos los recursos correspondientes en los términos de la referida legislación, ya sea por parte de la Hacienda Pública, o por parte del contribuyente, acusado o interesado, como una condición prejudicial de la instauración del proceso judicial tributario, excepto en lo que se refiere a la presentación de mandato de seguridad.

Sin embargo, estos libros fueron retirados considerando que la materia procesal debería ser objeto de leyes orgánicas, una relacionada al proceso fiscal y otra al judicial[242].

Geraldo ATALIBA enseña lo siguiente:

> Diversas razones recomiendan que se constituya un sistema que elimine de forma célere y eficaz esos conflictos, considerando la armonía fisco-contribuyente y los intereses públicos en juego. Si todos los conflictos se someten al Poder Judicial, este se sumergirá bajo el peso de una acumulación insoportable de cuestiones a juzgar. Además -y también por eso-, las soluciones se retrasarán mucho y perjudicarán a las partes involucradas. Esta es la razón por la cual se crearon, en casi todos los países, organismos y sistemas para reducir el número de causas instauradas ante el Poder Judicial[243].

Leonardo Henrique M. de OLIVEIRA, ex Consejero del Consejo Administrativo de Recursos Fiscales, define el Proceso Administrativo Fiscal de la siguiente manera:

> Por lo tanto, el proceso administrativo fiscal es el instrumento por medio del cual la Administración Tributaria, de conformidad con la ley, ejerce una función jurisdiccional amparada por la Constitución Federal, actúa con el propósito principal de dirimir controversias entre el fisco y el contribuyente, en el ámbito de la recaudación tributaria y no tiene un código específico, pero reúne características de otras disciplinas del derecho público, como la garantía de los actos practicados, la especialización de los órganos jurisdiccionales, la suspensión de la exigibilidad del crédito tributario durante el curso del proceso, el derecho de petición por el contribuyente, la celeridad de las decisiones, la informalidad y el secreto de las informaciones[244].

Para que el proceso administrativo fiscal sea válido debe respetar los principios y garantías constitucionales del contribuyente, observando con énfasis los principios del debido proceso legal, la amplia defensa, el contradictorio, la publicidad, la seguridad jurídica, la verdad material y el *in dubio pro* contribuyente.

---

242 *Ídem.*

243 ATALIBA, Geraldo. Recurso em Matéria Tributária, *en Revista de Informação Legislação (Senado Federal)*. N.° 25/11, p. 122.

244 OLIVEIRA, Leonardo Henrique M. Processo administrativo e judicial tributário, *en* TÔRRES, Heleno Taveira; QUEIROZ, Mary Elbe y FEITOSA, Raymundo Juliano (coords.). *Direito tributário e administrativo aplicados*. São Paulo: Quartier Latin, 2005, p. 68.

Por lo tanto, el proceso administrativo fiscal es el conjunto de relaciones jurídicas, de naturaleza administrativa, que se combinan y se materializan por medio del procedimiento, siendo una especie de proceso administrativo destinada a la determinación y exigencia del crédito tributario porque tiene peculiaridades específicas en la aplicación de la legislación por la Administración Tributaria, al mismo tiempo que obedece las reglas de Derecho Público, conforme ha sido demostrado a lo largo de este trabajo.

CONCLUSIÓN

A partir de un análisis de la interpretación de los principios, del sistema constitucional tributario y de sus aplicaciones al proceso administrativo y judicial tributario, se percibe que esos principios deben ser analizados de forma amplia para que se puedan preservar.

Las relaciones entre la función (actividad administrativa globalmente considerada) y el procedimiento (la manera de su exteriorización) serían extremadamente íntimas, a pesar de que cada una tenga su individualidad. El ejercicio de la función se externaliza en el mundo fenoménico por medio del procedimiento utilizado, mientras que este presentará características distintas en relación de la función actuada.

Ante los argumentos presentados a lo largo de este trabajo, queda claro que para el correcto desarrollo del Estado es imprescindible la presencia de la figura del proceso administrativo fiscal, el cual canaliza los preceptos normativos y legales, así como los criterios, culminando en una determinada función pública de los actos legislativos, ejecutivos y jurisdiccionales.

En otras palabras, se concluye que la naturaleza jurídica procesal debe anhelar la búsqueda por la comprensión del contenido y de la esencia, según la cual debe estructurarse esa extraordinaria herramienta.

La búsqueda de un concepto universal para el proceso administrativo es considerada una tarea ardua tanto por los doctrinadores del derecho administrativo como del derecho tributario, considerando la diversidad de regímenes administrativos en los países, de instituciones públicas, así como las tareas que serán desempeñadas por las Administraciones Públicas y Tributarias. De esta forma, pasamos a establecer un concepto en los límites del derecho positivo nacional observando la función administrativa tributaria.

Así, el concepto de proceso administrativo nos trae la idea de que los mecanismos de control de la legalidad de los actos administrativos deben estar adscritos al principio de jurisdiccionalidad. De esta forma, a pesar que esa jurisdiccionalidad se trata en el artículo 5°, inciso LV, de la Constitución Federal («a los litigantes, en proceso judicial o administrativo, y a los acusados en general se les garantizan el contradictorio y la amplia defensa, con los medios y recursos inherentes a ella»), se encuentra superada la posición que algunos denominan proceso administrativo como procedimiento de revisión de los actos administrativos de iniciativa de los contribuyentes o aquellos procedimientos sancionatorios.

Además, el proceso administrativo fiscal no se confunde con el proceso judicial tributario, ya que tiene institutos y formas inherentes a su campo de relación procesal.

Podemos apreciar que la expresión «proceso administrativo fiscal» cuenta con un sólido fundamento constitucional, lo que justifica su importancia en el escenario jurídico al identificar las vigas maestras sobre las cuales el Estado podrá desempeñar su función administrativa jurisdiccional.

Así, los puntos en común identificados no solo versan sobre la prevalencia del interés público o de los contribuyentes, sino sobre la subordinación al régimen jurídico administrativo fiscal como un todo, el cual nos posibilitó la elaboración de un concepto de proceso administrativo fiscal.

En otras palabras, resulta evidente que la expresión «proceso administrativo» no fue utilizada de forma meramente accidental en la Constitución Federal, ya que esta revela una clara comprensión y distinción entre los términos «proceso» y «procedimiento».

Las legislaciones pertinentes en el ámbito federal evidencian un profundo retroceso e intolerables lagunas en la estructuración y sistematización del proceso administrativo fiscal, en su mayoría ajenas al perfil moderno actualmente consagrado por la Constitución Federal, la cual lo reconoció (al lado del proceso judicial) como una de las garantías fundamentales del contribuyente-ciudadano, estableciendo en su estructuración la presencia de los principios constitucionales tributarios.

De esta forma, el proceso administrativo fiscal no puede ser confundido con un mero procedimiento administrativo a discreción de la Administración Tributaria, sino que debe ser visto como un fenómeno de naturaleza procesal, enraizado en la Carta Magna y subordinado, a través de su conformación procedimental, a los principios constitucionales tributarios y procesales garantizados por ella.

El proceso administrativo fiscal (como instrumento de control de legalidad) tiene una gran importancia para el desempeño del sistema tributario, ya que ese control de los actos administrativos fiscales es el problema central del Derecho Tributario brasileño.

Ante la equivocada comprensión de la Administración Tributaria de que los Tribunales Administrativos no tendrían la competencia para revisar los actos administrativos, al menos se debería investigar con mayor rigidez sobre los motivos y las causas de su celebración.

Se requiere un equilibrio procedimental que no viene siendo observado en los procedimientos tributarios experimentados en el ámbito federal, ya que ambos (Administración Tributaria y contribuyentes) deben concentrarse en el imperativo de la búsqueda de la verdad material bajo los principios de igualdad y contradictorio.

La posición que quisimos desarrollar fue en ese sentido, sobre todo para que el proceso administrativo fiscal, siendo una especie del proceso administrativo (de naturaleza administrativa), se tradujera no solo en un conjunto de formalidades, sino también concebido como un instrumento que realiza de manera inmediata los ideales de la Justicia.

Por lo tanto, se deben rechazar todos los recursos que buscan reducir el contencioso administrativo fiscal, bajo pena de perderse una óptima oportunidad de consolidar la utilización de ese proceso como un instrumento de concretización de la Justicia y una opción extraordinaria de aliviar la sobrecarga constante que resulta de las inmensas demandas tributarias que actualmente abruman al Poder Judicial.

BIBLIOGRAFÍA

ALVIM, Teresa Arruda y MARINS, James. Processo Tributário, *en* ALVIM, Teresa Arruda (coord.). *Repertório de jurisprudência e doutrina sobre processo tributário*. São Paulo: Revista dos Tribunais, 1994.

ARAÚJO, Ana Clarissa Masuko dos Santos. Princípio da verdade material e processo administrativo fiscal de compensação, en CONRADO, Paulo Cesar (coord.). *Processo tributário analítico*. 2.ª ed. V. 2. São Paulo: Noeses, 2016.

ATALIBA, Geraldo. Lançamento - procedimento regrado, *en Estudos e pareceres de direito tributário*. V. 2. São Paulo: RT, 1978.

–. *Hipótese de incidência tributária*. 6.ª ed. São Paulo: Malheiros Editores, 2014.

–. Princípios de Procedimento Tributário, *en* PRADE, Péricles Luiz y CARVALHO, Célio B. (coords.). *Novo processo tributário*. São Paulo: Resenha Tributária, 1975.

–. *República e Constituição*. 2.ª ed. São Paulo: Malheiros Editores, 1998.

–. Recurso em matéria tributária, *en Revista de Informação Legislativa*. Brasília: Editora do Senado Federal. V. 97. N.º 25, ene./mar. de 1988.

–. *Sistema constitucional tributário brasileiro*. São Paulo: Revista dos Tribunais, 1968.

BACELLAR FILHO, Romeu Filipe. *Processo administrativo disciplinar*. São Paulo: Max Limonad, 2003.

BALERA, Wagner. *Processo administrativo previdenciário: benefícios*. São Paulo: LTr, 1999.

BASTOS, Celso Ribeiro. Sanções em Matéria Tributária, *en* MARTINS, Ives Gandra da Silva. *Curso de direito tributário*. 8.ª ed. São Paulo: Saraiva, 2001.

BECHO, Renato Lopes. As alterações mais importantes do processo civil em matéria tributária e o Novo CPC, *en* ROCHA, Valdir de Oliveira (coord.). *Grandes questões tributárias*. V. 19. São Paulo: Dialética, 2015.

–. *Filosofia do direito tributário*. São Paulo: Saraiva, 2010.

–. *Lições de direito tributário*. 3.ª ed. São Paulo: Saraiva, 2015.

BECKER, Alfredo Augusto. *Teoría geral do direito tributário*. 6.ª ed. São Paulo: Noeses, 2013.

Berliri, Antonio. Per un miglior funzionamento della giustizia tributaria, *en Scritti Scelti di Diritto Tributario*. Milano: Giuffrè, 1990.

Bobbio, Norberto. *El Futuro de la Democracia*. México: Fondo de Cultura Económica, 1986.

–. *Teoria do ordenamento jurídico*. 10.ª ed. Brasília: Editora Universidade de Brasília, 1999.

Bonavides, Paulo. *Ciência Política*. 2.ª ed. Río de Janeiro: Fundação Getulio Vargas, 1974.

–. *Curso de Direito Constitucional*. 14.ª ed. São Paulo: Malheiros Editores, 2004.

–. *Do Estado Liberal ao Estado Social*. 5.ª ed. Belo Horizonte: Del Rey, 1993.

Bonilha, Paulo Celso Bergstrom. Contraditório e provas no processo administrativo tributário (ônus, direito a perícia, prova ilícita), *en* Rocha, Valdir de Oliveira (coord.). *Processo administrativo fiscal*. São Paulo: Dialética, 1997.

Bottallo, Eduardo Domingos. *Aspectos concretos do direito constitucional tributário*. São Paulo: Quartier Latin, 2016.

–. *Curso de processo administrativo tributário*. São Paulo: Malheiros Editores, 2006.

–. Princípios gerais do processo administrativo tributário, *en Revista de Direito Tributário*. N.º 1. São Paulo: RT, 1977.

–. Processo administrativo tributário: princípios, amplitude, natureza e alcance das funções nele exercidas, *en Revista de Direito Tributário*. N.º 71. São Paulo: RT, 1996.

Brito, Edvaldo. Ampla defesa e competência dos órgãos julgadores administrativos para conhecer de argumentos de inconstitucionalidade e/ou ilegalidade de atos em que se fundamentem autuações, *en* Rocha, Valdir de Oliveira (coord.). *Processo administrativo fiscal*. São Paulo: Dialética, 1997.

Bueno, Cassio Scarpinella. *Curso sistematizado de direito processual civil*. 4.ª ed. V. 1. São Paulo: Saraiva, 2010.

Cabral, Antonio da Silva. *Processo administrativo fiscal*. São Paulo: Saraiva, 1993.

Cais, Cleide Previtalli. *O processo tributário*. 3.ª ed. São Paulo: Revista dos Tribunais, 2001.

Calamandrei, Piero. *Instituições de direito processual civil*. 2.ª ed. V. III. Campinas: Bookseller, 2003.

Canotilho, J. J. Gomes. *Direito Constitucional*. Coimbra: Almedina, 1991.

Canto, Gilberto de Ulhôa. *Do processo tributário administrativo – teoria do direito tributário*. São Paulo: Secretaria da Fazenda do Estado de São Paulo.

Carrazza, Roque Antônio. *Curso de Direito Constitucional Tributário*. 30.ª ed. São Paulo: Malheiros Editores, 2015.

–. *Reflexões sobre a obrigação tributária*. São Paulo: Noeses, 2010.

- y Carrazza, Elizabeth Nazar. Da não Incidência de ICMS sobre os serviços de licença de uso de programa de computador de PABX Virtual e de hospedagem de áudio e vídeo pela internet (*Streaming*), *en* Marques, Cláudia Villagra da Silva (coord.). *Direito Tributário: olhar crítico na estrutura tributária brasileira.* São Paulo: Claris, 2016.

Carvalho, Paulo de Barros. *Curso de Direito Tributário.* 26.ª ed. São Paulo: Saraiva, 2014.

-. *Derivação e positivação no Direito Tributário.* 2.ª ed. V. 1. São Paulo: Noeses, 2014.

-. *Derivação e positivação no Direito Tributário.* 2.ª ed. V. 3. São Paulo: Noeses, 2016.

-. *Direito Tributário, linguagem e método.* 5.ª ed. São Paulo: Noeses, 2013.

-. *Princípios e sobreprincípios na interpretação do Direito.* Disponible en el siguiente link: http://http://www.ibet.com.br/download/Princ%C3%83%C2%ADpios%20PBC.pdf. Visto el 19/01/2018.

-. Processo administrativo tributário, *en Revista de Direito Tributário.* N.º 9 y 10. São Paulo: RT, 1979.

-. *Segurança jurídica no novo CARF.* Disponible en el siguiente link: <http://www.ibet.com.br/download/Paulo%20de%20Barros%20Carvalho.pdf>. Visto el 19/10/2015.

Castro, Alexandre Barros. *Teoria e prática do direito processual tributário.* São Paulo: Saraiva, 2000.

Conrado, Paulo Cesar. Perspectivas do contencioso tributário, judicial e administrativo, em vista do Novo Código de Processo Civil, *en* Carvalho, Paulo de Barros (coord.). *Direito tributário e os novos horizontes do processo.* São Paulo: Editora Noeses, 2015.

-. *Processo tributário.* São Paulo: Quartier Latin, 2004.

- y Pria, Rodrigo Dalla. Aplicação do Código de Processo Civil ao processo administrativo tributário, *en* Conrado, Paulo Cesar y Araujo, Juliana Furtado Costa (coords.). *O Novo CPC e seu impacto no direito tributário.* 2.ª ed. São Paulo: Fiscosoft, 2016.

Costa, Regina Helena. *Curso de direito tributário: Constituição e Código Tributário Nacional.* São Paulo: Saraiva, 2009.

Da Silva, José Afonso. *Curso de Direito Constitucional Positivo.* 9.ª ed. São Paulo: Malheiros Editores, 1994.

-. *Teoria do conhecimento constitucional.* São Paulo: Malheiros Editores, 2014.

De Jesus, Isabela Bonfá; De Jesus, Fernando Bonfá y De Jesus, Ricardo Bonfá. *Manual de direito e processo tributário.* 3.ª ed. São Paulo: Revista dos Tribunais, 2016.

Di Pietro, Maria Sylvia Zannella; Ferreira, Sérgio de Andrés y Zancaner, Weida. Tema em destaque: atos administrativos. Elementos. Poder discricionário face ao princípio da legalidade. Anulação, revogação e a consolidação. O processo administrativo codificado pela Lei nº 9.784/99, *en Boletim de Direito Administrativo*. Ed. NDJ LTDA. V. 16. N.º 9, setiembre del 2000.

Enterría, Eduardo García de. *Democracia, Jueces y Control de la Administración*. 3.ª ed. Madrid: Civitas, 1997.

Falcão, Amílcar de Araújo. *Direito Tributário brasileiro: aspectos concretos*. Río de Janeiro: Edições Financeiras, 1960.

Ferragut, Maria Rita. *Presunções no direito tributário*. São Paulo: Dialética, 2001.

Ferraz, Sérgio y Dallari, Adilson Abreu. *Processo administrativo*. 3.ª ed. São Paulo: Malheiros Editores, 2012.

Ferraz Jr., Tercio Sampaio. *Ciência do direito*. São Paulo: Atlas, 1977.

–. *Teoria da norma jurídica*. Río de Janeiro: Forense, 1978.

Fiorin, José Luiz. *As astúcias da enunciação*. São Paulo: Ática, 1996.

Gama, Tácio Lacerda. *Competência tributária: fundamentos para uma teoria da nulidade*. 2.ª ed. São Paulo: Noeses, 2011.

–. Competência Tributária e a sua Estrutura Normativa, *en* Robles, Gregorio y Carvalho, Paulo de Barros (coords.). *Teoria comunicacional do direito: diálogo entre Brasil e Espanha*. V. II. São Paulo: Noeses, 2017.

Gonçalves, José Artur Lima. *Imposto sobre a Renda: pressupostos constitucionais*. São Paulo: Malheiros Editores, 2002.

Gordillo, Agustín A. La garantía de defensa como principio de eficacia en el procedimiento administrativo, *en Revista de Direito Público*. N.º 10. São Paulo, 1969.

–. *Procedimento y recursos administrativos*. 2.ª ed. Buenos Aires: Marchi, 1971.

Grau, Eros Roberto. *Ensaio sobre a interpretação/aplicação do direito*. São Paulo: Malheiros Editores, 2002.

–. *O Direito Posto e o Direito Pressuposto*. 3.ª ed. São Paulo: Malheiros Editores, 2000.

Greco, Marco Aurélio. *Dinâmica da tributação e procedimento*. São Paulo: Revista dos Tribunais, 1979.

–. *Norma jurídica tributária*. São Paulo: Saraiva, 1974.

Grinover, Ada Pelegrini. A atividade administrativa em face do sistema constitucional, *en* Moraes, Alexandre de (coord.). *Os 20 anos da Constituição da República Federativa do Brasil*. São Paulo: Atlas, 2009.

Grupenmacher, Betina Treiger. Sistema e princípios constitucionais tributários, *en* CARVALHO, Paulo de Barros (coord.). *50 anos do Código Tributário Nacional*. São Paulo: Noeses, 2016.

Harger, Marcelo. *Princípios constitucionais do processo administrativo*. 2.ª ed. Río de Janeiro: Forense, 2008.

Hoffmann, Susy Gomes. Breves considerações sobre as provas no processo administrativo tributário, *en III CONGRESSO NACIONAL DE ESTUDOS TRIBUTÁRIOS*. São Paulo: Noeses, 2006.

KELSEN, Hans. *Teoria pura do direito*. 6.ª ed. São Paulo: Martins Fontes, 1999.

LISBOA, Julcira Maria de Mello Vianna. *Brazilian Tax Law and The Principle of Legality*. São Paulo: Claris, 2016.

MACHADO, Hugo de Brito. *Mandado de segurança em matéria tributária*. 2.ª ed. São Paulo: Revista dos Tribunais, 1995.

–. O devido processo legal administrativo tributário e o mandado de segurança, *en* ROCHA, Valdir de Oliveira (coord.). *Processo administrativo fiscal*. São Paulo: Dialética, 1997.

–. O ônus da prova no procedimento administrativo tributário. As alterações mais importantes do processo civil em matéria tributária e o Novo CPC, *en* ROCHA, Valdir de Oliveira (coord.). *Grandes questões tributárias*. V. 19. São Paulo: Dialética, 2015.

–. *Os princípios jurídicos da tributação na Constituição de 1988*. 5.ª ed. São Paulo: Dialética, 2004.

MARINONI, Luiz Guilherme y ARENHART, Sérgio Cruz. *Manual do processo de conhecimento: a tutela jurisdicional através do processo de conhecimento*. São Paulo: Revista dos Tribunais, 2001.

MARINS, James. *Direito Processual Tributário Brasileiro (Administrativo e Judicial): atualizado com o CPC/15, comparativamente como o CPC/73*. 8.ª ed. São Paulo: Dialética, 2015.

MARTINS, Ives Gandra da Silva y GARCIA, Fátima Fernandes de Souza. O direito à reparação do dano produzido pelo ato legislativo inconstitucional, *en* ROCHA, Valdir de Oliveira (coord.). *Problemas de Processo Judicial Tributário*. São Paulo: Dialética, 1996.

–. *Sistema tributário na Constituição de 1988*. 2.ª ed. São Paulo: Saraiva, 1990.

MCNAUGHTON, Charles William. *Hierarquia e sistema jurídico*. São Paulo: Quartier Latin, 2011.

–. Hierarquia e sistema jurídico, *en* CARVALHO, Paulo de Barros (coord.). *Construtivismo lógico-semântico*. V. II. São Paulo: Noeses, 2018.

MEDAUAR, Odete. *A processualidade no Direito Administrativo*. São Paulo: Revista dos Tribunais, 1993.

MEDAUAR, Odete. Processualização e publicidade dos atos do processo administrativo fiscal, *en* ROCHA, Valdir de Oliveira (coord.). *Processo administrativo fiscal*. São Paulo: Dialética, 1997.

MEIRELLES, Hely Lopes. *Direito Administrativo brasileiro*. 13.ª ed. São Paulo: Revista dos Tribunais, 1987.

MELLO, Celso Antônio Bandeira. *Curso de direito administrativo*. 10.ª ed. São Paulo: Malheiros Editores, 1998.

–. *Discricionariedade e controle jurisdicional*. São Paulo: Malheiros Editores, 1992.

–. *Elementos de direito administrativo*. São Paulo: Revista dos Tribunais, 1980.

Melo, José Eduardo Soares. *Curso de direito tributário*. 3.ª ed. São Paulo: Dialética, 2002.

–. Processo administrativo tributário, *en* Rocha, Valdir de Oliveira (coord.). *Processo administrativo fiscal*. São Paulo: Dialética, 1997.

–. *Processo tributário administrativo federal, estadual e municipal*. São Paulo: Quartier Latin, 2006.

–. REFIS E PAES – hipóteses e requisitos legais para exclusão dos programas de parcelamento, *en III CONGRESSO NACIONAL DE ESTUDOS TRIBUTÁRIOS*. São Paulo: Noeses, 2006.

Moraes, Guilherme Lopes. Teoria comunicacional do direito e informatização fiscal, *en* Robles, Gregorio y Carvalho, Paulo de Barros (coords.). *Teoria comunicacional do direito*: *diálogo entre Brasil e Espanha*. V. II. São Paulo: Noeses, 2017.

Morando, Thais Helena. *A natureza jurídica da obrigação tributária acessória e os princípios constitucionais informadores*. São Paulo, 2010, p. 172. Tesis de doctorado – Programa de Posgraduación en Derecho, Pontificia Universidad Católica de São Paulo.

Moussallem, Tárek Moysés. *Fontes do Direito Tributário*. 2.ª ed. São Paulo: Noeses, 2006.

Nagib, Luiza y Aguiar, Caroline Pires de. Imunidade tributária e as instituições de assistência social, *en* Marques, Cláudia Villagra da Silva (coord.). *Direito Tributário: olhar crítico na estrutura tributária brasileira*. São Paulo: Claris, 2016.

Neder, Marcos Vinicius. A Lei Geral nº 9.784/99: a norma geral que informa o sistema processual administrativo tributário, *en* Tôrres, Heleno Taveira; Queiroz, Mary Elbe y Feitosa, Raymundo Juliano (coords.). *Direito tributário e administrativo aplicados*. São Paulo: Quartier Latin, 2005.

– y López, Maria Teresa Martínez. *Processo administrativo fiscal comentado (de acordo com a Lei nº 11.941, de 2009, e o Regimento Internado do CARF)*. 3.ª ed. São Paulo: Dialética, 2010.

Nogueira, Ruy Barbosa. *Curso de Direito Tributário*. 5.ª ed. São Paulo: Saraiva, 1999.

Novoa, César García. Seguridad jurídica y Derecho Tributario, *en* Mello, Celso Antônio Bandeira de (coord.). *Direito Tributário: estudos em homenagem a Geraldo Ataliba*. São Paulo: Malheiros Editores, 1997.

Oliveira, Leonardo Henrique M. Processo administrativo e judicial tributário, *en* TÔRRES, Heleno Taveira; Queiroz, Mary Elbe y Feitosa, Raymundo Juliano (coords.). *Direito tributário e administrativo aplicados*. São Paulo: Quartier Latin, 2005.

Pereira Jr., Jessé Torres. *O Direito à Defesa na Constituição de 1988: proceso administrativo e os acusados em geral*. Río de Janeiro: Renovar, 1991.

PINTO, Fabiana Lopes. *Informatização fiscal: o uso da tecnologia no Sistema Tributário Nacional*. São Paulo, 2012. Tesis de doctorado de Derecho - Programa de Posgraduación en Derecho, Pontificia Universidad Católica de São Paulo.

RIBAS, Lídia Maria Rodrigues Lopes. *Processo administrativo tributário*. São Paulo: Malheiros Editores, 2000.

RIBEIRO, Diego Diniz. O CPC 2015 e seus reflexos no processo administrativo tributário, *en* CARVALHO, Paulo de Barros (coord.). *Racionalização do sistema tributário*. São Paulo: Noeses, 2017.

RODRIGUES, Horácio Wanderley. *Acesso à justiça no direito processual brasileiro*. São Paulo: Acadêmica, 1994.

ROCHA, Sergio André. *Processo administrativo fiscal: controle administrativo do lançamento tributário*. 4.ª ed. Río de Janeiro: Lumen Juris, 2010.

ROCHA, Valdir de Oliveira. *O novo processo administrativo tributário*. São Paulo: IOB, 1996.

SALLES, Ivanhoe Nóbrega de. A tecnología e o direito tributário, *en* NOGUEIRA, Ruy Barbosa (coord.). *Direito tributário*. São Paulo: José Bushatsky, 1969.

SANTI, Eurico Marcos Diniz de. *Kafka, alienação e deformidades da legalidade, exercício do controle social rumo à cidadania fiscal*. São Paulo: Revista dos Tribunais/Fiscosoft, 2014.

–. *Kafka, alienação e deformidades da legalidade: em defesa da ação da OAB contra julgamentos públicos secretos*. Disponible en el siguiente link: <http://s.conjur.com.br/dl/parecer-professor-eurico-marcos-diniz.pdf>. Visto el 19/04/2015.

SEIXAS FILHO, Aurélio Pitanga. *Princípios fundamentais do Direito Administrativo Tributário: a função fiscal*. 2.ª ed. Río de Janeiro: Forense, 2003.

SOBRINHO, Manuel de Oliveira Franco. *O princípio constitucional da moralidade administrativa*. Curitiba: Genesis, 1993.

SUNDFELD, Carlos Ari. Processo e procedimento administrativo no Brasil, *en* SUNDFELD, Carlos Ari y MUÑOZ, Guilhermo Andrés (coords.). *As Leis de Processo Administrativo Lei Federal 9.784/99 e Lei Paulista 10.177/98*. São Paulo: Malheiros Editores, 2000.

TEODORIVICZ, Jeferson. *História disciplinar do Direito Tributário brasileiro*. São Paulo: Dialética, 2017.

TESAURO, Francesco. *Instituições de direito tributário*. São Paulo: IBDT, 2017. Traducción de Fernando Aurelio Zilveti y Laura Fiore Ferreira.

TOMÉ, Fabiana Del Padre. *A prova no direito tributário: de Acordo com o Código de Processo Civil de 2015*. 4.ª ed. São Paulo: Noeses, 2016.

TORRES, Ricardo Lobo. *Curso de direito financeiro e tributário*. 12.ª ed. Río de Janeiro: Renovar, 2005.

TROIANELLI, Gabriel Lacerda. Repetição de Indébito e Compensação: prazos para o seu exercício, en ROCHA, Valdir de Oliveira (coord.). *Problemas de processo judicial tributário*. V. 4. São Paulo: Dialética, 2000.

Uckmar, Victor. El Sistema Tributario: las instituciones, las administraciones fiscales, los contribuyentes, *en* Mello, Celso Antônio Bandeira de (coord.). *Direito Tributário: estudos em homenagem a Geraldo Ataliba*. São Paulo: Malheiros Editores, 1997.

Valero, Luiz Martins. Fiscalização tributária: poderes do Fisco e direitos dos contribuintes, *en* Tôrres, Heleno Taveira; Queiroz, Mary Elbe y Feitosa, Raymundo Juliano (coords.). *Direito tributário e administrativo aplicados*. São Paulo: Quartier Latin, 2005.

Veiga, Lintney Nazareno da. Processo administrativo fiscal, *en Revista de Direito Tributário*. N.° 73. São Paulo: Dialética, 1996.

Villas-Bôas, Marcos de Aguiar. *In dubio pro contribuinte: visão constitucional em busca da proteção dos direitos fundamentais*. São Paulo: MP Editora, 2012.

Vita, Jonathan Barros. Tributação, direito concorrencial e processo: as mudanças das circunstâncias de fato e de direito no campo da ação revisional do art. 505 do CPC/2015, *en* Conrado, Paulo Cesar (coord.). *Processo tributário analítico*. 2.ª ed. V. II. São Paulo: Noeses, 2016.

Xavier, Alberto. *Do lançamento - teoria geral do ato do procedimento e do processo tributário*. Río de Janeiro: Forense, 1997.

–. *Os princípios da legalidade e da tipicidade da tributação*. São Paulo: Revista dos Tribunais, 1978.

–. *Princípios do processo administrativo e judicial tributário*. Río de Janeiro: Forense, 2005.

APÉNDICE I

DECRETO N.° 70.235, DEL 6 DE MARZO DE 1972

Dispone sobre el proceso administrativo fiscal, y de otras medidas

EL PRESIDENTE DE LA REPÚBLICA, utilizando las atribuciones que le confiere el artículo 81, ítem III, de la Constitución y considerando lo dispuesto en el artículo 2 del Decreto-Ley N.° 822, del 5 de setiembre de 1969, decreta:

DISPOSICIÓN PRELIMINAR

Art. 1. Este Decreto regula el proceso administrativo de determinación y exigencia de los créditos tributarios de la Unión y el de consulta sobre la aplicación de la legislación tributaria federal.

CAPÍTULO I

Del Proceso Fiscal

Sección I

De los actos y términos procesales

Art. 2. Los actos y términos procesales, cuando la ley no prescribe una forma determinada, contendrán solo lo que es indispensable para su finalidad, sin espacios en blanco, y no contendrán líneas, tachas o enmiendas inevitables.

Párrafo único. Los actos y términos procesales pueden formalizarse, procesarse, comunicarse y transmitirse en formato digital, según lo regula la ley de administración tributaria (redacción dada por la Ley N.° 12.865, del 2013).

Art. 3. La autoridad local realizará, dentro de treinta días, llevar los actos procesales que deben ser practicados en su jurisdicción, a solicitud de otra autoridad preparadora o juzgadora.

Art. 4. Salvo disposición en contrario, el funcionario ejecutará los actos procesales en el plazo de ocho días.

Sección II

De los plazos

Art. 5. Los plazos serán continuos, excluyendo en su conteo el día de inicio e incluyendo la fecha de vencimiento.

Párrafo único. Los plazos inician o vencen solo en el día normal de trabajo en el organismo donde se llevan a cabo los procedimientos o se debe realizar el acto.

Sección III

Del procedimiento

Art. 7. El procedimiento fiscal comienza con: (ver Decreto N.° 3.724, 2001)

I. El primer acto de oficio, escrito, practicado por un funcionario competente, informado al sujeto pasivo de la obligación tributaria o responsable;

II. La incautación de bienes, documentos o libros;

III. El comienzo de despacho aduanero de bienes importados.

§ 1° El inicio del procedimiento excluye la espontaneidad del sujeto pasivo en relación a los actos anteriores e, independientemente de la notificación a los demás involucrados en las infracciones verificadas.

§ 2° Para los efectos de lo dispuesto en el § 1, los actos a que se refieren los incisos I y II serán válidos por un período de sesenta días, que podrá prorrogarse sucesivamente por un período igual, con cualquier otro acto escrito que indique la continuación de los trabajos.

Art. 8. Los términos que resulten de la actividad fiscalizadora se elaborarán, siempre que sea posible, en un libro fiscal, extrayendo una copia para anexarla al proceso; si no está registrado en un libro, se entregará una copia certificada a la persona fiscalizada.

Art. 9. La exigencia del crédito fiscal y la aplicación de una multa aislada se formalizarán en actas de infracción o notificaciones de determinación, distintos para cada tributo o multa, que deben ser instruidos con todos los términos, declaraciones, informes y otros elementos de prueba indispensables comprobar lo ilícito (redacción dada por la Ley N.° 11941, del 2009).

§ 1° Las actas de infracción y las notificaciones de determinación tratadas en el encabezado de este artículo, formalizadas en relación al mismo sujeto pasivo, pueden ser objeto de un solo proceso, cuando la comprobación de los ilícitos dependa de los mismos elementos de prueba (redacción dada por la Ley N.° 11.196, del 2005).

§ 2° Los procedimientos tratados en este artículo y el artículo 7, será válidos, aunque sean formalizados por un funcionario competente de una jurisdicción distinta de la del domicilio tributario del sujeto pasivo (redacción dada por la Ley N.° 8.748, de 1993).

§ 3° La formalización de la exigencia, en los términos del párrafo anterior, evita la jurisdicción y extiende la competencia de la autoridad que primero conoce de ella (incluido por la Ley N.° 8.748, de 1993).

§ 4° Lo dispuesto en el encabezado de este artículo también se aplica en las hipótesis en que, constatada la infracción a la legislación tributaria, de ella no resulte la exigencia de un crédito tributario (incluido por la Ley N.° 11.941, del 2009).

§ 5° Las actas de infracción y las notificaciones de determinación tratadas en el encabezado de este artículo, formalizadas como resultado de una fiscalización relacionada con el régimen especial unificado de recaudación tributaria, pueden contener una sola determinación para todos los tributos cubiertos por ellas (incluido por la Ley N.° 11.941, del 2009).

§ 6° Las disposiciones del encabezado de este artículo no se aplican a las contribuciones a que se refiere el artículo 3 de la Ley N.° 11.457, del 16 de marzo del 2007 (incluido por la Ley 11.941, del 2009).

Art. 10. El acta de infracción será redactada por funcionario competente, en el lugar donde se verifique la falta, y contendrá obligatoriamente lo siguiente:

I. La información del infractor;

II. El lugar, la fecha y la hora del registro;

III. La descripción del hecho;

IV. La disposición legal infringida y la penalidad aplicable;

V. La determinación de la exigencia y la notificación para el cumplimiento o impugnarla en el plazo de treinta días; y

VI La firma del fiscalizador, la indicación de su cargo o función y el número de registro.

Art. 11. La notificación de determinación será emitida por el órgano que administra el tributo y contendrá obligatoriamente lo siguiente:

I. la información del notificado;

II. el monto del crédito tributario y el plazo para el pago o impugnación;

III. la disposición legal infringida, si corresponde;

IV. la firma del jefe del organismo emisor u otro funcionario autorizado y la indicación de su cargo o función y el número de registro.

Párrafo único. Prescinde de firma la notificación de determinación emitida por proceso electrónico.

Art. 12. El funcionario que verifique la ocurrencia de una infracción a la legislación tributaria federal y no sea competente para formalizar la exigencia, comunicará el hecho, en una representación detallada, a su jefe inmediato, quien tomará las medidas necesarias.

Art. 13. La autoridad preparadora determinará que se le informe, en el proceso, si el infractor es reincidente, según lo define la ley específica, si esa circunstancia no se ha declarado en la formalización de la exigencia.

Art. 14. La impugnación de la exigencia apertura la fase litigiosa del procedimiento.

Art. 14-A. En el caso de la determinación y la exigencia de créditos tributarios de la Unión cuyo sujeto pasivo es un organismo o entidad de derecho público de la administración pública federal, el sometimiento del litigio a la composición extrajudicial por el Fiscal General de la Unión se considerará un reclamo, para fines de lo dispuesto en el inciso III del artículo 151 de la Ley N.° 5.172, del 25 de octubre de 1966 - Código Tributario Nacional (incluido por la Ley N.° 13.140, del 2015) (vigente).

Art. 15. La impugnación, formalizada por escrito e instruida con los documentos en los que se fundamenta, se presentará al órgano preparador dentro de los treinta días, a partir de la fecha en que fue notificada la exigencia.

Párrafo único. (Derogado por la Ley N.° 11.941, del 2009)

Art. 16. La impugnación mencionará:

I. La autoridad a la que se dirige;

II. La información del impugnante;

III. Los fundamentos de hecho y de derecho en las que se basa, los puntos de desacuerdo y las razones y pruebas que tiene (redacción dada por la Ley N.° 8.748, 1993);

IV. Las diligencias o pericias que el impugnante pretende llevar a cabo, exponiendo los motivos que los justifican, con la formulación de las preguntas sobre los exámenes deseados, así como, en el caso de pericia, el nombre, la dirección y la calificación profesional de su perito (redacción dada por la Ley N.° 8.748, de 1993).

V. Si la materia impugnada fue sometida a revisión judicial, debe adjuntarse una copia de la petición (incluida por la Ley N.° 11.196, del 2005).

§ 1° Se considera no formulado el pedido de diligencia o pericia que no cumpla con los requisitos establecidos en el inciso IV del artículo 16 (redacción dada por la Ley N.° 8.748, de 1993).

§ 2° Se prohíbe al impugnante, o su representante legal, usar expresiones injuriosas en los escritos presentados en el proceso, y corresponde al juez, de oficio o a solicitud del ofendido, tacharlos (redacción dada por la Ley N.° 8.748, de 1993).

§ 3° Cuando el impugnante alega derecho municipal, estatal o extranjero, le demostrará el contenido y la validez, si el juez así lo decide (incluido en la Ley 8.748, de 1993).

§ 4° La prueba documental se presentará en la impugnación, prohibiendo el derecho del impugnante a hacerlo en otro momento procesal, salvo que: (redacción dada por la Ley N.° 9.532, de 1997) (vigente)

a) Se demuestra la imposibilidad de su presentación oportuna, por motivo de fuerza mayor (redacción dada por la Ley N.° 9.532, 1997) (vigente);

b) Se refiere al hecho o al derecho que superviene (redacción dada por la Ley N.° 9.532 de 1997) (vigente);

c) Se destina a contrarrestar los hechos o razones que posteriormente se presentaron al expediente (redacción dada por la Ley N.° 9.532, de 1997) (vigente).

§ 5° Para presentar documentos después de impugnar se deberá requerir a la autoridad juzgadora, mediante petición que demuestre, con fundamentos, la ocurrencia de una de las condiciones previstas en el párrafo anterior (redacción dada por la Ley N.° 9.532, de 1997) (vigente).

§ 6° Si la decisión ya ha sido emitida, los documentos presentados permanecerán en el expediente para, si fuese interpuesto recurso, ser revisados por la autoridad juzgadora de segunda instancia (redacción dada por la Ley N.° 9.532, de 1997) (vigente).

Art. 17. Se considera no impugnada la materia que haya sido expresamente contestada por el impugnante (redacción dada por la Ley N.° 9.532, de 1997) (vigente).

Art. 18. La autoridad juzgadora de primera instancia determinará, de oficio o a solicitud del impugnante, la realización de diligencias o pericias, cuando lo considere necesario, rechazando las que considere prescindibles o impracticables, observando lo dispuesto en el artículo 28, *in fine* (redacción dada por la Ley N.° 8.748, de 1993).

§ 1° Otorgado el pedido de pericia, o determinada de oficio, la autoridad designará a un funcionario para que, como perito de la Unión, proceda y notifica al perito del sujeto pasivo para realizar el examen requerido, correspondiendo a ambos presentar los respectivos informes en el plazo que sea fijado según el grado de complejidad de los trabajos a ser ejecutados (redacción dada por la Ley N.° 8.748, de 1993).

§ 2° Los plazos para realizar la diligencia o pericia podrán ser prorrogados, a discreción de la autoridad (redacción dada por la Ley N.° 8.748, de 1993).

§ 3° Cuando, en exámenes posteriores, las diligencias o pericias, realizadas en el curso del proceso, fuesen verificadas imprecisiones, omisiones o inexactitudes que resulten en un agravamiento de la exigencia inicial, innovación o alteración de la base legal de la exigencia, se emitirá un acta de infracción o una notificación de determinación complementaria, otorgando al sujeto pasivo un plazo para impugnar el asunto modificado (redacción dada por la Ley N.° 8.748, de 1993).

Art. 20. En el ámbito de la Secretaría de Ingresos Federales, la designación de funcionario para llevar a cabo los exámenes relacionados a las diligencias o a pericias recaerá en el Auditor Fiscal del Tesoro Nacional (redacción dada por la Ley N.° 8.748, de 1993).

Art. 21. Si la exigencia no se cumple o se impugna, la autoridad preparadora declarará el incumplimiento, y el proceso permanecerá en el órgano preparador, por el plazo de treinta días, para una cobranza amigable (redacción dada por la Ley N.° 8.748, de 1993).

§ 1º En caso de impugnación parcial, si no se cumple la exigencia relativa a la parte no litigiosa del crédito, el órgano preparador, antes de la entrega de los autos al tribunal, organizará la formación de autos separados para la inmediata cobranza de la parte no impugnada, consignando esta circunstancia en el proceso original (redacción dada por la Ley N.º 8.748, de 1993).

§ 2º La autoridad preparadora, después de la declaración de incumplimiento y después del término del plazo previsto en el encabezado de este artículo, procederá, en relación con los productos y otros bienes perdidos en relación de la exigencia no impugnada, en la forma del artículo 63 (redacción dada por la Ley N.º 8.748, de 1993).

§ 3º Agotado el plazo de cobranza amigable sin que se haya pagado el crédito tributario, el órgano preparador declarará al sujeto pasivo deudor negligente y remitirá el proceso a la autoridad competente para promover la cobranza ejecutiva.

§ 4º Lo dispuesto en el párrafo anterior se aplicará a los casos en que el sujeto pasivo no cumpla con las condiciones establecidas para la concesión de moratoria.

Art. 22. El proceso se organizará en orden cronológico y tendrán sus hojas numeradas y rubricadas.

Sección IV

De la notificación

Art. 23. La citación se hará:

I. Personal, por el autor del procedimiento o por el agente del órgano preparador, dentro o fuera de la oficina, probado con la firma del sujeto pasivo, su representante o administrador, o, en caso de rechazo, con declaración escrita de la persona que notifica (redacción dada por la Ley N.º 9.532, de 1997) (vigente).

II. Por correo postal, telegráfico o cualquier otro medio o vía, con comprobante de recepción en el domicilio fiscal elegido por el sujeto pasivo (redacción dada por la Ley N.º 9.532, de 1997) (vigente);

III. Por medios electrónicos, con comprobante de recepción, mediante (redacción dada por la Ley N.º 11.196, del 2005):

a) Envío al domicilio fiscal del sujeto pasivo; o (incluido por la Ley N.º 11.196, del 2005)

b) Registro en medio magnético o equivalente utilizado por el sujeto pasivo (incluido por la Ley N.º 11.196, del 2005);

§ 1º Cuando resulte inútil uno de los medios previsto en el encabezado de este artículo o cuando el sujeto pasivo tiene su inscripción declarada inhabilitada ante el registro tributario, la notificación se puede hacer mediante publicación de edictos: (redacción dada por la Ley 11.941, del 2009)

I. En la dirección de la administración tributaria en Internet (incluida por la Ley N.° 11.196, del 2005);

II. En dependencia, autorizada al público, del órgano a cargo de la notificación; o (incluido por la Ley N.° 11.196, del 2005)

III. Por única vez, en un órgano de prensa oficial local (incluido por la Ley N.° 11.196, del 2005);

§ 2° Se considera hecha la notificación:

I. En la fecha de conocimiento del notificado o la declaración de quien hace la notificación, si es personal;

II. En el caso del inciso II del encabezado de este artículo, en la fecha de recepción o, si se omite, quince días después de la fecha de emisión de la notificación (redacción dada por la Ley N.° 9.532, de 1997) (vigente);

III. Si es por medios electrónicos (redacción dada por la Ley N.° 12.844, del 2013):

a) 15 (quince) días computados a partir de la fecha registrada en el cargo de recepción en el domicilio fiscal del sujeto pasivo (redacción dada por la Ley N.° 12.844, del 2013);

b) En la fecha en que el sujeto pasivo consulte la dirección de correo electrónico que le haya asignado la administración tributaria, si ocurrió antes del plazo previsto en la letra *a*; o (redacción dada por la Ley N.° 12.844, del 2013)

c) En la fecha registrada en el medio magnético o equivalente utilizado por el sujeto pasivo (incluido por la Ley N.° 12.844, del 2013);

IV. 15 (quince) días después de la publicación del edicto, si este fue el medio utilizado (incluido por la Ley N.° 11.196, del 2005);

§ 3° Los medios de notificación previstos en las secciones del encabezado de este artículo no están sujetos al orden de preferencia (redacción dada por la Ley N.° 11.196, del 2005).

§ 4° Para efectos de la notificación, se considera domicilio fiscal del sujeto pasivo (redacción dada por la Ley N.° 11.196, del 2005):

I. La dirección postal proporcionada por él, con fines de registro, a la administración tributaria; y (incluido por la Ley N.° 11.196, del 2005)

II. La dirección electrónica que le asigna la administración tributaria, siempre que lo autorice el sujeto pasivo (incluido por la Ley N.° 11.196, del 2005).

§ 5° La dirección de correo electrónico a la que se hace referencia en este artículo solo se implementará con el consentimiento expreso del sujeto pasivo, y la administración tributaria le informará sobre las reglas y condiciones para su uso y mantenimiento (incluido por la Ley N.° 11.196, del 2005).

§ 6º Los cambios realizados por este artículo serán regulados por acto de administración tributaria (incluido por la Ley N.º 11.196, del 2005).

§ 7º Los Procuradores del Tesoro Nacional serán notificados personalmente de las decisiones del Consejo de Contribuyentes y de la Cámara Superior de Apelaciones Fiscales, del Ministerio de Hacienda en la sesión de las respectivas cámaras después de la formalización del fallo (incluido por la Ley N.º 11.457, del 2007) (vigente).

§ 8º Si los Procuradores del Tesoro Nacional no han sido notificados personalmente dentro de los 40 (cuarenta) días computados a partir de la formalización del fallo del Consejo de Contribuyentes o la Cámara Superior de Apelaciones Fiscales, del Ministerio de Hacienda, los respectivos autos se enviarán y entregarán, mediante protocolo, a la Procuraduría del Tesoro Nacional, con fines de notificación (incluido en la Ley N.º 11.457, del 2007) (vigencia).

§ 9º Los Procuradores del Tesoro Nacional se considerarán notificados personalmente de las decisiones del Consejo de Contribuyentes y la Cámara Superior de Apelaciones Fiscales, del Ministerio de Hacienda, con el término del plazo de 30 (treinta) días computados a partir de la fecha en que los respectivos autos se entregan a la Procuraduría de conformidad con el § 8 de este artículo (incluido por la Ley N.º 11.457 de 2007) (vigencia).

Sección V

De la Competencia

Art. 24. La preparación del caso es responsabilidad de la autoridad local del órgano responsable de la administración del tributo.

Párrafo único. Cuando el acto fue practicado por medio electrónico, la administración tributaria puede asignar la preparación del proceso a la unidad de administración tributaria distinta de la prevista en el encabezado de este artículo (redacción dada por la Ley N.º 11941, del 2009).

Art. 25. El juicio del proceso de exigencia de tributos o contribuciones administrados por la Secretaría de Ingresos Federales compete (ver Decreto N.º 2.562, de 1998) (redacción dada por la Medida Previsional N.º 2.158-35, del 2001):

I. En primera instancia, a las Oficinas Fiscales Federales de Juzgamiento, órganos de deliberación interna y la naturaleza colegiada de la Secretaría de Ingresos Federales (redacción dada por la Medida Provisional N.º 2.158-35, del 2001) (ver Ley N.º 8.748, de 1993);

a) A los Delegados de Ingresos Federales, titulares de Oficinas especializadas en actividades relacionadas con el trámite de procesos, con respecto a tributos y contribuciones administrados por la Secretaría de Ingresos Federales (redacción dada por la Ley N.º 8.748, 1993) (ver Medida Provisional N.º 232, del 2004) (ver Ley N.º 11.119, del 2005).

b) A las autoridades mencionadas en la legislación de cada uno de los otros tributos o, en su defecto, a los jefes de la proyección regional o local de la entidad que administra el tributo, conforme fue establecido por ella.

II. En segunda instancia, ante el Consejo Administrativo de Apelaciones Fiscales, un órgano colegiado, paritario, que forma parte de la estructura del Ministerio de Hacienda, con el poder de juzgar las apelaciones y los voluntarios de decisión de primera instancia, así como las apelaciones de naturaleza especial (redacción dada por la Ley N.° 11.941, del 2009).

§ 1° El Consejo de Apelaciones de Recursos Fiscales estará compuesto por secciones y la Cámara Superior de Apelaciones Fiscales (redacción dada por la Ley N.° 11941, del 2009).

I. (Derogado) (redacción dada por la Ley N.° 11.941, del 2009);

II. (Derogado) (redacción dada por la Ley N.° 11.941, del 2009);

III. (Derogado) (redacción dada por la Ley N.° 11.941, del 2009); y

IV. (Derogado) (redacción dada por la Ley N.° 11.941, del 2009).

§ 2° Las secciones serán especializadas por materia y constarán de cámaras (redacción dada por la Ley N.° 11941, del 2009).

§ 3° La Cámara Superior de Apelaciones Fiscales estará compuesta por Salas, compuestas por los presidentes y vicepresidentes de las Cámaras (redacción dada por la Ley N.° 11941, del 2009).

§ 4° Las Cámaras pueden dividirse en Salas (redacción dada por la Ley N.° 11941, del 2009).

§ 5° El Ministro de Estado de la Hacienda puede crear, en las secciones, Salas especiales, de carácter temporal, con competencia para juzgar procesos que involucran valores menores, que pueden funcionar en las ciudades donde se encuentran las Superintendencias Regionales de Ingresos Federales de Brasil (redacción dada por la Ley N.° 11941, del 2009).

§ 6° (Suspendido) (incluido por la Ley N.° 11.941, del 2009).

§ 7° Las Salas de la Cámara Superior de Apelaciones Fiscales estarán integradas por el Presidente del Consejo Administrativo de Apelaciones Fiscales, el Vicepresidente, los Presidentes y los Vicepresidentes de las Cámaras, respetando la paridad (incluido por la Ley N.° 11.941, del 2009).

§ 8° La presidencia de las Salas de la Cámara Superior de Apelaciones Fiscales estará a cargo del Presidente del Consejo Administrativo de Apelaciones Fiscales y la vicepresidencia, por el consejero representante de los contribuyentes (incluido en la Ley N.° 11941, del 2009).

§ 9° Los cargos de Presidente de las Salas de la Cámara Superior de Apelaciones Fiscales, las Cámaras, sus Salas y Salas especiales serán ocupados por consejeros representantes del Tesoro Nacional, quienes, en caso de empate, tendrán el voto de calidad, y los cargos de vicepresidente, por representantes de los contribuyentes (incluidos en la Ley N.° 11941, del 2009).

§ 10° Los consejeros serán designados por el Ministro de Estado de la Hacienda para un mandato, limitado a las renovaciones, en la forma y dentro del plazo establecido en el reglamento interno (incluido por la Ley N.° 11.941, del 2009).

§ 11° El Ministro de Estado de la Hacienda, observando el debido proceso legal, decidirá sobre la pérdida del mandato de los consejeros que incurran en falta grave, definida en el reglamento interno (incluido por la Ley N.° 11.941, del 2009).

Art. 26. Compete al Ministro de Hacienda, en una instancia especial (ver Medida Provisional N.° 449, del 2008):

I. Juzgar las apelaciones contra decisiones de los Consejos de Contribuyentes, interpuestas por los Procuradores Representantes de Hacienda ante los mismos Consejos (ver Medida Provisional N.° 449, del 2008);

II. Decidir sobre las propuestas de aplicación de equidad presentadas por los Consejos de Contribuyentes (ver Medida Provisional N.° 449, del 2008).

Art. 26-A. En el ámbito del proceso administrativo fiscal, el órgano juzgador tiene prohibido rechazar la solicitud o no cumplir con un tratado, acuerdo internacional, ley o decreto por razones de inconstitucionalidad (redacción dada por la Ley N.° 11.941, del 2009).

§ 1° (Derogado) (redacción dada por la Ley N.° 11.941, del 2009);

§ 2° (Derogado) (redacción dada por la Ley N.° 11.941, del 2009);

§ 3° (Derogado) (redacción dada por la Ley N.° 11.941, del 2009);

§ 4° (Derogado) (redacción dada por la Ley N.° 11.941, del 2009);

§ 5° (Derogado) (redacción dada por la Ley N.° 11.941, del 2009); y

§ 6° (Derogado) (redacción dada por la Ley N.° 11.941, del 2009).

I - Que ya ha sido declarado inconstitucional por decisión definitiva plenaria del Supremo Tribunal Federal (incluido por la Ley N.° 11.941, del 2009);

II - Que fundamenta el crédito tributario objeto de (incluido por la Ley N.° 11.941, del 2009):

a) Renuncia legal a la constitución o acto declaratorio del Procurador General del Tesoro Nacional, de conformidad con los artículos 18 y 19 de la Ley N.° 10.522, del 19 de julio del 2002 (incluido por la Ley N.° 11.941, del 2009);

b) Súmula del Procurador General de la Unión, de conformidad con el artículo 43 de la Ley Complementaria N.° 73, del 10 de febrero de 1993; o (incluido por la Ley N.° 11.941, del 2009)

c) Informes del Procurador General de la Unión aprobados por el Presidente de la República, de conformidad con el artículo 40 de la Ley Complementaria N.° 73, del 10 de febrero de 1993 (incluido por la Ley N.° 11.941, del 2009).

Sección VI

Del pronunciamiento en primera instancia

Art. 27. Los procesos sometidos a consideración de la autoridad juzgadora de primera instancia serán calificados e identificados, teniendo prioridad en el proceso aquellos en que estuviesen presentes las circunstancias de un delito contra el orden tributario o de alto valor, que se define en un acto del Ministro de Estado de la Hacienda (redacción dada por la Ley N.° 9.532 de 1997) (vigente).

Párrafo único. Los procedimientos se juzgarán en el orden y en los plazos establecidos por el acto del Secretario de Ingresos Federales, observando la prioridad mencionada en el encabezado de este artículo (incluido por la Ley N.° 9.532, de 1997) (vigente).

Art. 28. En la decisión en la que fuese juzgada una cuestión preliminar, también se juzgará el mérito, excepto cuando sean incompatibles, y contendrá el rechazo fundamentado de la solicitud de diligencia o pericia, si corresponde (redacción dada por la Ley N.° 8.748, de 1993).

Art. 29. Al evaluar la prueba, la autoridad juzgadora formará libremente su convicción, y podrá determinar las diligencias que considere necesarias.

Art. 30. Los informes u opiniones del Laboratorio Nacional de Análisis, del Instituto Nacional de Tecnología y otros órganos federales similares se adoptarán en los aspectos técnicos de su competencia, salvo que los informes u opiniones sean rechazados.

§ 1° No se considera como aspecto técnico la clasificación fiscal de los productos.

§ 2° La existencia en el proceso de informes técnicos u opiniones no impide que la autoridad juzgadora solicite otros a cualquiera de los órganos mencionados en este artículo.

§ 3° Se atribuirá eficacia a informes técnicos u opiniones sobre productos, emitidos en otros procesos administrativos fiscales y transferidos por certificado literal o copia fiel, en los siguientes casos (redacción dada por la Ley N.° 9.532, de 1997) (vigente):

a) Cuando se trate de productos originarios del mismo fabricante, que tengan la misma denominación, marca y especificación (redacción dada por la Ley N.° 9.532, de 1997) (vigente);

b) Cuando se trate de máquinas, aparatos, equipos, vehículos y otros productos complejos producidos en masa, del mismo fabricante, que tengan las mismas especificaciones, marca y modelo (redacción dada por la Ley N.° 9.532, de 1997) (vigente);

Art. 31. La decisión contendrá un informe resumido del proceso, fundamentos legales, conclusión y orden de notificación, y se referirá expresamente a todas las actas de infracción y notificaciones de determinación objeto del proceso, así como los fundamentos de defensa presentados por el impugnante contra todas las exigencias (redacción dada por la Ley N.° 8.748, de 1993).

Art. 32. Las imprecisiones materiales debido a fallas manifiestas y errores en la redacción o de cálculos existentes en la decisión pueden corregirse de oficio o a petición del sujeto pasivo.

Art. 33. Se puede presentar una apelación voluntaria, total o parcial, contra la decisión, con efecto suspensivo, dentro de los treinta días de haber sido notificada la decisión.

§ 1° (Derogado por la Ley N.° 12.096, del 2009).

§ 2° (Ver ADIn N.° 1.976-7).

§ 3° La inclusión a que se refiere el § 2 se realizará preferentemente sobre bienes inmuebles (redacción dada por la Ley N.° 10.522, del 2002).

§ 4° El Poder Ejecutivo emitirá las normas reglamentarias necesarias para la operacionalización de la lista prevista en el §2 (redacción dada por la Ley N.° 10.522, del 2002).

Art. 34. La autoridad de primera instancia recurrirá de oficio siempre que la decisión:

I. Exonera al sujeto pasivo del pago de tributos y cargos de una multa total (determinación principal y accesorios) que será fijado por acto del Ministro de Estado de la Hacienda (redacción dada por la Ley N.° 9.532, de 1997) (vigente).

II. No aplicar la sanción por pérdida de productos u otros bienes en relación con la infracción denunciada en la formalización de la exigencia.

§ 1° La apelación se presentará mediante una declaración en la propia decisión.

§ 2° Si no se presenta la apelación, el funcionario que verifica el hecho representará a la autoridad juzgadora, a través de su jefe inmediato, en el sentido de que sea observada esa formalidad.

Art. 35. La apelación, incluso prescrito, se remitirá al órgano de segunda instancia, que juzgará la prescripción.

Art. 36. La decisión de primera instancia no puede reconsiderarse.

Sección VII

Del pronunciamiento en segunda instancia

Art. 37. El fallo del Consejo Administrativo de Apelaciones Fiscales se realizará según lo dispuesto en los reglamentos internos (redacción dada por la Ley 11.941 de 2009).

§ 1° (Derogado por el Decreto N.° 83.304, de 1979)

§ 2° Se puede presentar un recurso especial ante la Cámara Superior de Apelaciones Fiscales, en el plazo de 15 (quince) días desde que el interesado ha tomado conocimiento: (redacción dada por la Ley 11941 del 2009)

I. (Suspendido) (redacción dada por la Ley N.° 11.941, del 2009)

II. Decisión que le da a la ley tributaria una interpretación diferente de la que le dio otra Cámara, Sala de Cámara, Sala especial o la Cámara Superior de Apelaciones Fiscales (redacción dada por la Ley N.° 11.941, del 2009)

§ 3° Corresponderá pedido de reconsideración, con efecto suspensivo, en el plazo de treinta días, contados desde que se puso en conocimiento: (ver Ley N.° 11.941, del 2009)

I. (Derogado) (redacción dada por la Ley N.° 11.941, del 2009); y

II. (Derogado) (redacción dada por la Ley N.° 11.941, del 2009).

Art. 38. El juicio en otros órganos de la administración federal se realizará de conformidad con su propia legislación o, en su defecto, según lo dispuesto por el órgano que administra el impuesto.

Sección VIII

Del pronunciamiento en instancia especial

Art. 39. No corresponde solicitud de reconsideración de un acto del Ministro de Hacienda que juzga o decide las materias dentro de su jurisdicción.

Art. 40. Las propuestas de aplicación de equidad presentadas por los Consejos de Contribuyentes tendrán en cuenta las características personales o materiales de las especies juzgadas y se limitarán a la exención total o parcial de la penalidad pecuniaria, en los casos en que no haya reincidencia o evasión, fraude o colusión.

Art. 41. El órgano preparador informará al sujeto pasivo de la decisión del Ministro de Hacienda y lo notificará, según sea el caso, para que la cumpla en el plazo de treinta días.

Sección IX

De la eficacia y la ejecución de las decisiones

Art. 42. Son definitivas las decisiones:

I. De primera instancia agotado el plazo para recurso voluntario sin que este haya sido interpuesto;

II. De segunda instancia que no corresponde una apelación o, en su caso, cuando transcurra el plazo sin su interposición; y

III. De instancia especial.

Párrafo único. Las decisiones de primera instancia también serán definitivas en la medida en que no estén sujetas a recurso voluntario o no estén sujetas a un recurso de oficio.

Art. 43. La decisión definitiva contra el sujeto pasivo se cumplirá en el plazo para cobranza amigable establecido en el artículo 21 y, en caso de incumplimiento, se aplicará lo dispuesto en el § 3 de dicho artículo.

§ 1° El monto depositado para evitar la corrección monetaria del crédito tributario o para liberar bienes se convertirá en ingresos si el sujeto pasivo no comprueba, dentro del plazo legal, la presentación de una acción judicial.

§ 2° Si el monto depositado no es suficiente para cubrir el crédito tributario, se aplicará a la cobranza de lo restante lo dispuesto en el encabezado de este artículo; si excede la cantidad requerida, la autoridad promoverá el reembolso de la cantidad excedente, de acuerdo con la legislación específica.

Art. 44. La decisión que declare la pérdida de mercadería u otros bienes será ejecutada por el órgano preparador, después del plazo establecido en el artículo 21, de acuerdo con la legislación aplicable.

Art. 45. En el caso de una decisión definitiva favorable al sujeto pasivo, se exigirá a la autoridad preparadora que lo exonere, de oficio, de los gravámenes derivados del litigio.

CAPÍTULO II

Del proceso de Consulta

Art. 46. El sujeto pasivo podrá formular consulta sobre dispositivos de la legislación tributaria aplicables a un hecho determinado (ver Ley N.° 9.430, de 1996).

Párrafo único. Los órganos de la administración pública y las entidades que representan categorías económicas o profesionales también podrán formular consultar.

Art. 47. La consulta debe presentarse por escrito, en el domicilio fiscal del consultante, al órgano local de la entidad encargada de administrar el tributo sobre el que versa (ver la Ley N.° 9.430, de 1996).

Art. 48. Salvo lo dispuesto en el siguiente artículo, ningún procedimiento fiscal se instaurará contra el sujeto pasivo respecto a la especie consultada, desde la presentación de la consulta hasta el trigésimo día siguiente a la fecha de conocimiento: (ver Ley N.° 9.430, de 1996)

I. De la decisión de primera instancia contra la cual no se ha presentado ningún recurso; y

II. De decisión de segunda instancia.

Art. 49. La consulta no suspende el plazo para el pago de impuestos, retenido en la fuente o autodeterminación antes o después de su presentación, ni el plazo para presentar una declaración de ingresos (ver Ley N.° 9.430, de 1996).

Art. 50. La decisión de segunda instancia no requiere el pago de tributos que ya no fueron retenidos o autodeterminados después de la decisión reformada y de acuerdo con su orientación, en el período comprendido entre las fechas de conocimiento de las dos decisiones (ver Ley N.° 9.430, de 1996).

Art. 51. En el caso de consulta formulada por una entidad representativa de categoría económica o profesional, los efectos a que se refiere el artículo 48 tan solo alcanzan a sus asociados o afiliados después de que el consultante es informado de la decisión (ver Ley N.° 9.430, de 1996).

Art. 52. No producirá efecto la consulta formulada: (ver Ley N.° 9.430, de 1996)

I. En desacuerdo con los artículos 46 y 47;

II. Por aquellos que han sido notificados para cumplir con una obligación relacionada con el hecho objeto de la consulta;

III. Por quienes están bajo procedimiento fiscal iniciado para determinar hechos relacionados con la materia consultada;

IV. Cuando el hecho ya ha sido objeto de una decisión previa, todavía no modificada, emitida en consulta o litigio en que haya sido parte el consultante;

V. Cuando el hecho es regulado en un acto normativo, publicado antes de su presentación;

VI. Cuando el hecho estuviese definido o declarado en la disposición literal de una ley;

VII. Cuando el hecho fuese definido como un delito o una falta;

VIII. Cuando no describe, completa o exactamente, la hipótesis a la que se refiere, o no contiene los elementos necesarios para su solución a menos que la inexactitud u omisión sea excusable, a discreción de la autoridad juzgadora.

Art. 53. La preparación del proceso compete al órgano local de la entidad a cargo de la administración del tributo (ver Ley N.° 9.430, de 1996).

Art. 54. El conocimiento compete: (ver Ley N.° 9.430, de 1996)

I. En primera instancia:

a) Los Superintendentes Regionales de Ingreso Federal, en relación a los tributos administrados por la Secretaría de Ingresos Federales, cumpliendo, a su juicio, con la orientación emanada de los actos normativos de la Coordinación del Sistema Tributario;

b) Las autoridades a que se refiere el artículo 25, inciso 1, letra b).

II. En segunda instancia:

a) El Coordinador del Sistema Tributario, de la Secretaría de Ingresos Federales, excepto los impuestos incluidos en la competencia juzgadora de otro órgano de la administración federal;

b) La autoridad mencionada en la legislación tributaria, excepto en el párrafo anterior o, en ausencia de esa indicación, a la autoridad designada por la entidad que administra el tributo.

III. En instancia única, al Coordinador del Sistema Tributario, en relación con las consultas sobre los tributos administrados por la Secretaría de Ingresos Federales y formulados:

a) Clasificación fiscal de bienes;

b) Por los órganos centrales de la administración pública;

c) Por entidades que representan categorías económicas o profesionales, de ámbito nacional.

Art. 55. Compete a la autoridad juzgadora declarar la ineficacia de la Consulta (ver Ley N.° 9.430, de 1996).

Art. 56. Cabe recurso voluntario, con efecto suspensivo, de decisión de primera instancia, dentro de los treinta días contados desde el conocimiento (ver Ley N.° 9.430, de 1996).

Art. 57. La autoridad de primera instancia impugnará la decisión favorable al consultante (ver Ley N.° 9.430, de 1996).

Art. 58. No cabe pedido de reconsideración de una decisión emitida en el proceso de consulta, inclusive la que declara su ineficacia (ver Ley N.° 9.430, de 1996).

CAPÍTULO III
De las nulidades

Art. 59. Son nulos:

I. Los actos y términos redactados por una persona incompetente;

II. Las órdenes y decisiones emitidas por una autoridad incompetente o sin tomar en cuenta el derecho de defensa.

§ 1° La nulidad de cualquier acto solo perjudica a los actos posteriores que dependen directamente de él o son una consecuencia.

§ 2° En la declaración de nulidad, la autoridad establecerá los actos alcanzados, y determinará las medidas necesarias para continuar o resolver el proceso.

§ 3° Cuando puede decidir sobre los méritos a favor del sujeto pasivo a quien se aprovecharía la declaración de nulidad, la autoridad juzgadora no lo pronunciará ni hará que se repita o compense la falta (redacción dada por la Ley N.° 8.748, de 1993).

Art. 60. Las irregularidades, inexactitudes y omisiones diferentes de las mencionadas en el artículo anterior no provocarán la nulidad y serán saneadas cuando resulten en perjuicio del sujeto pasivo, salvo que este las haya causado, o cuando no influyan en la solución del litigio.

Art. 61. La autoridad competente declarará la nulidad para realizar el acto o para juzgar su legitimidad.

CAPÍTULO IV

Disposiciones Finales y Transitorias

Art. 62. Durante la vigencia de una orden judicial que determina la suspensión de la cobranza del tributo, no se iniciará procedimiento fiscal contra el sujeto pasivo favorecido por la decisión, en relación con la materia que versa la orden de suspensión.

Párrafo único. Si la medida se refiere a la materia objeto del proceso fiscal, el curso de este no será suspendido, excepto por actos exigibles.

Art. 63. El destino de los bienes u otras propiedades incautadas o entregadas como garantía para el pago del crédito tributario deberá cumplir con las normas establecidas por la legislación aplicable.

Art. 64. Los documentos que instruyen el proceso pueden ser devueltos, en cualquier etapa, a solicitud del sujeto pasivo, siempre que la medida no perjudique las instrucciones y quede una copia certificada en el proceso.

Art. 64-A. Los documentos que instruyen el proceso pueden ser objeto de digitalización, de acuerdo a lo dispuesto en los artículos 1 y 3 de la Ley N.° 12.682, del 9 de julio del 2012 (incluido por la Ley N.° 12.865, del 2013).

Art. 64-B. En el proceso electrónico, los actos, documentos y términos que lo instruyen pueden ser digitales o producidos por medio de digitalización, observando las disposiciones de la Medida Provisional 2.200-2, del 24 de agosto del 2001 (incluido por la Ley N.° 12.865, del 2013).

§ 1° Los actos, términos y documentos presentados para su digitalización por la administración tributaria y almacenados electrónicamente tienen el mismo valor probatorio que sus originales (incluido por la Ley N.° 12.865, del 2013).

§ 2° Los registros de procesos electrónicos, o parte de ellos, que deben enviarse a órganos o entidades que no tienen un sistema de almacenamiento y procesamiento compatible pueden enviarse en papel o digitalmente, según lo regula la administración tributaria (incluido por la Ley N.° 12.865, del 2013).

§ 3° Las matrices físicas de los actos, términos y documentos digitalizados y almacenados electrónicamente, de conformidad con el § 1, pueden descartarse, de acuerdo con la regulación (incluido por la Ley N.° 13.097, del 2015).

Art. 65. Lo dispuesto en este Decreto no perjudicará la validez de los actos realizados de conformidad con la legislación anterior.

§ 1° La preparación de los procesos pendientes. hasta la decisión de primera instancia, continuará rigiéndose por la legislación anterior.

§ 2° Los plazos iniciados antes de la entrada en vigencia de este Decreto no cambiarán.

Art. 66. El Consejo Superior de Tarifa pasa a llamarse 4° Consejo de Contribuyentes.

Art. 67. Los Consejos de Contribuyentes, en el plazo de noventa días, adaptarán sus reglamentos internos a las disposiciones de este Decreto.

Art. 68. Derógase las disposiciones en contrario.

Brasilia, 6 de marzo de 1972;

151° de la Independencia y 84° de la República.

EMÍLIO G. MÉDICI

Antônio Delfim Netto

APÉNDICE II

DECRETO N.° 7.574, DEL 29 DE SEPTIEMBRE DEL 2011

Regula el proceso de determinación y de exigencia de créditos tributarios de la Unión, el proceso de consulta sobre la interpretación de la legislación tributaria y aduanera, la clasificación fiscal de mercaderías, la clasificación de servicios, intangibles y de otras operaciones que produzcan variaciones en el patrimonio y de otros procesos que especifica, sobre materias administradas por la Secretaría de Hacienda de Brasil (Redacción dada por el Decreto 8.853, de 2016).

LA PRESIDENTA DE LA REPÚBLICA, en el uso de la atribución que le confiere el artículo 84, inciso IV, de la Constitución,

DECRETA:

Art. 1. El proceso de determinación y de exigencia de créditos tributarios de la Unión, el proceso de consulta sobre la interpretación de la legislación tributaria y aduanera, la clasificación fiscal de mercaderías, la clasificación de servicios, intangibles y de otras operaciones que produzcan variaciones en el patrimonio y de otros procesos administrativos relacionados con materias de competencia de la Secretaría de la Hacienda de Brasil serán regidos según lo dispuesto en este Decreto (Redacción dada por el Decreto 8.853, del 2016).

TÍTULO I
DE LAS NORMAS GENERALES
CAPÍTULO I
DE LOS ACTOS Y DE LOS TÉRMINOS PROCESALES
Sección I
De la Forma

Art. 2. Los actos y términos procesales, cuando la ley no prescriba su propia forma, contendrán tan solo lo indispensable para su propósito y serán redactados sin espacios en blanco, y no contendrán líneas, tachas o enmiendas inevitables (Decreto N.° 70.235, del 6 de marzo de 1972, art. 2°).

Párrafo único. Los actos y términos procesales pueden formalizarse, tramitarse, comunicarse y transmitirse en formato digital, según lo regule en acto de la administración tributaria (redacción dada por el Decreto N.° 8.853, del 2016).

Art. 3. Los términos resultantes de la actividad fiscalizadora serán labrados, siempre que sea posible, en un libro fiscal, con una copia para anexarlo al proceso.

Párrafo único. En la hipótesis de que el término no sea labrado en el libro fiscal, se deberá entregar una copia certificada a la persona fiscalizada (Decreto N.° 70.235, de 1972, art. 8°).

Art. 4. Se dispensa el reconocimiento de firma en peticiones dirigidas a la administración pública, excepto en casos excepcionales o en aquellos casos en los que la ley imponga explícitamente esta condición, y en caso de duda sobre la autenticidad de la firma o cuando la medida sirva para proteger el sigilo, antes de la decisión final, se exige que el solicitante pruebe su identidad (Ley N.° 4.862, del 29 de noviembre de 1965, art. 31).

Art. 5. El proceso se organizará en orden cronológico y sus páginas serán enumeradas y rubricadas o autenticadas electrónicamente (Decreto N.° 70.235, de 1972, párrafo único del art. 2° y art. 22°).

Sección II
De la práctica de los actos
Subsección I
Del local

Art. 6°. Los actos serán labrados por un servidor competente en el lugar de la verificación de la falta (Decreto N.° 70.235, de 1972, art. 10).

Párrafo único. Se considera lugar de verificación de la falta a aquel en el que se verifica la existencia de la infracción, pudiendo ser incluso en la entidad de la Hacienda, frente a los elementos de prueba disponibles.

Subsección II
De los plazos

Art. 7°. El plazo para que la autoridad local realice los actos procesales que deba realizar en su jurisdicción, a solicitud de otra autoridad preparadora o juzgadora, es de treinta días, contados a partir de la fecha en la que reciba la solicitud (Decreto N.° 70.235, de 1972, art. 3°).

Art. 8°. Salvo disposición en contrario, el plazo para que el servidor ejecute los actos procesales es de ocho días, contados a partir de la fecha del conocimiento de la designación (Decreto N.° 70.235, de 1972, art. 4°).

Art. 9°. Los plazos serán continuos, comenzando y venciendo el día normal de trabajo de la unidad de la Secretaría de Ingresos Federales de Brasil donde se lleva a cabo el proceso o se debe realizar el acto (Decreto N.° 70.235, de 1972, art. 5°).

Párrafo único. En el cómputo de los plazos, se excluye el día de inicio y se incluye el día de vencimiento.

Sección III
De las notificaciones
Subsección I
De la forma

Art. 10. Las formas de notificaciones son las siguientes:

I. Personal, por el autor del procedimiento o por el agente del órgano administrativo, dentro o fuera del ente, probada con la firma del sujeto pasivo, su representante o administrador, o, en el caso de rechazo, con la declaración escrita de quien lo notifica (Decreto N.° 70.235, de 1972, art. 23, inciso I, con la redacción dada por la Ley N.° 9.532, del 10 de diciembre de 1997, art. 67);

II. Por vía postal o cualquier otro medio o vía, con la prueba de haber recibido en el domicilio tributario elegido por el sujeto pasivo (Decreto N.° 70.235, de 1972, art. 23, inciso II, con la redacción dada por la Ley N.° 9.532, de 1997, art. 67);

III. Por medio electrónico, con la prueba de haber recibido, mediante:

a) Envío al domicilio tributario del sujeto pasivo; o

b) Registro en un medio magnético o equivalente utilizado por el sujeto pasivo (Decreto N.° 70.235, de 1972, art. 23, inciso III, con la redacción dada por la Ley N.° 11.196, del 2005, art. 113); o

IV. Mediante edicto, cuando resulte inútil uno de los medios previstos en los incisos I a III del encabezado o cuando la inscripción del sujeto pasivo se declare inapta ante el registro fiscal, publicado (Decreto N.° 70.235, de 1972, art. 23, § 1°, con la redacción dada por la Ley N.° 11.941, del 27 de mayo del 2009, art. 25):

a) En la dirección electrónica de la administración tributaria;

b) En dependencia, puesta a disposición del público, del organismo encargado de la notificación; o

c) Una única vez, en una agencia de la prensa local oficial.

§ 1°. La utilización de las formas de notificación previstas en los incisos I a III no está sujeta a una orden de preferencia (Decreto N.° 70.235, de 1972, art. 23, § 3°, con la redacción dada por la Ley N.° 11.196, del 2005, art. 113).

§ 2°. Para efectos de notificación mediante las formas previstas en los incisos II y III, se considera domicilio tributario del sujeto pasivo (Decreto N.° 70.235, de 1972, art. 23, § 4°, con la redacción dada por la Ley N.° 9.532, de 1997, art. 67):

I. La dirección postal proporcionada a la administración tributaria para fines de registro; y

II. La dirección electrónica asignada por la administración tributaria, siempre que lo autorice el sujeto pasivo (Decreto N.° 70.235, de 1972, art. 23, § 4°, inciso II, con la redacción dada por la Ley N.° 11.196, del 2005, art. 113).

§ 3°. La dirección electrónica tratada en el inciso II del § 2° tan solo se implementará con el consentimiento expreso del sujeto pasivo, y la administración tributaria le informará sobre las normas y condiciones de su uso y mantenimiento (Decreto N.° 70.235, de 1972, art. 23, § 5°, con la redacción dada por la Ley N.° 11.196, del 2005, art. 113).

§ 4°. La Secretaría de Ingresos Federales de Brasil emitirá actos complementarios a las normas previstas en este artículo (Decreto N.° 70.235, de 1972, art. 23, § 6°, con la redacción dada por la Ley N.° 11.196, del 2005, art. 113).

Subsección II

Del Momento

Art. 11. La notificación se considera realizada (redacción dada por el Decreto N.° 8.853, del 2016):

I. Si es personal, cuando el notificado tome conocimiento o con la declaración de rechazo labrada por el servidor responsable por la notificación;

II. Si es por vía postal, en la fecha que se reciba o, si se omite, quince días después de la fecha de emisión de la notificación (Decreto N.° 70.235, de 1972, art. 23, § 2°, inciso II, con la redacción dada por la Ley 9.532, de 1997, art. 67);

III. Si es por medio electrónico (redacción dada por el Decreto N.° 8.853, del 2016):

a) Quince días, contados a partir de la fecha registrada en el comprobante de entrega en el domicilio tributario del sujeto pasivo (redacción dada por el Decreto N.° 8.853, del 2016);

b) En la fecha en que el sujeto pasivo consulte la dirección electrónica que le haya asignado la administración tributaria, si ocurre antes del plazo previsto en la letra 'a' (redacción dada por el Decreto N.° 8.853, del 2016): o

c) En la fecha registrada en el medio magnético o equivalente utilizado por el sujeto pasivo (incluido por el Decreto N.° 8.853, del 2016); o

IV. Si es mediante edicto, quince días después de su publicación (Decreto N.° 70.235, de 1972, art. 23, § 2°, inciso IV, con la redacción dada por la Ley N.° 9.532, de 1997, art. 67, y por la Ley N.° 11.196, del 2005, art. 113).

Sección IV

De las nulidades

Art. 12. Son nulos (Decreto N.° 70.235, de 1972, art. 59):

I. Los actos y los términos labrados por una persona incompetente; y

II. Las órdenes y decisiones emitidas por una autoridad incompetente o sin tomar en cuenta el derecho de defensa.

§ 1°. La nulidad de cualquier acto solo perjudica los actos posteriores que dependen directamente de él o sean consecuencia.

§ 2°. En la declaración de nulidad, la autoridad indicará los actos realizados y determinará las medidas necesarias para la continuación o solución del proceso.

§ 3°. Cuando pudiera decidir el mérito a favor del sujeto pasivo a quien serviría la declaración de nulidad, la autoridad juzgadora no la pronunciará ni ordenará que se repita el acto o subsane la falta.

Art. 13. Las irregularidades, inexactitudes y omisiones diferentes a las referidas en el artículo 12 no provocarán la nulidad y serán subsanadas cuando sean perjudiciales para el sujeto pasivo, a menos que este les hubiera dado causa, o cuando no influyan en la solución de la controversia (Decreto N.° 70.235, de 1972, art. 60).

Art. 14. La nulidad será declarada por la autoridad competente para realizar el acto o juzgar su legitimidad (Decreto N.° 70.235, de 1972, art. 61).

CAPÍTULO II

DE LA COMPETENCIA PARA PREPARAR EL PROCESO

Art. 15. La preparación del proceso compete a la autoridad local de la unidad de la Secretaría de Ingresos Federales de Brasil encargada de administrar el tributo (Decreto N.° 70.235, de 1972, art. 24).

Párrafo único. Cuando el acto fuese practicado por medio electrónico, la administración tributaria podrá atribuir la preparación del proceso a la unidad de la administración tributaria diversa de la prevista en el encabezado (incluido por la Ley N.° 11941, del 2009, art. 25).

Art. 16. La autoridad preparadora determinará que se le informe, en el proceso, si el infractor es reincidente, tal como se define en una ley específica, si esa circunstancia no hubiese sido declarada en la formalización de la exigencia, reabriéndose el plazo para la impugnación (Decreto N.° 70,235, de 1972, art. 13).

CAPÍTULO III

DEL EXAMEN DE LIBROS Y DOCUMENTOS

Art. 17. A los efectos de la legislación tributaria, no tienen aplicación cualesquiera disposiciones legales que excluyan o limiten el derecho de examinar mercaderías, libros, archivos, documentos, papeles y efectos comerciales o fiscales, de los empresarios y de las sociedades, o de la obligación que tienen estos para exhibirlos (Ley N.° 5.172, del 25 de octubre de 1966 - Código Tributario Nacional, art. 195; Ley N.° 10.406, del 10 de enero del 2002 - Código Civil, art. 1.179).

§ 1. Los libros obligatorios de contabilidad comercial y fiscal y los comprobantes de las determinaciones realizadas en ellos se conservarán hasta que ocurra la prescripción de los créditos tributarios derivados de las operaciones a que se refieran (Ley N.° 5.172, de 1966 - Código Tributario Nacional, art. 195, párrafo único; Ley N.° 8.212, del 24 de julio de 1991, art. 32, § 11, con la redacción dada por la Ley N.° 11.941, del 2009, art. 26).

§ 2. Los comprobantes de la contabilidad comercial y fiscal relativos a hechos que repercuten en determinaciones contables de ejercicios futuros se conservarán hasta que se opere la caducidad del derecho que tiene la Hacienda Pública para constituir los créditos tributarios relacionados con esos ejercicios (Ley N.° 9.430, del 27 de diciembre de 1996, art. 37).

Art. 18. Los documentos guardados en archivos magnéticos o similares, encontrados en el lugar de la verificación, que estén directa o indirectamente relacionados con la actividad realizada por el sujeto pasivo, también serán analizados (Ley N.° 9.430, de 1996, art. 34).

Art. 19. Los libros y documentos pueden ser examinados fuera del establecimiento del sujeto pasivo, siempre que la autoridad tributaria deje por escrito la retención, donde se especifiquen la cantidad, tipo, naturaleza y condiciones de los libros y documentos retenidos (Ley N.° 9.430, de 1996, art. 35).

Párrafo único. Los originales de los libros y de los documentos retenidos deben ser devueltos, mediante un recibo, a menos que constituyan prueba de la práctica del ilícito penal o tributario, en cuyo caso permanecerán retenidos, sacándose una copia para entregar al interesado (Ley N.° 9.430, de 1996, art. 35, §§ 1° y 2°).

Art. 20. La autoridad fiscal responsable de la diligencia o fiscalización podrá promover el lacrado de muebles, cajas, cajas fuertes o depósitos donde se encuentren archivos y documentos, siempre que quede caracterizada la resistencia o impedimento a la inspección, o también cuando las circunstancias o la cantidad de documentos no permitan su identificación y verificación en el lugar o en el momento en que fueron encontrados (Ley N.° 9.430, de 1996, art. 36).

Párrafo único. El sujeto pasivo y los demás responsables serán notificados con anticipación para que acompañen el procedimiento de ruptura del lacrado e identifiquen los elementos de interés de la fiscalización (Ley N.° 9.430, de 1996, art. 36, párrafo único).

Art. 21. El sujeto pasivo, usuario de los sistemas de procesamiento de datos, deberá mantener la documentación técnica completa y actualizada del sistema, suficiente para permitir su auditoría, pudiendo mantenerlo en medio magnético, sin perjuicio de su emisión gráfica, cuando se le solicite (Ley N.° 9.430, de 1996, art. 38).

Art. 22. Las personas jurídicas que utilicen sistemas electrónicos de procesamiento de datos para registrar actividades comerciales y económicas o financieras, registrar libros o elaborar documentos de naturaleza contable o fiscal quedan obligadas a mantener, a disposición de la Secretaría de Ingresos Federales de Brasil, los respectivos archivos y sistemas digitales, por el plazo de caducidad previsto en la legislación tributaria (Ley N.° 8.218, del 29 de agosto de 1991, art. 11, con la redacción dada por la Medida Provisional N.° 2.158-35, del 24 de agosto del 2001, art. 72).

§ 1. La Secretaría de Ingresos Federales de Brasil podrá establecer un plazo inferior al previsto en el encabezado, que podrá diferenciarse de acuerdo con el tamaño de la persona jurídica (Ley N.° 8.218, de 1991, art. 11, § 1°, con la redacción dada por la Medida Provisional 2.158-35, del 2001, art. 72).

§ 2. La Secretaría de Ingresos Federales de Brasil emitirá los actos necesarios para establecer la forma y el plazo en el que se presentarán los archivos y sistemas digitales (Ley N.° 8.218, de 1991, art. 11, § 3°, con la redacción dada por la Medida Provisional N.° 2.158-35, del 2001, art. 72).

§ 3. Los actos mencionados en el § 2° podrán ser emitidos por una autoridad designada por el Secretario de Ingresos Federales de Brasil (Ley N.° 8.218, de 1991, art. 11, § 4°, con la redacción dada por la Medida Provisional N.° 2.158-35, del 2001, art. 72).

CAPÍTULO IV
DEL DEBER DE PRESTAR INFORMACIONES

Art. 23. Los órganos de la Secretaría de Ingresos Federales de Brasil, y los Auditores Fiscales de la Hacienda de Brasil, en el uso de sus atribuciones legales, podrán solicitar informaciones y aclaraciones al sujeto pasivo o a terceros, siendo las declaraciones, o la negativa de prestarlas, labradas por la autoridad administrativa y firmadas por el declarante (Ley N.° 2.354, del 29 de noviembre de 1954, art. 7; Decreto-Ley N.° 1.718, del 27 de noviembre de 1979, art. 2°; Ley N.° 5.172, de 1966 - Código Tributario Nacional, arts. 196 y 197; Ley N.° 11.457, del 16 de marzo del 2007, art. 10).

Párrafo único. La obligación referida en el encabezado no abarca la prestación de informaciones sobre hechos de los cuales el informante está legalmente obligado a guardar el secreto debido a su cargo, oficio, función, actividad o profesión (Ley N.° 5.172, de 1966 - Código Tributario Nacional de 1966, art. 197, párrafo único).

CAPÍTULO V
DE LAS PRUEBAS

Art. 24. Todos los medios de prueba admitidos en el derecho son hábiles para comprobar la verdad de los hechos (Ley N.° 5.869, del 11 de enero de 1973, art. 332).

Párrafo único. Las pruebas obtenidas por medios ilícitos son inadmisibles en el proceso administrativo (Ley N.° 9.784 del 29 de enero de 1999, art. 30).

Art. 25. Las actas de infracción o las notificaciones de determinación deberán estar instruidas con todos los términos, declaraciones, laudos y demás elementos de pruebas indispensables para la comprobación del acto ilícito (Decreto N.° 70.235, de 1972, art. 9°, con la redacción dada por la Ley N.° 11.941, del 2009, art. 25).

Art. 26. La contabilidad mantenida de conformidad con las disposiciones legales constituye prueba a favor del sujeto pasivo de los hechos registrados en ella y comprobados por documentos hábiles, según su naturaleza, o así definidos en los preceptos legales (Decreto Ley N.° 1.598, del 26 de diciembre de 1977, art. 9°, § 1°).

Párrafo único. La autoridad fiscal tiene que demostrar la falta de veracidad de los hechos registrados con observancia de lo dispuesto en el encabezado (Decreto-Ley N.° 1.598, de 1977, art. 9°, § 2°).

Art. 27. Lo dispuesto en el párrafo único del artículo 26 no se aplica a los casos en los que la ley, por disposición especial, atribuya al sujeto pasivo la carga de la prueba de hechos registrados en su contabilidad (Decreto-Ley N.° 1.598, de 1977, art. 9°, § 3°).

Art. 28. La parte interesada tiene que probar los hechos que haya alegado, sin perjuicio del deber atribuido al órgano competente para la instrucción y sin perjuicio de lo dispuesto en el artículo 29 (Ley N.° 9.784, de 1999, art. 36).

Art. 29. Cuando la parte interesada declare que hechos y datos están registrados en documentos existentes en la propia administración responsable por el proceso o en otro órgano administrativo, el órgano competente para la instrucción proporcionará, de oficio, la obtención de los documentos o copias de la misma (Ley N.° 9.784, de 1999, art. 37).

TÍTULO II

DEL PROCESO DE DETERMINACIÓN Y EXIGENCIA DE CRÉDITOS TRIBUTARIOS

CAPÍTULO I

DEL PROCEDIMIENTO FISCAL

Sección I

De la aplicación en el tiempo de las normas procedimentales relativas a la determinación

Art. 30. Se aplica a la determinación la legislación que, posteriormente a la ocurrencia del hecho generador de la obligación tributaria, haya instituido nuevos criterios de cálculo o procesos de fiscalización, ampliando los poderes de investigación de las autoridades fiscales u otorgando al crédito tributario mayores garantías o privilegios, excepto, en este último caso, con el propósito de atribuir responsabilidad tributaria a terceros (Ley N.° 5.172, de 1966 - Código Tributario Nacional, art. 144, § 1°).

Sección II

De la competencia para realizar la determinación

Art. 31. La determinación de oficio compete al Auditor Fiscal de la Hacienda de Brasil, pudiendo la exigencia del crédito tributario ser formalizada en un acta de infracción o en una notificación de determinación (redacción dada por el Decreto N.° 8.853, del 2016)

Párrafo único. El funcionario que verifique la ocurrencia de una infracción a la legislación tributaria federal y no fuera competente para formalizar la exigencia resultante comunicará el hecho, en representación detallada, a su jefe inmediato para la adopción de las medidas necesarias (Decreto N.° 70.235, de 1972, art. 12)

Art. 32. La competencia para fiscalizar el cumplimiento de las obligaciones principales y accesorias relacionadas con el Régimen Especial Unificado de Recaudación de Tributos y Contribuciones debidos por las Microempresas y Empresas de Pequeño Porte - Simple Nacional y para verificar la ocurrencia de las hipótesis de exclusión de oficio es de las Secretaría de Ingresos Federales de Brasil y de las Secretarías de Hacienda o de Finanzas del Estado o del Distrito Federal, según la ubicación del establecimiento y, tratándose de prestaciones de servicios incluidos en la competencia tributaria municipal, la competencia también será del propio Municipio (Ley Complementaria N.° 123, del 14 de diciembre del 2006, art. 33).

Sección III

Del inicio del procedimiento fiscal

Art. 33. El procedimiento fiscal comienza con (Decreto N.° 70.235, de 1972, art. 7°):

I. El primer acto de oficio, por escrito, practicado por un servidor competente, informando al sujeto pasivo de la obligación tributaria o a su representante;

II. La incautación de mercaderías;

III. La incautación de documentos o libros; o

IV. El comienzo del despacho aduanero de mercadería importada.

§ 1°. El inicio del procedimiento excluye la espontaneidad del sujeto pasivo en relación con los actos anteriores y, independientemente de la notificación, la de los demás involucrados en las infracciones verificadas.

§ 2°. El acto que determina el inicio del procedimiento fiscal excluye la espontaneidad del sujeto pasivo en relación con el tributo, el período y la materia incluido expresamente en el mismo.

§ 3°. A los efectos de lo dispuesto en los §§ 1° y 2°, los actos referidos en los incisos I, II y III del encabezado valdrán por el plazo de sesenta días, que podrá prorrogarse, sucesivamente, por un período igual contado a partir del final, con cualquier otro acto escrito que indique la continuación de los trabajos, siempre que sea labrado y puesto en conocimiento al sujeto pasivo en el plazo anterior.

§ 4. A los efectos de lo dispuesto en el inciso IV del encabezado, se tiene:

I. Por iniciado el despacho aduanero de importación en la fecha del registro de la declaración de importación (Decreto N.° 6.759, del 5 de febrero del 2009, art. 545); y

II. Por registro de la Declaración de Importación a su numeración por la Secretaría de Ingresos Federales de Brasil en el Sistema Integrado de Comercio Exterior (SISCOMEX) o, cuando se exime el registro con la utilización de este medio, según la forma establecida por ese órgano (Decreto N.° 6.759, del 2009, art. 545, §§ 1° y 2°).

Art. 34. El procedimiento de fiscalización será iniciado por la notificación al sujeto pasivo para, en el plazo de veinte días, contados a partir de la fecha del conocimiento, presentar las informaciones y documentos necesarios para el procedimiento fiscal, o realizar el pago del crédito tributario constituido (Ley N.° 3.470, del 28 de noviembre de 1958, art. 19, con la redacción dada por la Medida Provisional 2.158-35, del 2001, art. 71).

§ 1. El plazo al que se refiere el encabezado será de cinco días hábiles, en las situaciones en las que las informaciones y los documentos solicitados se refieran a hechos que deben estar registrados en el libro contable o fiscal del sujeto pasivo, o en declaraciones presentadas a la administración tributaria.

§ 2. La aplicación de la penalidad prevista en el § 2° del artículo 44 de la Ley N.° 9.430, de 1996 no posibilita desconsiderar la notificación para presentar documentos cuya custodia no está bajo la responsabilidad del sujeto pasivo, o en el caso de imposibilidad material de cumplimiento.

Sección IV
De las diligencias y de las Pericias

Art. 35. La realización de diligencias y de pericias será determinada por la autoridad juzgadora de primera instancia, de oficio o a solicitud del impugnante, cuando las considere necesarias para la apreciación del asunto litigado (Decreto N.° 70.235, de 1972, art. 18, con la redacción por la Ley N.° 8.748, del 9 de diciembre de 1993, art. 1°).

Párrafo único. El sujeto pasivo deberá ser informado del resultado de la realización de diligencias y pericias, siempre que se presenten nuevos hechos o documentos al proceso, en cuyo caso se otorgará el plazo de treinta días para su manifestación (Ley N.° 9.784, de 1999, art. 28).

Art. 36. La impugnación mencionará las diligencias o pericias que el sujeto pasivo pretenda llevar a cabo, indicando las razones que las justifican, con la formulación de preguntas sobre los exámenes deseados y, en el caso de pericia, el nombre, la dirección y la calificación profesional de su perito deberán constar en la impugnación (Decreto N.° 70.235, de 1972, art. 16, inciso IV, con la redacción dada por la Ley N.° 8.748, de 1993, art. 1°).

§ 1°. Si se concede el pedido de pericia, o se determina de oficio su realización, la autoridad designará a un servidor para, como perito de la Unión, realizarla, y notificará al perito del sujeto pasivo para llevar a cabo el examen requerido, correspondiendo a ambos presentar los respectivos laudos dentro del plazo que se determinará según el grado de complejidad de los trabajos que serán realizados (Decreto N.° 70.235, de 1972, art. 18, con la redacción dada por la Ley N.° 8.748, de 1993, art. 1°).

§ 2°. Si se rechaza el pedido de diligencia o de pericia, por haber sido consideradas prescindibles o impracticables, el rechazo deberá, debidamente justificado, constar en la decisión (Decreto N.° 70.235, de 1972, arts. 18 y 28, con las redacciones dadas por la Ley N.° 8748, de 1993, art. 1°).

§ 3. Si se determina, de oficio o a pedido del impugnante, diligencia o pericia, se prohíbe que la autoridad responsable de su cumplimiento se excuse de cumplirlas.

Art. 37. En el ámbito de la Secretaría de Ingresos Federales de Brasil, el Auditor Fiscal de la Hacienda de Brasil tiene la competencia para realizar las diligencias y pericias (Decreto N.° 70.235, de 1972, art. 20, con la redacción dada por la Ley N.° 8.748, de 1993, art. 1°; Ley N.° 10.593, del 2002, art. 6°, con la redacción dada por la Ley N.° 11.457, del 2007, art. 9°).

Sección V

De la exigencia fiscal

Subsección I

De la Formalización

Art. 38. La exigencia del crédito tributario y la aplicación de penalidad aislada serán formalizados en actas de infracción o notificaciones de determinación, distintas para cada tributo o penalidad (Decreto N.° 70.235, de 1972, art. 9°, con la redacción dada por la Ley N.° 11.941, del 2009, art. 25).

§ 1. Las actas de infracción o las notificaciones de determinación, de conformidad con lo dispuesto en el artículo 25, deberán ser instruidos con todos los términos, declaraciones, laudos y otros elementos de prueba indispensables para comprobar el hecho motivador de la exigencia.

§2. Las actas de infracción y las notificaciones de determinación mencionadas en el encabezado, formalizadas en relación al mismo sujeto pasivo, pueden ser objeto de un único proceso, cuando la comprobación de los ilícitos dependiese de los mismos elementos de prueba.

§ 3. La formalización referida en este artículo será válida, aunque sea realizada por el Auditor Fiscal de la Hacienda de Brasil con ejercicio en la unidad de la Secretaría de Ingresos Federales de Brasil con jurisdicción diferente del domicilio tributario del sujeto pasivo.

§ 4 La formalización de la exigencia, en la hipótesis prevista en el § 3°, protege la jurisdicción y prorroga la competencia de la autoridad que conozca primero de ella.

§ 5. Lo dispuesto en el encabezado también se aplica en las hipótesis en las que, constatada la infracción de la legislación tributaria, no resulte de ella exigencia del crédito tributario.

§ 6. Las actas de infracción y las notificaciones de determinación tratadas en el encabezado, formalizadas como resultado de la fiscalización relacionada con el régimen especial de recaudación de tributos, podrán contener una única determinación para todos los tributos cubiertos por ellos.

§ 7. Lo dispuesto en el encabezado no se aplica a las contribuciones referidas en el artículo 3° de la Ley N.° 11.457, del 2007.

Subsección II

Del acta de infracción

Art. 39. El acta de infracción será redactada en el lugar donde se verifique la falta y contendrá lo siguiente (Decreto N.° 70.235, de 1972, art. 10; Ley N.° 10.593, del 2002, art. 6°):

I. La información del infractor;

II. El lugar, la fecha y la hora del registro;

III. La descripción del hecho;

IV. La disposición legal infringida y la penalidad aplicable;

V. La determinación de la exigencia y la notificación para cumplirla o impugnarla en el plazo de treinta días, contados a partir de la fecha que se ponga en conocimiento; y

VI. La firma del fiscalizador, la indicación de su cargo o función y el número de registro.

Subsección III

De la notificación de determinación

Art. 40. La notificación de determinación será emitida por la unidad de la Secretaría de Ingresos Federales de Brasil encargada de formalizar la exigencia, y deberá contener (Decreto N.° 70.235, 1972, art. 11; Ley N.° 10.593, 2002, art. 6):

I. La información del notificado;

II. El monto del crédito fiscal y el plazo para el pago o impugnación;

III. La disposición legal infringida, si fuese el caso; y

IV. La firma del Auditor Fiscal de la Hacienda de Brasil responsable por la notificación de determinación, con la indicación del cargo y del número de registro (redacción dada por el Decreto N.° 8.853, del 2016).

Párrafo único. La notificación de determinación emitida por procesamiento electrónico no requiere la firma mencionada en el ítem IV del encabezado, pero es obligatoria la identificación del Auditor Fiscal de la Hacienda de Brasil que la emite (redacción dada por el Decreto N.° 8.853, del 2016).

Subsección IV

De la determinación complementaria

Art. 41. Cuando, en posteriores exámenes, diligencias o pericias fuesen realizadas en el curso del proceso, se verifiquen errores, omisiones o inexactitudes, que agraven la exigencia inicial, innovación o alteración de la fundamentación legal de la exigencia, será realizada una determinación complementaria mediante la emisión de un acta de infracción complementaria o mediante la emisión de una notificación de determinación complementaria, específicos en relación con la materia modificada (Decreto N.° 70.235, de 1972, art. 18, § 3°, con la redacción dada por la Ley N.° 8.748, de 1993, art. 1°).

§ 1. La determinación complementaria se formalizará en los casos:

I. En los que es verificable, a partir de la descripción de los hechos y demás documentos producidos en la acción fiscal, que el actuante, cuando se formalizó la exigencia:

(a) Calculó incorrectamente la base para calcular el crédito tributario; o

(b) No incluyó en la determinación del crédito tributario materia debidamente identificada; o

II. En los que se constaten nuevos hechos, puestos al conocimiento de la autoridad determinadora de la acción fiscal y relacionados con los hechos generadores objeto de la actuación, que impliquen el agravamiento de la exigencia inicial.

§ 2. El acta de infracción o la notificación de determinación referidas en el encabezado tendrá el objetivo de:

I. Complementar la determinación original; o

II. Sustituir, total o parcialmente, la determinación original cuando el cálculo del *quantum* debido, delante de la legislación tributaria aplicable, no pudiese realizarse sin la inclusión de la materia previamente determinada.

§ 3. Se concederá el plazo de treinta días, contados a partir de la fecha en que se ponga en conocimiento la notificación de la exigencia complementaria, para la presentación de la impugnación tan solo en lo concerniente a la materia modificada.

§ 4. El acta de infracción o la notificación de determinación referidas en el encabezado deben ser objeto del mismo proceso en el que fuera tratada el acta de infracción o la notificación de determinación suplementaria.

§5. La resolución de controversias iniciadas en el ámbito del proceso mencionado en el § 4 será objeto de una sentencia única.

Subsección V

Del segundo examen de la documentación tributaria

Art. 42. En relación con el mismo ejercicio, solo es posible un segundo examen, mediante la orden escrita del Superintendente, del Delegado o del Inspector de la Hacienda de Brasil (Ley N.° 2.354, de 1954, art. 7°, § 2°; Ley N.° 3.470, de 1958, art. 34).

Sección VI

De las Medidas de defensa del crédito tributario

Subsección I

Del listado de bienes y derechos para acompañar el patrimonio del sujeto pasivo

Art. 43. El Auditor Fiscal de la Hacienda de Brasil procederá a enumerar los bienes y derechos del sujeto pasivo siempre que el monto de los créditos tributarios de su responsabilidad fuese superior al treinta por ciento de su patrimonio conocido (redacción dada por el Decreto N.° 8.853, del 2016)

§ 1. Si el crédito tributario fuese formalizado contra una persona física, en la enumeración deben ser identificados, incluso, los bienes y derechos a nombre del cónyuge, no gravados con la cláusula de incomunicabilidad (Ley N.° 9.532, de 1997, art. 64, § 1°).

§ 2. En ausencia de otros elementos indicativos, el monto declarado en la última declaración de resultados presentado se considera como patrimonio conocido (Ley N.° 9.532, de 1997, art. 64, § 2°).

§ 3 A partir de la fecha de notificación de la medida cautelar, mediante la entrega de una copia del término respectivo, el propietario de los bienes y derechos enumerados, al transferirlos, enajenarlos o gravarlos, debe comunicar el hecho a la unidad de la Secretaría de Ingresos Federales de Brasil en cuya jurisdicción estuviese el domicilio tributario del sujeto pasivo (Ley N.° 9.532, de 1997, art. 64, § 3°).

§4. La enajenación, gravamen o transferencia, bajo cualquier título, de los bienes y derechos enumerados, sin cumplir con la formalidad prevista en el § 3°, autoriza el requerimiento de la medida cautelar fiscal contra el sujeto pasivo (Ley N.° 9.532, de 1997, art. 64, § 4°).

§ 5. El término del procedimiento cautelar tratado en el § 3° será registrado con independencia del pago de costos o emolumentos (Ley N.° 9.532, de 1997, art. 64, § 5°):

I. En el competente registro inmobiliario, con respecto a los bienes inmuebles;

II. En los órganos o entidades, donde, por fuerza de ley, los bienes muebles o derechos sean registrados o controlados; o

III. En la Notaría de Títulos y Documentos y Registros Especiales del domicilio tributario del sujeto pasivo, en relación con los demás bienes y derechos.

§ 6. Los certificados de regularidad fiscal emitidos deberán contener informaciones sobre la existencia de un listado (Ley N.° 9.532, de 1997, art. 64, § 6°).

§ 7. Si se liquida el crédito tributario que motivó la enumeración antes de su envío para la inscripción en deuda activa de la Unión, el Auditor Fiscal de la Hacienda de Brasil responsable comunicará el hecho al órgano en el que el término fue registrado para que los efectos de la lista puedan ser anulados (redacción dada por el N.° Decreto N.° 8.853, del 2016)

§ 8 Si se liquida o garantiza, en los términos de la Ley N.° 6.830, del 22 de septiembre de 1980, el crédito fiscal que haya motivado la enumeración, después de su envío para la inscripción en la deuda activa de la Unión, la comunicación referida en el § 8° será realizada por la autoridad competente de la Procuraduría de la Hacienda Nacional (Ley N.° 9.532, de 1997, art. 64, § 9°).

§ 9. Los órganos de registro público donde los bienes y derechos fueran enumerados disponen del plazo de treinta días para liberarlos, contado a partir de la fecha de la entrega de la copia del documento que comprueba la comunicación a los organismos de la Hacienda a que se refiere el § 3° (incluido por el Decreto N.° 8.853, del 2016).

§ 10. Lo dispuesto en este artículo es aplicable tan solo si la suma de los valores de los créditos tributarios fuese superior a dos millones de reales (R $ 2,000,000.00) (incluido por el Decreto N.° 8.853, del 2016).

Art. 44. La enumeración referida en el artículo 43 recaerá sobre bienes y derechos susceptibles de registro público, con prioridad a los inmuebles, y en un valor suficiente para cubrir el monto del crédito tributario de responsabilidad del sujeto pasivo (Ley N.° 9.532, de 1997, art. 64-A, incluido por Medida Provisional N.° 2.158-35, del 2001, art. 75).

§ 1. El listado tan solo podrá alcanzar otros bienes y derechos con el fin de complementar el valor mencionado en el encabezado.

§ 2. El Auditor Fiscal de la Hacienda de Brasil podrá, a solicitud del sujeto pasivo, sustituir un bien o derecho enumerado por otro de igual o mayor valor, siempre que sea respetado el orden de prioridad de los bienes o derechos que serán enumerados definitivamente por la Secretaría de Ingresos Federales de Brasil y que la valoración del bien o derecho enumerado y de bien o derecho sustituto se lleve a cabo, en los términos del § 3° (redacción dada por el Decreto N.° 8.853, del 2016).

§ 3. Queda a criterio del sujeto pasivo, a su propio cargo, requerir anualmente a los órganos de registro público donde los bienes y derechos estuviesen enumerados, por petición fundamentada, la evaluación de dichos activos, por un perito designado por el propio órgano de registro, a identificar el valor justo de los bienes y derechos enumerados y evitar, de ese modo, el exceso de garantía (incluido por el Decreto N.° 8.853, del 2016).

Subsección II

De la medida cautelar fiscal

Art. 45. La Procuraduría de la Hacienda Nacional podrá instaurar un procedimiento cautelar fiscal después de que se haya constituido el crédito, incluso en el curso de la ejecución judicial de la deuda activa de la Unión (Ley N.° 8.397, del 6 de enero de 1992, art. 1°, con la redacción dada por la Ley N.° 9.532, de 1997, art. 65).

Párrafo único. La solicitud de la medida cautelar no depende de la constitución previa del crédito tributario cuando el sujeto activo (Ley N.° 8.397, de 1992, art. 1°, párrafo único, con la redacción dada por la Ley N.° 9.532, de 1997, art. 65):

I. Notificado por la Hacienda Pública para que pague el crédito tributario, pone o intenta poner sus bienes a nombre de terceros (Ley N.° 8.397, de 1992, art. 2°, inciso V, letra «b», con la redacción dada por la Ley N.° 9.532, de 1997, art. 65); o

II. Enajena bienes o derechos sin realizar la debida comunicación al órgano competente de la Hacienda Pública, cuando sea exigible en virtud de una ley (Ley N.° 8.397, de 1992, art. 2°, inciso VII, con la redacción dada por la Ley N.° 9.532, de 1997, art. 65).

Subsección III

De la medida cautelar fiscal preparatoria

Art. 46. Cuando la medida cautelar fiscal fuese concedida en un procedimiento preparatorio, la Hacienda Nacional deberá proponer la ejecución judicial de la deuda activa en el plazo de sesenta días, contados a partir de la fecha en la que la exigencia se torne inimpugnable en la esfera administrativa (Ley N.° 8.397, de 1992, art. 11).

Sección VII

De la representación fiscal para fines penales

Art. 47. El Auditor Fiscal de la Hacienda de Brasil formalizará la representación fiscal para fines penales en expedientes separados, presentada en la misma fecha de la emisión del acta de infracción, siempre que, en el curso del procedimiento de fiscalización del cual resulte la emisión del acta de infracción relativo a tributos administrados por la Secretaría de Ingresos Federales de Brasil o resultante de la incautación de bienes sujetos a la pena de decomiso, constatar el hecho que configure, en tesis (Decreto N.° 2.730, del 10 de agosto de 1998, art. 1°):

I. Delito contra el orden tributario tipificado en los artículos 1° o 2° de la Ley N.° 8.137, del 27 de diciembre de 1990;

II. Delito de contrabando o malversación de fondos tipificado en el artículo 334 del Decreto Ley N.° 2.848, del 7 de diciembre de 1940 – Código

Penal; o

III. Delito contra la Seguridad Social tipificado en los artículos 168-A o 337-A del Decreto Ley N.° 2848, de 1940.

Art. 48. Las representaciones fiscales con fines penales relativas a los delitos contra el orden tributario definidos en los artículos 1° y 2° de la Ley N.° 8.137, de 1990, y a los delitos contra la Seguridad Social, definidos en los artículos 168-A y 337-A del Decreto Ley N.° 2848, de 1940 - Código Penal incrementado por la Ley 9.983, del 14 de julio del 2000, serán formalizadas y presentadas en hasta diez días contados a partir de la fecha de constitución del crédito tributario, y debe permanecer en el ámbito de la unidad de control hasta que dicho crédito se torne definitivo en la esfera administrativa, respetando el plazo para el cobro amistoso (Ley N.° 9.430, de 1996, art. 83).

Párrafo único. Si el crédito tributario correspondiente al ilícito penal se extingue completamente por el juicio administrativo o por el pago, los procesos de la representación, juntamente con una copia de la decisión administrativa respectiva, cuando fuese el caso, deberán ser archivados.

Art. 49. La representación fiscal para fines penales relativa a los delitos de contrabando o tráfico de mercancías, definidos en el artículo 334 del Decreto-Ley N.° 2.848, de 1940 - Código Penal, será formalizada en expedientes separados y presentados en la misma fecha de la emisión del acta de infracción, y debe permanecer en la unidad de la Secretaría de Ingresos Federales de Brasil hasta el final del plazo para la impugnación.

§ 1. Si se aplica la pena de confiscación de bienes, incluso en la hipótesis de conversión en multa equivalente al valor aduanero de la mercancía que no sea localizada o que haya sido consumida, la representación mencionada en el encabezado deberá ser remitida por la autoridad juzgadora de instancia única al órgano del Ministerio Público Federal que fuese competente para promover la acción penal, en el plazo máximo de diez días, anexándose una copia de la decisión.

§ 2. Si no se aplica la pena por confiscación, la representación fiscal con fines penales deberá ser archivada, después de incluir en los autos una copia de la respectiva decisión administrativa.

Art. 50. La Secretaría de Ingresos Federales de Brasil regulará los procedimientos necesarios para la ejecución de lo dispuesto en esta Sección.

Sección VIII

De la representación con fines penales

Art. 51. Además de los casos de representación previstos en el artículo 47, los funcionarios en ejercicio en la Secretaría de Ingresos Federales de Brasil, observadas las atribuciones de los respectivos cargos, deberán formalizar la representación con fines penales, ante los titulares de las unidades centrales, superintendentes, delegados o inspectores de la Secretaría de Ingresos Federales de Brasil a los cuales estuviesen vinculados, siempre que identificasen situaciones que, en teoría, configuren delito contra la administración pública federal o en detrimento de la Hacienda Nacional.

§ 1°. La representación referida en el encabezado deberá ser:

I. Llevada a registro en un protocolo elaborado por el servidor, en el plazo de diez días, contado a partir de la fecha en que identifica la situación que caracteriza el delito;

II. Remitida en el plazo de diez días, contados a partir de la fecha de su presentación, al órgano del Ministerio Público Federal que es competente para iniciar la acción penal.

§ 2°. La representación se debe dar a conocer al titular de la unidad del domicilio fiscal del sujeto pasivo, en la hipótesis de que el servidor formalice la representación ante otra autoridad a la que estuviese vinculado.

CAPÍTULO II
DEL COBRO ADMINISTRATIVO DEL CRÉDITO TRIBUTARIO

Sección I
Del pago - De la reducción de la multa de determinación de oficio

Art. 52. Se concederá la reducción del cincuenta por ciento del valor de la multa de determinación de oficio al sujeto pasivo que, notificado, efectuase el pago o la compensación del crédito tributario en el plazo previsto para presentar la impugnación (Ley N.° 8.218, de 1991, art. 6°, con la redacción dada por la Ley N.° 11.941, del 2009, art. 28; Ley N.° 9.430, de 1996, art. 44, § 3°).

§ 1. Si se presenta la impugnación de manera oportuna, la reducción será del treinta por ciento si el pago o la compensación fuesen realizados dentro de los treinta días, contados a partir de la fecha del conocimiento de la decisión de primera instancia (Ley N.° 8.218, de 1991, art. 6°, inciso III, con la redacción dada por la Ley N.° 11941, del 2009, art. 28; Ley N.° 9430, de 1996, art. 44, § 3°).

§ 2. En el caso que se declare fundada el recurso de oficio interpuesto por la autoridad juzgadora de primera instancia, será aplicada la reducción del treinta por ciento si el pago o la compensación fuese realizado dentro de los treinta días contados a partir del conocimiento de la decisión (Ley N.° 8.218, de 1991, art. 6°, § 1°, con la redacción dada por la Ley N.° 11.941, del 2009, art. 28).

§ 3. Lo dispuesto en el encabezado también se aplica a las penalidades aplicadas de forma aislada (incluido por el Decreto N.° 8.853, del 2016).

Sección II
Del fraccionamiento - De la reducción de la multa de determinación de oficio

Art. 53. Se concederá la reducción del cuarenta por ciento del valor de la multa de determinación de oficio al sujeto pasivo que, notificado, solicite el fraccionamiento del crédito tributario dentro del plazo previsto para presentar la impugnación (Ley N.° 8.218, de 1991, art. 6°, inciso II, con la redacción dada por la Ley N.° 11941, del 2009, art. 28; Ley N.° 9430, de 1996, art. 44, § 3°).

§ 1. Si se presenta la impugnación de manera oportuna, la reducción será del veinte por ciento si el fraccionamiento fuese requerido en el plazo de treinta días, contados a partir de la fecha del conocimiento de la decisión de primera instancia (Ley N.° 8.218, de 1991, art. 6°, inciso IV, con la redacción dada por la Ley N.° 11941, del 2009, art. 28; Ley N.° 9430, de 1996, art. 44, § 3°).

§ 2. En caso que se declare fundado el recurso de oficio interpuesto por la autoridad juzgadora de primera instancia, se aplicará la reducción del veinte por ciento si el fraccionamiento fuese requerido en el plazo de treinta días contados a partir de la fecha del conocimiento de la decisión (Ley N.° 8.218, de 1991, art. 6°, § 1°, con redacción dada por la Ley N.° 11941, del 2009, art. 28).

§ 3. La rescisión del fraccionamiento, motivada por el incumplimiento de las normas que lo regulan, implicará el restablecimiento del monto de la multa en proporción al valor del ingreso no satisfecho y que excediera el valor obtenido con la garantía presentada (Ley N.° 8.218, de 1991, art. 6°, § 2°, con la redacción dada por la Ley N.° 11941, del 2009, art. 28).

§ 4. Lo dispuesto en el encabezado también se aplica a las penalidades aplicadas de forma aislada (incluido por el Decreto N.° 8.853, del 2016).

Sección III

De la Rebeldía

Art. 54. Si no se cumple ni se impugna la exigencia, la autoridad preparadora declarará la rebeldía, permaneciendo el proceso en el órgano preparador, por el plazo de treinta días, para el cobro amistoso (Decreto N.° 70.235, de 1972, art. 21, con redacción dada por la Ley N.° 8.748 de 1993, art. 1°).

§ 1. En el caso que se identifique la impugnación parcial, no cumplida la exigencia relativa a la parte no litigiosa del crédito, el órgano preparador, antes de la entrega de los autos a juzgamiento, proporcionará la formación de procesos separados para el inmediato cobro de la parte no impugnada, consignando esta circunstancia en el proceso original.

§ 2. Si se agota el plazo de cobro amistoso sin que se haya pagado o fraccionado el crédito tributario, el órgano preparador remitirá el proceso a la autoridad competente para promover el cobro ejecutivo.

Art. 55. Tratándose de la incautación de mercadería con el fin de aplicar la pena de confiscación o de declaración de abandono, en el que no se haya presentado ninguna impugnación, la autoridad preparadora, después de declarar la rebeldía, deberá, de conformidad con las normas que rigen la materia y, mediante el acto administrativo competente, aplicar la pena de confiscación o declarar el abandono, para los fines de destino de las mercancías (Decreto N.° 70.235, de 1972, arts. 21, § 2° y 63).

CAPÍTULO III

DE LA FASE LITIGIOSA

Sección I

De la impugnación

Art. 56. La impugnación, formalizada por escrito, acompañada de los documentos en los que se fundamentase y presentada en la unicidad de la Secretaría de Ingresos Federales de Brasil con jurisdicción sobre el domicilio tributario del sujeto pasivo, así como, remitida por vías postal, en el plazo de treinta días, contados a partir de la fecha del conocimiento de la notificación de la exigencia, inicia la fase litigiosa del procedimiento (Decreto N.° 70.235, de 1972, arts. 14 y 15).

§ 1. Si la impugnación se presenta en una unidad diferente, esta la remitirá a la unidad indicada en el encabezado.

§ 2. Una petición eventual, presentada fuera del plazo, no caracteriza impugnación, no inicia la fase litigiosa del procedimiento, no suspende la exigibilidad del crédito tributario, ni configura un pronunciamiento de primera instancia, a menos que se caracterice o plantee a su debido tiempo, como preliminar.

§ 3. En el caso de una pluralidad de sujetos pasivos, caracterizados en la formalización de la exigencia, todos deberán ser informados del acta de infracción o de la notificación de determinación, con la apertura de un plazo para que cada uno de ellos presente una impugnación.

§ 4. En la hipótesis del § 3°, el plazo para la impugnación se contará, para cada sujeto pasivo, a partir de la fecha en que cada uno de ellos hubiese sido informado de la determinación.

§ 5. En la hipótesis de enviar la impugnación por vía postal, se considerará como fecha de su presentación el respectivo envío contenido en el acuse de recibo, el cual deberá incluir la indicación del destinatario del envío y el número de presentación del proceso correspondiente.

§ 6. Si es imposible obtenerse una copia del acuse de recibo, se considerará como fecha de la presentación de la impugnación el sello colocado por la Oficina de Correos en el sobre que contuviese el envío, cuando se publica la correspondencia.

§ 7 En el caso previsto en el § 5, la unidad de organización deberá adjuntar, mediante anexo al proceso correspondiente, el referido sobre.

Art. 57. La impugnación mencionará (Decreto N.° 70.235, de 1972, art. 16, con la redacción dada por la Ley N.° 8.748, de 1993, art. 1°, y por la Ley 11.196, del 2005, art. 113):

I. La autoridad de juzgamiento a la que se dirige;

II. La información del impugnante;

III. Los motivos de hecho y de derecho en los que se fundamenta, los puntos de desacuerdo y las razones y pruebas que tenga;

IV. Las diligencias o pericias que el impugnante pretenda que se realicen, indicando los motivos que las justifiquen, con la formulación de preguntas referentes a los exámenes deseados, así como, en el caso de pericia, el nombre, la dirección y la calificación profesional de su perito; y

V. Si la materia impugnada fue sometida a la apreciación judicial, se debe adjuntar una copia de la solicitud.

§ 1°. Se considera no formulado la solicitud de diligencia o pericia que no cumpla con los requisitos establecidos en el inciso IV.

§ 2°. Se prohíbe que el impugnante, o su representante legal, use expresiones injuriosas en los escritos presentados en el proceso, y corresponde al juez, de oficio o a petición del ofendido, tacharlas.

§ 3°. Cuando el impugnante alegue derecho municipal, estatal o extranjero, tiene la carga de probar el tenor y la vigencia, si así lo determinase el juzgador.

§ 4°. La prueba documental se presentará en la impugnación, precluyendo el derecho que tiene el impugnante para hacerlo en otro momento procesal, a menos que:

I. Se demuestre la imposibilidad de su presentación oportuna, por motivo de fuerza mayor;

II. Se refiere a hecho o a derecho superviniente; o

III. Se destine a contrarrestar hechos o razones que posteriormente se presentan a los autos.

§ 5°. Se considera motivo de fuerza mayor al hecho necesario, cuyos efectos no era posible evitar o impedir (Ley N.° 10.406, del 2002, art. 393).

§ 6°. La recopilación de documentos después de que se presente la impugnación deberá ser requerida a la autoridad juzgadora, mediante una petición en la que se demuestre, con fundamentos, la ocurrencia de una de las condiciones previstas en el § 4°.

§ 7°. Los documentos presentados después de ser emitida la decisión deberán ser juntados, mediante anexo, a los autos para, si fuese interpuesto un recurso, ser apreciados por la autoridad de juzgamiento de segunda instancia.

Art. 58. Se considera no impugnada la materia que no ha sido expresamente contestada por el impugnante (Decreto N.° 70.235, de 1972, art. 17, con la redacción dada por la Ley N.° 9.532, de 1997, art. 67).

Sección II

De la Resolución - Disposiciones generales

Art. 59. En el contexto del proceso administrativo fiscal, los órganos de juzgamiento están prohibidos de rechazar la aplicación o dejar de observar un tratado, acuerdo internacional, ley o decreto, bajo el fundamento de inconstitucionalidad (Decreto N.° 70.235, de 1972, art. 26-A, con la redacción dada por la Ley 11941, de 2009, art. 25).

Párrafo único. Lo dispuesto en el encabezado no se aplica a los casos de tratado, acuerdo internacional, ley o acto normativo (Decreto N.° 70.235, de 1972, art. 26-A, § 6°, incluido por la Ley N.° 11.941, de 2009, art. 25):

I. Que ya ha sido declarado inconstitucional por decisión plenaria definitiva del Supremo Tribunal Federal; o

II. Que fundamente el crédito tributario objeto de

a) Dispensa legal de constitución o de acto declarativo del Procurador General del Tesoro Nacional, de conformidad con los arts. 18 y 19 de la Ley N.° 10.522, del 19 de junio del 2002;

b) Resumen de la Abogacía General de la Unión, de conformidad con el artículo 43 de la Ley Complementaria N.° 73, del 10 de febrero de 1993; o

c) Informes del Abogado General de la Unión aprobados por el Presidente de la República, de conformidad con el artículo 40 de la Ley complementaria 73, de 1993.

Art. 60. El contencioso administrativo relacionado con el Simple Nacional será de competencia del órgano juzgador que forma parte de la estructura administrativa de la entidad federativa que realiza la determinación o la supresión de oficio, de conformidad con los dispositivos legales relacionados con los procesos administrativos fiscales de ese ente (Ley complementaria N.° 123, de 2006, art. 39).

Sección III

De la resolución en primera instancia

Subsección I

De la Competencia

Art. 61. El juzgamiento de procesos sobre la aplicación de la legislación relacionada con los impuestos administrados por la Secretaría de Ingresos Federales de Brasil, y los relacionados con la exigencia de derechos *antidumping* y compensatorios, compete en primera instancia a las Oficinas de Ingresos Federales de Juzgamiento de Brasil, órganos internos de deliberación y naturaleza colegiada de la Secretaría de la Agencia Federal de Brasil (Decreto N.° 70.235, de 1972, art. 25, ítem I; Ley N.° 9.019, del 30 de marzo de 1995, art. 7°, § 5°).

Párrafo único. La competencia a la que se refiere el encabezado incluye, entre otros, el juicio de:

I. Impugnar el acta de infracción y la notificación de determinación (Decreto N.° 70.235, de 1972, art. 14);

II. Manifestación de no conformidad del sujeto pasivo en procesos administrativos relacionados con la compensación, restitución y reembolso de tributos, incluso los créditos de Impuesto sobre Productos Industrializados «IPI» (Ley N.° 8.748, de 1993, art. 3, inciso II; Ley N.° 9.019, de 1995, art. 7, § 1° y § 5°); e

III. Impugnación del acto declarativo de suspensión de la inmunidad y exención (Ley N.° 9.430, de 1996, art. 32, § 10).

Subsección II
Del Juicio

Art. 62. Tendrán prioridad en el juicio los procesos en los que estén presentes las circunstancias de un delito contra el orden tributario o de alto valor, tal como se define en un acto del Ministro de Hacienda, así como mediante la solicitud de la parte interesada, aquellos en los que figure como parte interviniente (Decreto N.° 70.235, de 1972, art. 27, con la redacción dada por la Ley N.° 9.532, de 1997, art. 67; Ley N.° 10.741, del 1° de octubre del 2003, art. 71; Ley N.° 9.784, art. 69-A, con la redacción dada por la Ley N.° 12.008, del 29 de julio del 2009, art. 4°):

I. Persona de 60 años o más;

II. Persona con discapacidad física o mental; y

III. Persona con tuberculosis activa, esclerosis múltiple, neoplasia maligna, lepra, parálisis irreversible e incapacitante, enfermedad cardíaca grave, enfermedad de Parkinson, espondiloartrosis anquilosante, nefropatía grave, enfermedad hepática grave, estadios avanzados de la enfermedad de Paget (osteítis deformante), contaminación por radiación, síndrome de inmunodeficiencia adquirida (SIDA) u otra enfermedad grave, con fundamento en la conclusión de la medicina especializada, aunque la enfermedad haya sido contraída después de iniciarse el proceso.

Párrafo único. Los procedimientos se juzgarán en el orden establecido por el Secretario de la Agencia Federal de Brasil, observando la prioridad mencionada en el encabezado.

Art. 63. Al evaluar las pruebas, la autoridad juzgadora formará libremente su convicción y podrá determinar, de oficio o a solicitud del impugnante, la realización de diligencias o de pericias, sujeto a las disposiciones de los artículos 35 y 36 (Decreto N.° 70.235, de 1972, arts. 29 y 18, con la redacción dada por la Ley N.° 8.748, de 1993, art. 1°).

Art. 64. Los laudos y opiniones del Laboratorio Nacional de Análisis, del Instituto Nacional de Tecnología y de otros órganos federales similares se adoptarán en los aspectos técnicos de su competencia, a menos que se demuestre la improcedencia de estos laudos u opiniones (Decreto N.° 70.235, de 1972, art. 30, con la redacción dada por la Ley N.° 9.532, de 1997, art. 67).

§ 1. La clasificación fiscal de los productos no se considera como aspecto técnico.

§ 2. La existencia en el proceso de laudos u opiniones técnicas no impide que la autoridad juzgadora solicite otros a cualquiera de los organismos mencionados en este artículo.

§ 3. Se atribuye eficacia a los laudos y a las opiniones técnicas sobre productos, emitidos en otros procesos administrativos fiscales y traducidos mediante un certificado completo o una copia fiel, cuando se trate de:

I. Productos originarios del mismo fabricante, con la misma denominación, marca y especificación; y

II. Máquinas, aparatos, equipos, vehículos y otros productos complejos producidos en serie, del mismo fabricante, con las mismas especificaciones, marca y modelo.

Subsección III

Del fallo

Art. 65. El fallo contendrá el relato resumido del proceso, fundamentos legales, conclusión y orden de notificación, haciendo referencia de forma expresa a todas las actas de infracción y notificaciones de determinación objeto del proceso, así como a las razones de defensa planteadas por el impugnante contra todas las exigencias (Decreto N.° 70.235, de 1972, art. 31, con la redacción dada por la Ley N.° 8.748, de 1993, art. 1°).

Art. 66. En el fallo en el que fuera juzgada una cuestión preliminar, también se juzgará el mérito, excepto cuando sean incompatibles (Decreto N.° 70.235, de 1972, art. 28, con la redacción dada por la Ley 8.748, de 1993, art. 1°).

Párrafo único. El rechazo de la solicitud de diligencia o de pericia deberá ser fundamentado y constar en la decisión (Decreto N.° 70.235, de 1972, art. 28, con la redacción dada por la Ley N.° 8.748, 1993, art. 1°).

Art. 67. Las imprecisiones materiales debidas a lapso manifiesto y los errores de escritura o de cálculo existentes en la decisión deberán ser corregidos de oficio o a solicitud del sujeto pasivo mediante la emisión de un nuevo fallo (Decreto N.° 70.235, de 1972, art. 32).

Art. 68. El órgano preparatorio dará conocimiento de la decisión al sujeto pasivo, exigiéndole, cuando corresponda, a cumplirla en el plazo de treinta días, contados a partir de la fecha del conocimiento, facultada la presentación de recurso voluntario en el mismo plazo (Decreto N.° 70.235, de 1972, arts. 31 y 33).

Art. 69. De la decisión de primera instancia no cabe pedido de reconsideración (Decreto N.° 70.235, de 1972, art. 36).

Subsección IV

Del recurso de oficio

Art. 70. El recurso de oficio debe ser interpuesto, por la autoridad competente de primera instancia, siempre que la decisión exima al sujeto pasivo del pago de tributo y la exigencia del valor total de la multa (determinación principal y resultantes) que se fijarán en acto del Ministro de Hacienda, así como cuando deja de aplicar la pena de decomiso de mercadería con base en la legislación del IPI (Decreto N.° 70.235, de 1972, art. 34, con la redacción dada por la Ley N.° 9.532, 1997, art. 67).

§ 1. El recurso será interpuesto mediante formalización en la decisión misma.

§ 2. Si se interpone el recurso de oficio y este no ha sido formalizado, el servidor que verifica el hecho representará a la autoridad que juzga, a través de su jefe inmediato, en el sentido de que se observe aquella formalidad.

§ 3° Lo dispuesto en el encabezado se aplica siempre que, en la hipótesis prevista en el § 3° del artículo 56, la decisión excluya de la disputa al sujeto pasivo cuya exigencia sea mayor que lo fijado en acto del Ministro de Estado de la Hacienda, aunque se mantenga la totalidad de la exigencia de crédito tributario (incluido por el Decreto N.° 8.853, de 2016).

Art. 71. No se podrá interponer recurso de oficio contra las decisiones dictadas, por la autoridad fiscal de la jurisdicción del sujeto pasivo, en procesos relacionados con el restitución, resarcimiento, reembolso y compensación de tributos administrados por la Secretaría de Ingresos Federales de Brasil (Ley N.° 10.522, del 2002, art. 27).

Art. 72. Mientras no sea decidido el recurso de oficio, la decisión correspondiente no se torna definitiva (Decreto N.° 70.235, de 1972, art. 42, párrafo único).

Subsección V

Del recurso voluntario

Art. 73. El recurso voluntario total o parcial, que tiene efecto suspensivo, podrá ser interpuesto contra la decisión de primera instancia contraria al sujeto pasivo, en el plazo de treinta días, contados a partir del conocimiento de la decisión (Decreto N.° 70.235, de 1972, art. .33).

Art. 74. El recurso voluntario total o parcial, incluso prescrito, deberá ser enviado al órgano de segunda instancia, que juzgará la prescripción (Decreto N.° 70.235, de 1972, art. 35).

Sección IV

Del juzgamiento en segunda instancia

Subsección I

De la competencia

Art. 75. El juzgamiento de recursos de oficio y voluntarios de decisión de primera instancia, y de recursos de naturaleza especial, compete al Consejo Administrativo de Recursos Fiscales (Decreto N.° 70,235, de 1972, art. 25, inciso II, con la redacción dada por la Ley N.° 11,941 del 2009, art. 25).

§ 1°. El Consejo Administrativo de Recursos Fiscales estará compuesto por secciones y por la Cámara Superior de Recursos Fiscales (Decreto N.° 70,235, de 1972, art. 25, inciso II, § 1°, con la redacción dada por la Ley N.° 11.941, 2009, art. 25).

§ 2°. Las secciones serán especializadas por materia y constituidas por cámaras (Decreto 70.235, de 1972, art. 25, § 2°, con la redacción dada por la Ley N.° 11.941, del 2009, art. 25).

§ 3°. La Cámara Superior de Recursos Fiscales será compuesta por Salas, compuestas por los Presidentes y Vicepresidentes de las cámaras (Decreto N.° 70.235, de 1972, art. 25, § 3°, con la redacción dada por la Ley N.° 11941 de 2009, art. 25).

§ 4°. Las cámaras pueden dividirse en Salas (Decreto N.° 70.235, de 1972, art. 25, § 4°, con la redacción dada por la Ley N.° 11.941 de 2009, art. 25).

§ 5. El Ministro de Estado de la Hacienda podrá crear, en las secciones, salas especiales, de carácter temporal, con competencia para juzgar procesos que involucren pequeñas cantidades o asuntos recurrentes o de baja complejidad, que podrán operar en las ciudades donde se encuentran las Superintendencias Regionales de la Agencia Federal de Brasil (Decreto N.° 70.235, de 1972, art. 25, § 5°, con la redacción dada por la Ley N.° 11.941, del 2009, art. 25).

§ 6. Las salas de la Cámara Superior de Recursos Fiscales estarán constituidas por el Presidente del Consejo Administrativo de Recursos Fiscales, por el Vicepresidente, por los Presidentes y por los Vicepresidentes de las Cámaras (Decreto 70.235, de 1972, art. 25, § 7, con la redacción dada por la Ley N.° 11941, del 2009, art. 25).

§ 7 La presidencia de las salas de la Cámara Superior de Recursos Fiscales será ejercida por el Presidente del Consejo Administrativo de Recursos Fiscales y la vicepresidencia por el consejero representante del contribuyente (Decreto N.° 70.235, de 1972, art. 25, § 8°, con la redacción dictado por la Ley N.° 11941, del 2009, art. 25).

§ 8. Los cargos de Presidente de las Salas de la Cámara Superior de Recursos Fiscales, de las cámaras, de sus salas y de las salas especiales serán ocupados por consejeros representantes al Tesoro Nacional, quien, en caso de empate, tendrá el voto de calidad, y los cargos de Vicepresidente, por representantes de los contribuyentes (Decreto N.° 70.235, de 1972, art. 25, § 9°, con la redacción dada por la Ley N.° 11.941, de 2009, art. 25).

§ 9 Los consejeros serán nombrados por el Ministro de Estado de la Hacienda por un período de mandato, limitándose las renovaciones, en la forma y dentro del plazo establecido en el reglamento interno (Decreto N.° 70.235, de 1972, art. 25, § 10, con la redacción dada por Ley N.° 11941, de 2009, art. 25).

§ 10. El Ministro de Estado de la Hacienda, habiendo observado el debido proceso legal, decidirá sobre la pérdida del mandato para los consejeros que incurran en una falta grave, tal como se define en el reglamento interno (Decreto N.° 70.235, de 1972, art. 25, § 11, con la redacción dada por la Ley N.° 11941, de 2009, art. 25).

Art. 76. El fallo de segunda instancia deberá observar lo dispuesto en los arts. 65, 66, 67 y 69.

Art. 77. El juzgamiento en el Consejo Administrativo de Recursos Fiscales se realizará según lo previsto en el reglamento interno (Decreto N.° 70.235, de 1972, art. 37, con la redacción dada por la Ley N.° 11.941, 2009, art. 25).

Subsección II

De la información del Fiscal del Tesoro Nacional

Art. 78. Los procuradores del Tesoro Nacional serán informados personalmente de las decisiones del Consejo Administrativo de Recursos Fiscales en la sesión de las respectivas cámaras después de la formalización del fallo (Decreto N.° 70.235, de 1972, art. 23, § 7°, incluido por Ley N.° 11.457, del 2007, art. 44).

§ 1°. Si los procuradores del Tesoro Nacional no hubiesen sido informados personalmente dentro de los cuarenta días contados a partir de la formalización del fallo del Consejo Administrativo de Recursos Fiscales, los autos respectivos serán remitidos y entregados, mediante protocolo, a la Procuraduría del Tesoro Nacional con fines de información (Decreto N.° 70.235, de 1972, art. 23, § 8°, incluido por la Ley N.° 11.457, de 2007, art. 44).

§ 2. Los procuradores del Tesoro Nacional serán considerados informados personalmente de las decisiones del Consejo Administrativo de Recursos Fiscales, con el vencimiento del plazo de treinta días contados a partir de la fecha en que los autos respectivos se entreguen a la Procuraduría de conformidad con el § 1° (Decreto N.° 70.235, de 1972, art. 23, § 9, incluido por la Ley N.° 11.457, de 2007, art. 44).

Subsección III

Del recurso especial contra la decisión de segunda instancia

Art. 79. Se puede presentar un recurso especial a la Cámara Superior de Recursos Fiscales, dentro de los quince días de haber sido informado el fallo a la persona interesada, de una decisión que diera a la ley tributaria una interpretación que difiere de la dada por otra cámara, sala de cámara, sala especial o la misma Cámara Superior de Recursos Fiscales (Decreto N.° 70,235, de 1972, art. 37, § 2°, inciso II, con la redacción dada por la Ley N.° 11941, de 2009, art. 25).

Párrafo único. Se puede presentar un recurso especial de divergencia, prevista en el encabezado, contra la decisión que otorgue o rechace el recurso de oficio (Decreto N.° 70.235, de 1972, art. 37, § 2°, inciso II, con la redacción dada por la Ley N.° 11.941, de 2009, art. 25).

CAPÍTULO IV
DE LA EFICACIA Y DE LA EJECUCIÓN DE LAS DECISIONES

Art. 80. Son definitivas las decisiones (Decreto N.° 70.235, de 1972, art. 42):

I. De primera instancia, cuando se agote el plazo para el recurso voluntario sin que este se haya interpuesto;

II. De segunda instancia, cuando no quepa recurso o, en su caso, cuando haya transcurrido el plazo sin su interposición; o

III. De instancia especial.

Párrafo único. Las decisiones de primera instancia también serán definitivas cuando no fuera objeto de recurso voluntario o no estuviese sujeta a un recurso de oficio.

Art. 81. La decisión definitiva contraria al sujeto pasivo será cumplida en el plazo para el cobro amistoso establecido en el artículo 54, aplicándose, en el caso de incumplimiento, lo dispuesto en el § 2° (Decreto N.° 70.235, de 1972, art. 43).

§ 1. En la hipótesis de cumplimiento de una decisión administrativa definitiva contraria al sujeto pasivo, el monto depositado para evitar los incrementos moratorios del crédito tributario o para liberar mercadería se convertirá en renta si el sujeto pasivo no comprueba, dentro del plazo legal, la formulación de la acción judicial (Decreto N.° 70.235, de 1972, art. 43, § 1°).

§ 2. Si el monto depositado no es suficiente para cubrir el crédito tributario, se aplicará lo dispuesto en el encabezado al cobro de la diferencia; si excediera lo exigido, la autoridad competente determinará la devolución del monto excedente, de conformidad con la legislación específica (Decreto N.° 70.235, de 1972, art. 43, § 2°).

Art. 82. Por orden de la autoridad judicial o, en el caso de depósito extrajudicial, de la autoridad administrativa competente, el monto del depósito, después de la conclusión de la disputa o del proceso litigioso, será (Ley N.° 9.703, del 17 de noviembre de 1998, art. 1°, § 3°):

I. Devuelto al depositante por el banco donde se realizó el depósito, dentro de las veinticuatro horas posteriores al conocimiento de la orden de la autoridad judicial o administrativa competente, cuando el fallo o la decisión administrativa es favorable para él o en la medida en que lo fuera, incrementado de intereses, en la forma establecida por el § 4° del artículo 39 de la Ley 9.250, del 26 de diciembre de 1995; o

II. Transformado en pago definitivo, proporcionalmente a la exigencia del tributo correspondiente, incluidos sus accesorios, cuando se tratase de una sentencia o decisión favorable al Tesoro Nacional, cesando, en el caso de una decisión en un proceso administrativo regulado por el Decreto 70.235, de 1972, la suspensión de la exigibilidad del crédito tributario a que se refiere el § 1° del artículo 86.

Art. 83. La decisión que aplica la pena de decomiso o declare el abandono de mercadería o de otros bienes será ejecutada, por la unidad preparatoria, después de un período de treinta días, de acuerdo con la legislación aplicable (Decreto N.° 70.235, de 1972, arts. 21 y 44).

Art. 84. El destino de las mercaderías u otros bienes incautados, declarados abandonados o dados en garantía de pago de los créditos tributarios deberá cumplir con las normas establecidas en la legislación aplicable (Decreto N.° 70.235, de 1972, art. 63).

Párrafo único. Las mercaderías u otros bienes mencionados en el encabezado, aunque sean relativos a procesos pendientes de apreciación judicial, incluidos los que estuvieran a disposición de la Justicia como cuerpo de delito, producto u objeto de delito, a menos que se determine lo contrario, en cada caso, de autoridad judicial, serán destinadas de acuerdo con las normas aplicables (Decreto Ley N.° 1.455, del 7 de abril de 1976, artículo 30, con la redacción dada por la Ley N.° 12.350, del 20 de diciembre del 2010).

Art. 85. En el caso de una decisión definitiva favorable al sujeto pasivo, la autoridad preparatoria debe exonerarlo, de oficio, de los gravámenes derivados del litigio (Decreto N.° 70.235, de 1972, art. 45).

CAPÍTULO V
LOS EFECTOS DE LAS ACCIONES JUDICIALES
Sección I
De la determinación para prevenir la caducidad

Art. 86. La determinación para prevenir la caducidad deberá ser realizada en los casos que exista la concesión de medida cautelar en mandato de seguridad o la concesión de medida cautelar o de tutela anticipada, en otros tipos de acciones legales (Ley N.° 5.172, de 1966 - Código Tributario Nacional, arts. 142, párrafo único, y 151, arts. IV y V; Ley N.° 9.430, de 1996, art. 63, con la redacción dada por la Medida Provisional N.° 2.158-35, del 2001, art. 70).

§ 1. La determinación referida en el encabezado debe ser notificada regularmente al sujeto pasivo con la aclaración de que la exigibilidad del crédito tributario permanece suspendida, debido a la medida cautelar otorgada (Ley N.° 5.172, de 1966 - Código Tributario Nacional, arts. 145 y 151; Decreto 7 N.° 0.235, de 1972, art. 7°).

§ 2. La determinación para prevenir la caducidad debe seguir su curso normal, con la práctica de los actos administrativos que le sean apropiados, excepto los actos de ejecución, que aguardarán la sentencia judicial, o, si fuese el caso, la pérdida de la eficacia de la medida cautelar otorgada.

Sección II

De la renuncia o de la desistencia al litigio en las instancias administrativas

Art. 87. La existencia o interposición, por parte del sujeto pasivo, de una acción judicial con el mismo objeto de la determinación significa renunciar o desistir a la disputa en las instancias administrativas (Ley N.º 6.830, de 1980, art. 38, párrafo único).

Párrafo único. El curso del proceso administrativo, cuando exista un asunto diferente al contenido al proceso judicial, se continuará en relación con la materia diferenciada.

TÍTULO III

DE LOS OTROS PROCESOS ADMINISTRATIVOS

CAPÍTULO I

DEL PROCESO DE CONSULTA

Sección I

De la legitimidad para formular consulta

Art. 88. El sujeto pasivo podrá realizar una consulta sobre la interpretación de la legislación tributaria y aduanera aplicable a un hecho determinado y sobre la clasificación fiscal de mercaderías y la clasificación de servicios, intangibles y de otras operaciones que produzcan variaciones en el patrimonio, con fundamento en la nomenclatura brasileña de servicios, intangibles y otras operaciones que produzcan variaciones en el patrimonio (redacción dada por el Decreto N.º 8.853, de 2016).

Párrafo único. La consulta referida en el encabezado es facultada a los órganos de la administración pública y a las entidades representativas de categorías económicas o profesionales (Decreto N.º 70.235, de 1972, art. 46, párrafo único).

Sección II

De los efectos de la consulta

Art. 89. Ningún procedimiento fiscal será instaurado, relativamente a la especie consultada, contra el sujeto pasivo alcanzado por la consulta, desde la presentación de la consulta hasta el trigésimo día siguiente a la fecha del conocimiento de la decisión que le diera la solución definitiva (Decreto N.º 70.235, de 1972, arts. 48 y 49; Ley N.º 9.430, de 1996, art. 48, encabezado y § 3).

§ 1. La presentación de la consulta:

I. No suspende el plazo:

(a) Para el pago de tributo, retenido en la fuente o declarado (autodeterminado), antes o después de la fecha de presentación; y

(b) Para la presentación de una declaración de ingresos; y

II. No impide la instauración de procedimiento fiscal con el fin de determinar la regularidad de la recaudación de impuestos y la presentación de declaraciones.

§ 2. En el caso de una consulta formulada por una entidad representativa de categoría económica o profesional, los efectos a los que se refiere el encabezado tan solo alcanzan a sus asociados o afiliados después de ser informada la entidad consultiva de la decisión (redacción dada por el Decreto N.° 8.853, de 2016)

Art. 90. Tratándose de una consulta eficaz y formulada antes del vencimiento del débito, no incidirán cargos moratorios desde su presentación hasta el trigésimo día subsecuente a la fecha del conocimiento de su solución (Ley N.° 5.172, de 1966 - Código Tributario Nacional, art. 161, § 2).

Sección III

De los requisitos de la consulta

Art. 91. La consulta deberá ser formulada por escrito y se presentada en la unidad de la Secretaría de Ingresos Federales de Brasil del domicilio del consultante (redacción dada por el Decreto N.° 8.853, de 2016)

Párrafo único. La consulta podrá ser formulada electrónicamente, en la forma regulada por la Secretaría de Ingresos Federales de Brasil (incluido por el Decreto N.° 8.853, del 2016)

Sección IV

De la competencia para la solución de la consulta

Art. 92. La competencia para resolver la consulta o declarar su ineficacia, en la forma regulada por la Secretaría de Ingresos Federales de Brasil, podrá ser atribuida (redacción dada por el Decreto N.° 8.853, del 2016):

I. La unidad central; o (redacción dada por el Decreto N.° 8.853, del 2016)

II. La unidad descentralizada (redacción dada por el Decreto N.° 8.853, del 2016).

Art. 93. La competencia para resolver consultas relacionadas con el Simple Nacional es de la Secretaría de Ingresos Federales de Brasil cuando se refiera a tributos administrados por ese órgano (Ley Complementaria N.° 123, del 2006, art. 40).

Sección V

De la ineficacia de la consulta

Art. 94. No producirá ningún efecto la consulta realizada (Decreto N.° 70.235 de 1972, art. 52):

I. En desacuerdo con lo dispuesto en los arts. 88 y 91;

II. Por aquellos que fueron notificados para cumplir con una obligación relacionada con el hecho objeto de la consulta;

III. Por quienes están bajo procedimiento fiscal iniciado para determinar hechos relacionados con el asunto consultado;

IV. Cuando el hecho ya fue objeto de una decisión anterior, todavía no modificada, proferida en consulta o litigio en el que haya sido parte el consultante;

V. Cuando el hecho es disciplinado en un acto normativo, publicado antes de su presentación;

VI. Cuando el hecho se define o declara en la disposición literal de la ley;

VII. Cuando el hecho se define como un delito o contravención penal; y

VIII. Cuando no describe, completa o exactamente, la hipótesis a la que se refiere, o no contiene los elementos necesarios para su solución, a menos que la inexactitud u omisión sea excusable, a discreción de la autoridad juzgadora.

Sección VI

De la solución de la consulta

Art. 95. Los procesos administrativos de consulta se resolverán en una sola instancia (Ley N.° 9.430, de 1996, art. 48, encabezado).

§ 1. No cabe recurso ni solicitud de reconsideración de la solución de la consulta o de la orden que declara su ineficacia (incluido por el Decreto N.° 8.853, del 2016).

§ 2. La consulta se resolverá en el plazo máximo de trescientos sesenta días, contados a partir de la fecha de la presentación (incluido por el Decreto N.° 8.853, del 2016).

Art. 96. En la solución de la consulta se observarán los actos administrativos, emitidos por las autoridades competentes, sobre el asunto consultado (Ley N.° 9.430, de 1996, art. 48, § 2).

Art. 97. Las soluciones de las consultas se publicarán en el Diario Oficial de la Unión, en la forma prevista en el acto normativo de la Secretaría de Ingresos Federales de Brasil (Ley N.° 9.430, de 1996, art. 48, § 4°).

Art. 98. El envío de conclusiones resultantes de decisiones emitidas en procesos de consulta sobre clasificación fiscal de mercaderías para órganos del Mercado Común del Sur (MERCOSUR) se realizará exclusivamente por la unidad indicada en el inciso I del artículo 92 (Ley N.° 9.430, de 1996, art. 50, § 4).

Sección VII

Del cambio de entendimiento

Art. 99. El entendimiento expresado en una decisión relativa al proceso de consulta sobre clasificación fiscal de mercaderías podrá ser alterado o reformado, de oficio, por la unidad indicada en el inciso I del artículo 92 (Ley N.° 9.430, de 1996, art. 50, §§ 1° a 3°).

§ 1. El consultante deberá ser informado de la alteración o reforma del entendimiento.

§ 2. El entendimiento expresado en una decisión proferida por la Superintendencia Regional de la Agencia Federal de Brasil se aplica a los actos realizados por el sujeto pasivo hasta la fecha del conocimiento, al consultante, de la modificación o reforma a que se refiere el encabezado.

Art. 100. Si, después de la respuesta a la consulta, la administración cambia el entendimiento expresado en la solución respectiva, la nueva orientación tan solo alcanzará a los hechos generadores que ocurran después de que se informa al consultante o después de su publicación en la prensa oficial (Ley N.° 9.430, de 1996, art. 48, § 12).

Párrafo único. En la hipótesis que se altere el entendimiento expresado en una solución de consulta, la nueva orientación tan solo alcanza a los hechos generadores que ocurriesen después de su publicación en la Prensa Oficial o después de informarle al consultante, a menos que la nueva orientación le sea más favorable, en cuyo caso también alcanzará el período cubierto por la solución dada anteriormente.

Sección VIII

Del recurso especial

Art. 101. Se podrá interponer un recurso especial, sin efecto suspensivo, ante la unidad indicada en el inciso I del artículo 92, en los casos en los que se verifique la ocurrencia de conclusiones divergentes entre soluciones de consulta sobre el mismo tema, basadas en una idéntica norma jurídica (Ley N.° 9.430, de 1996, art. 48, §§ 5° a 8°, 10 y 11).

§ 1. El recurso especial puede ser interpuesto por el destinatario de la solución divergente, en el plazo de treinta días, contados a partir de la fecha de conocimiento de la solución.

§ 2. Un sujeto pasivo que tenga conocimiento de una solución que difiere de la que está observando como resultado de una respuesta a la consulta previamente formulada, sobre una idéntica materia, podrá adoptar el procedimiento previsto en el encabezado, en el plazo de treinta días contados a partir de la fecha de su respectiva publicación.

§ 3. Corresponde a quien interpusiera el recurso comprobar la existencia de las soluciones divergentes sobre idénticas materias.

§ 4. El examen de admisibilidad del recurso será realizado en la forma regulada por la Secretaría de Ingresos Federales de Brasil (redacción dada por el Decreto N.° 8.853, del 2016)

§ 5. La solución de la divergencia provocará, en cualquier hipótesis, la emisión de un acto administrativo específico, uniformizando la comprensión, con conocimiento inmediato al destinatario de la solución reformada, aplicándose sus efectos desde la fecha del conocimiento, respetando lo dispuesto en el párrafo único del artículo 100.

Sección IX

De la representación

Art. 102. Cualquier funcionario de la administración tributaria deberá, en cualquier momento, formular una representación ante el organismo que hubiese emitido la decisión, remitiendo las soluciones divergentes sobre idéntica materia, del cual tiene conocimiento (Ley N.° 9.430, de 1996, art. 48, §§ 8 y 9).

Párrafo único. El juicio de admisibilidad de la representación será realizado en la forma regulada por la Secretaría de Ingresos Federales de Brasil (redacción dada por el Decreto N.° 8.853, del 2016).

CAPÍTULO II

DE LOS PROCESOS DE RECONOCIMIENTO DEL DERECHO DE CRÉDITO

Sección I

De las disposiciones generales

Art. 103 (derogado por el Decreto N.° 8.853, del 2016)

Sección II

Del proceso de compensación

Subsección I

De la declaración de compensación

Art. 104. Un sujeto pasivo que obtenga crédito, incluidos aquellos con cosa juzgada, relativo al tributo administrado por la Secretaría de Ingresos Federales de Brasil, pasible de restitución o de resarcimiento, podrá usarlo para compensar los débitos propios de cualesquier tributos administrados por ese órgano (Ley N.° 9.430, de 1996, art. 74, con la redacción dada por la Ley N.° 10.637, de 30 de diciembre del 2002, art. 49).

Párrafo único. La compensación tratada en el encabezado se realizará mediante la entrega, por parte del sujeto pasivo, de una Declaración de compensación que contendrá informaciones sobre los créditos utilizados y los respectivos débitos compensados.

Subsección II

De los créditos prohibidos a la compensación

Art. 105. Está prohibido la compensación de débitos, mediante la entrega de la Declaración de compensación, más allá de las hipótesis previstas en las normas específicas de cada tributo:

I. Con el crédito relativo al saldo a reembolsar determinado en la Declaración de Ajuste Anual del Impuesto a la Renta de la Persona Física (Ley N.° 9.430, de 1996, art. 74, § 3, inciso I, con la redacción dada por la Ley N.° 10.637, del 2002, art. 49); y

II. Con créditos relativos a las contribuciones sociales previstas en las letras «a», «b» y «c» del párrafo único del artículo 11 de la Ley N.° 8.212, de 1991, y a las contribuciones instituidas a título de sustitución (Ley N.° 11.457, del 2007, art. 26, párrafo único).

Art. 106. El monto objeto de una solicitud de restitución o reembolso que haya sido rechazado por la autoridad competente de la Secretaría de Ingresos Federales de Brasil, aunque esté pendiente de una decisión definitiva en la esfera administrativa, no puede utilizarse para fines de compensación (Ley N.° 9.430, de 1996, art. 74, § 3, inciso VI, incluido por la Ley N.° 11.051, del 2004, art. 4°).

Subsección III

De los débitos prohibidos a la compensación

Art. 107. No podrán ser objeto de compensación, mediante la entrega de la Declaración de Compensación (Ley N.° 9.430, de 1996, art. 74, § 3°):

I. Las deudas relativas a tributos debidos en el registro de la Declaración de Importación;

II. Las deudas relativas a tributos administrados por la Secretaría de Ingresos Federales de Brasil que ya hayan sido enviados a la Procuraduría General del Tesoro Nacional para su inscripción en la deuda activa de la Unión;

III. La deuda consolidada en cualquier modalidad de fragmento otorgado por la Secretaría de Ingresos Federales de Brasil;

IV. La deuda que ya haya sido objeto de compensación no homologada, aunque la compensación se encuentre pendiente de una decisión definitiva en la esfera administrativa; y

V. Las deudas relativas a las contribuciones sociales previstas en las letras «a», «b» y «c» del párrafo único del artículo 11 de la ley N.° 8.212, de 1991, y a las contribuciones instituidas a título de sustitución (Ley N.° 11.457, del 2007, art. 26, párrafo único).

Subsección IV

De los efectos de la declaración de compensación

Art. 108. La Declaración de Compensación entregada a la Secretaría de Ingresos Federales de Brasil extingue el crédito tributario, bajo condición resolutoria de su posterior homologación (Ley N.° 9.430, de 1996, art. 74, § 2°, con redacción dada por la Ley N.° 10.637, del 2002, art. 49).

Art. 109. La Declaración de Compensación constituye una confesión de deuda y un instrumento hábil y suficiente para la exigencia de débitos compensados de forma indebida (Ley N.° 9.430, de 1996, art. 74, § 6°, incluida en la Ley N.° 10.833, del 2003, art. 17)

Art. 110. Si no es homologada la compensación, la autoridad administrativa deberá informar al contribuyente y notificarle para que efectúe, en el plazo de treinta días, contados a partir de la fecha del conocimiento del acto que no la homologó, el pago de los débitos indebidamente compensados (Ley N.° 9.430, de 1996, art. 74, § 7°, incluida por la Ley N.° 10.833, del 2003, art. 17).

Art. 111. Si no se realiza el pago dentro del plazo previsto en el artículo 110, el débito se remitirá a la Procuraduría General del Tesoro Nacional para su inscripción en la deuda activa de la Unión, salvo lo dispuesto en el artículo 119 (redacción dada por el Decreto N.° 8.853, del 2016).

Subsección V

De la competencia y del plazo para la homologación

Art. 112. La competencia para decidir sobre la homologación o no de la compensación declarada es del Auditor Fiscal de la Agencia Federal de Brasil, según fue regulado por la Secretaría de Ingresos Federales de Brasil (redacción dada por el Decreto N.° 8.853, del 2016).

Art. 113. El plazo para la homologación de la compensación será de cinco años, contados a partir de la fecha de la entrega de la Declaración de Compensación (Ley N.° 9.430, de 1996, art. 74, § 5°, incluido por la Ley N.° 10.833, del 2003, art. 17).

Subsección VI

De la compensación no declarada

Art. 114. La compensación será considerada no declarada en las siguientes hipótesis (Ley N.° 9.430, de 1996, art. 74, § 12, con la redacción dada por la Ley N.° 11.051, del 2004, art. 4):

I. Previstas en los artículos 105 a 107; o

II. En las que el crédito:

a) Sea de terceros;

b) Se refiera al «crédito premio» establecido por el artículo 1° del Decreto Ley 491, del 5 de marzo de 1969;

c) Se refiera a título público;

d) Sea resultante de una decisión judicial que no es firme;

e) No se refiera a tributos administrados por la Secretaría de Ingresos Federales de Brasil; o

f Tuviese como fundamento la alegación de inconstitucionalidad de la ley, excepto en los casos en los que la ley (Ley N.° 9.430, de 1996, art. 74, § 12, inciso II, letra «f», con la redacción dada por la Ley 11.941, del 2009, art. 30):

1. Haya sido declarado inconstitucional por el Supremo Tribunal Federal en una acción directa de inconstitucionalidad o en una ac-

ción declarativa de constitucionalidad;

2. Haya tenido su ejecución suspendida por el Senado Federal;

3. Haya sido juzgada inconstitucional en una sentencia firme a favor del contribuyente; o

4. Sea objeto de una Súmula o resumen vinculante aprobado por el Supremo Tribunal Federal en los términos del artículo 103-A de la Constitución.

Párrafo único. Lo dispuesto en los artículos 108, 111, 113 y 119 no se aplica a las hipótesis previstas en este artículo (Ley N.° 9.430, de 1996, art. 74, § 13, con la redacción dada por la Ley N.° 11.051, del 2004, art. 4°).

Subsección VII

Disposiciones Complementarias

Art. 115. La Secretaría de Ingresos Federales de Brasil regulará lo dispuesto en esta Sección, incluido el establecimiento de criterios de prioridad para la consideración de procesos de compensación (Ley N.° 9.430, de 1996, art. 74, § 14, con la redacción dada por la Ley N.° 11.051, del 2004, art. 4°).

Art. 116. En caso de manifestación de no conformidad contra la no homologación de la compensación e impugnación respecto a la determinación de las multas referidas en el artículo 18 de la Ley N.° 10.833, del 2003, las piezas serán reunidas en un único proceso, debiendo las decisiones respectivas a las materias litigadas ser objeto de un único fallo (Ley N.° 10.833, del 2003, art. 18, § 3°).

Art. 116-A. En caso de presentación de una manifestación de no conformidad contra la no homologación de la compensación, queda suspendida la exigibilidad de la multa de oficio a la que se refiere el § 17 del artículo 74 de la Ley N.° 9.430, del 27 de diciembre de 1996, aunque no sea impugnada esa exigencia, encuadrándose en lo dispuesto en el inciso III del encabezado del artículo 151 de la Ley N.° 5.172, del 25 de octubre de 1966 - Código Tributario Nacional (incluido por el Decreto N.° 8.853, del 2016).

Sección III

De los procesos de restitución, resarcimiento y reembolso

Subsección I

De la competencia

Art. 117. La autoridad para apreciar pedidos de restitución, resarcimiento y reembolso de tributos administrados por la Secretaría de Ingresos Federales de Brasil y los pedidos de restitución relativos a derechos *antidumping* y a derechos compensatorios recae en el Auditor-Fiscal de la Agencia Federal de Brasil, según es regulado por la Secretaría de Ingresos Federales de Brasil (redacción dada por el Decreto N.° 8.853, del 2016).

Subsección II

De la compensación de oficio

Art. 118. La Secretaría de Ingresos Federales de Brasil, antes de realizar la restitución o el resarcimiento de tributos, deberá verificar si el sujeto pasivo es un deudor del Tesoro Nacional (redacción dada por el Decreto N.° 8.853, del 2016).

Párrafo único. En el caso que exista débito en nombre del sujeto pasivo, no fraccionado o fraccionado sin garantía, inclusive inscrito en la Deuda Activa de la Unión, el monto de la restitución o del resarcimiento se compensará, total o parcialmente, con el valor del débito (redacción dada por el Decreto N.° 8.853, del 2016).

Sección IV

De los recursos

Subsección I

De los recursos contra la no homologación

Art. 119. Se faculta al sujeto pasivo, en el plazo referido en el artículo 110, para que presente una manifestación de no conformidad contra la no homologación de la compensación (Ley N.° 9.430, de 1996, art. 74, § 9°, incluido por la Ley N.° 10.833, del 2003, art. 17).

§ 1. De la decisión que juzga improcedente la manifestación de no conformidad corresponderá recurso al Consejo Administrativo de Recursos Fiscales (Ley N.° 9.430, de 1996, art. 74, § 10, incluido por la Ley N.° 10.833, del 2003, art. 17; Decreto N.° 70.235, de 1972, art. 25, inciso II, con la redacción dada por la Ley N.° 11941, del 2009, art. 25).

§ 2. La manifestación de no conformidad y el recurso tratado por el encabezado y el § 1° obedecerán a las normas procesales del Decreto N.° 70.235, de 1972 (Título II de este Reglamento), y se encuadran en lo dispuesto en el inciso III del artículo 151 de la Ley N.° 5.172, de 1966 - Código Tributario Nacional, en relación con el débito objeto de la compensación (Ley N.° 9.430, de 1996, art. 74, § 11, incluido por la Ley N.° 10.833, del 2003, art. 17).

Subsección I-A

(Incluido por el Decreto N.° 8.853, del 2016)

De los recursos contra la decisión que considera la compensación no declarada

Art. 119-A. Se faculta al sujeto pasivo, de conformidad con el artículo 56 al artículo 65 de la Ley N.° 9.784, del 29 de enero de 1999, para presentar un recurso, en el plazo de diez días, contado a partir de la fecha del conocimiento, contra la decisión que considera la compensación no declarada (incluido por el Decreto N.° 8.853, del 2016).

Párrafo único. El recurso del que trata el encabezado (incluido por el Decreto N.° 8.853, del 2016):

I. No tendrá efecto suspensivo, no encuadrándose en lo dispuesto en el inciso III del encabezado del artículo 151 de la Ley N.° 5.172, de 1966 - Código Tributario Nacional, respecto al débito objeto de la compensación; y (incluido por el Decreto N.° 8.853, del 2016)

II. Será decidido en última instancia por el titular de la Superintendencia Regional de la Agencia Federal de Brasil, con jurisdicción sobre el domicilio fiscal del recurrente (incluido por el Decreto N.° 8.853, del 2016).

Subsección II

De los recursos contra el rechazo de los pedidos de restitución, resarcimiento y reembolso

Art. 120. Se faculta al sujeto pasivo, en el plazo de treinta días, contados a partir de la fecha del conocimiento de la decisión que rechazó su pedido de restitución, resarcimiento o reembolso, presentar una manifestación de no conformidad, ante la Oficina Fiscal Federal de Juzgamiento de Brasil competente, contra el no reconocimiento del derecho de crédito (Ley N.° 8.748, de 1993, art. 3, inciso II; Ley N.° 9.019, de 1995, art. 7°, §§ 1° y 5°).

Párrafo único. De la decisión que juzga improcedente la manifestación de no conformidad, corresponderá recurso al Consejo Administrativo de Recursos Fiscales.

Artículo 121. Compete al Consejo Administrativo de Recursos Fiscales, teniendo en cuenta su competencia por materia, juzgar recurso voluntario de decisión de primera instancia en los procesos relativos a restitución, resarcimiento y reembolso de tributos administrados por la Secretaría de Ingresos Federales de Brasil (Decreto N.° 70.235, de 1972, art. 25, inciso II, con la redacción dada por la Ley N.° 11941, del 2009).

Subsección III

Disposiciones complementarias

Art. 122. La Secretaría de Ingresos Federales de Brasil regulará lo dispuesto en esta Sección, inclusive sobre el establecimiento de criterios de prioridad para la consideración de los procesos de restitución, resarcimiento y de reembolso (Ley N.° 9.430, de 1996, art. 74, § 14, con la redacción dada por la Ley N.° 11.051, del 2004, art. 4°).

CAPÍTULO III

DE LOS PROCESOS DE SUSPENSIÓN DE LA INMUNIDAD Y DE LA EXENCIÓN

Sección I

Del proceso de suspensión de la inmunidad

Art. 123. La suspensión de la inmunidad tributaria, en virtud de la falta de observancia de requisitos legales, debe ser realizada en conformidad con lo dispuesto en esta Sección (Ley N.° 9.430, de 1996, art. 32).

§ 1. Si se verifica que la entidad que se beneficia de la inmunidad de tributos federal, referida en la letra «c» del inciso VI del encabezado del artículo 150 de la Constitución, no cumple con los requisitos o condiciones previstos en el § 1° del artículo 9° y en el artículo 14 de la Ley N.° 5.172 de 1966 - Código Tributario Nacional, la fiscalización tributaria emitirá una notificación fiscal, en la cual relatará los hechos que llevaron a la suspensión del beneficio, indicando incluso la fecha en la que los requisitos legales dejaron de ser atendidos, 151, incisos IV y V.

§ 2 Lo dispuesto en el § 1° no se aplica en el caso de incumplimiento de requisito establecido en el artículo 12 de la Ley N.° 9.532, de 1997.

§ 3. La entidad podrá, en el plazo de treinta días, contados a partir de la fecha del conocimiento de la notificación, presentar las alegaciones y las pruebas que considere necesarias.

§ 4. El delegado o inspector de la Agencia Federal de Brasil decidirá sobre la procedencia de las alegaciones, emitiendo el acto declarativo que suspende el beneficio en el caso de improcedencia, dando conocimiento de su decisión a la entidad.

§ 5. El acto suspensivo también será emitido si ha transcurrido el plazo previsto en el § 3 sin ninguna manifestación de la parte interesada.

§ 6. La suspensión de la inmunidad tendrá como término inicial la fecha en la que los requisitos legales dejaran de ser atendidos.

§ 7. Efectivizada la suspensión de la inmunidad:

I. La entidad interesada podrá, en el plazo de treinta días, contados a partir de la fecha del conocimiento, impugnar el acto declarativo, que será objeto de una decisión por la Oficina de Ingreso Federal de Juzgamiento de Brasil competente; y

II. La fiscalización de tributos federales elaborará un acta de infracción, si correspondiese.

§ 8. La impugnación relativa a la suspensión de la inmunidad obedecerá a las demás normas que regulan el proceso administrativo fiscal.

§ 9 La impugnación y el recurso presentados por la entidad no tendrán efecto suspensivo en relación al acto declarativo impugnado.

§ 10. Si se redacta un acta de infracción, las impugnaciones y los recursos contra el acto declarativo y contra la exigencia del crédito tributario se reunirán en un único proceso, debiendo las decisiones relacionadas con los asuntos litigados ser objeto de un único fallo.

§ 11. El procedimiento que pretende suspender la inmunidad tributaria de los partidos políticos solo se iniciará después de una decisión firme del Tribunal Superior Electoral que juzgue irregulares o no prestadas, de conformidad con los términos de la Ley, las debidas cuentas apropiadas a la Justicia Electoral (Ley N.° 9.430, de 1996, art. 32, § 11, incluido por la Ley N.° 11.941, del 2009, art. 73).

§ 12. La entidad interesada dispondrá de todos los medios legales para impugnar los hechos que determinan la suspensión del beneficio (Ley N.° 9.430, de 1996, art. 32, § 12, incluido por la Ley N.° 11.941, del 2009, art. 73).

Sección II

Del proceso de suspensión de la exención

Art. 124. Los procedimientos establecidos en el artículo 123 también se aplican a las hipótesis de suspensión de exenciones condicionadas cuando la entidad beneficiaria estuviese incumpliendo las condiciones o requisitos impuestos por la legislación vigente (Ley N.° 9.430, de 1996, art. 32, § 10).

Art. 125. En el caso de la exención de las contribuciones sociales previstas en los artículos 22 y 23 de la Ley N.° 8.212, de 1991, constatado el incumplimiento, por la entidad beneficiaria, de los requisitos impuestos por la legislación vigente, la fiscalización de la Agencia Federal de Brasil elaborará el acta de infracción para el período correspondiente y relatará los hechos que demuestren el incumplimiento de dichos requisitos para el disfrute de la exención (Ley N.° 12.101, del 27 de noviembre del 2009, artículos 29 y 32).

§ 1. El derecho a la exención de las contribuciones mencionadas en el encabezado se suspenderá automáticamente durante el período en que no se cumpla el requisito en conformidad con este artículo, debiendo la determinación correspondiente tener como término inicial la fecha de la ocurrencia de la infracción que la causó.

§ 2. Lo dispuesto en este artículo obedecerá a las normas procesales del Decreto N.° 70.235, de 1972 (Título II de este Reglamento).

CAPÍTULO IV
DE LA SOLICITUD DE REVISIÓN DE LA ORDEN DE EMISIÓN DE INCENTIVOS FISCALES

Art. 126. El contribuyente que elija aplicar una parte del impuesto a la renta debido a incentivos fiscales podrá solicitar una revisión de la orden de emisión de incentivos fiscales emitida por la Secretaría de Ingresos Federales de Brasil, cuando no sea atendida la opción formalizada en la Declaración del Impuesto a la Renta de la Persona Jurídica - Ganancia Real.

§ 1. La Secretaría de Ingresos Federales de Brasil, con base en las opciones ejercidas por los contribuyentes y en el control de los pagos, emitirá, en cada ejercicio, a la persona jurídica optante, extracto de cuenta corriente que contenga los montos efectivamente considerados como impuesto y como aplicación en los fondos de inversión (Decreto Ley N.° 1.752, del 31 de diciembre de 1979, art. 3°).

§ 2. La solicitud de revisión de la orden de emisión de incentivos fiscales debe presentarse, salvo plazo mayor concedido por la Secretaría de Ingresos Federales de Brasil:

I. En el plazo de treinta días, contados a partir del conocimiento de la resolución en el cual las opciones no aparecen formalizadas o se presentan con divergencias (Decreto-Ley N.° 1.752, de 1979, art. 3°; Decreto N.° 70.235, de 1972, art. 15); o

II. Hasta el 30 de septiembre del segundo año siguiente al ejercicio financiero al que corresponde la opción, en el caso de no recepción de la resolución (Decreto-Ley N.° 1.376, del 12 de diciembre de 1974, art. 15, § 5°, con la redacción dada por el Decreto Ley N.° 1.752, de 1979, art. 1°).

§ 3. Lo dispuesto en este artículo obedecerá a las normas procesales del Decreto N.° 70.235, de 1972 (Título II de este Reglamento).

CAPÍTULO V

DEL PROCESO DE APLICACIÓN DE LA PENA DE CONFISCACIÓN

Sección I

Del proceso de aplicación de la pena de confiscación de mercancías y de vehículo

Art. 127. Las infracciones a las que se aplica la pena de confiscación se investigarán mediante un proceso administrativo fiscal, cuya parte inicial será el acta de infracción acompañado de una orden de embargo y, si corresponde, un acuerdo de custodia fiscal (Decreto Ley N.° 1.455, de 1976, art. 27, encabezado).

§ 1. Realizada la notificación, ya sea personalmente o por edicto, la no presentación de una impugnación dentro de los veinte días, contados a partir de la fecha de conocimiento, implica rebeldía (Decreto Ley N.° 1.455, de 1976, art. 27, § 1°).

§ 2. La rebeldía del infractor, declarado por la autoridad preparadora, implica el envío del proceso a la autoridad competente, para la aplicación inmediata de la pena de confiscación, dejando la mercancía correspondiente disponible para el destino, de conformidad con los términos de la legislación específica.

§ 3. Una vez presentada la impugnación, la autoridad preparatoria tendrá el plazo de quince días, contados a partir de la fecha de la presentación, para la remisión del proceso a juicio (Decreto Ley N.° 1.455, de 1976, art. 27, § 2). Decreto Ley N.° 37, de 1966.

§ 4 El plazo mencionado en el § 3° puede ampliarse cuando exista la necesidad de diligencia o pericia (Decreto-Ley N.° 1.455, de 1976, art. 27, § 3°).

§ 5. Después de la preparación, el proceso se someterá a la decisión del Ministro de Estado de la Hacienda, en una sola instancia (Decreto-Ley N.° 1.455, de 1976, art. 27, § 4°).

§ 6. Las infracciones mencionadas en los incisos II y III del encabezado del artículo 23 del Decreto-Ley N.° 1.455, de 1976, cuando se refiere a mercancías de menos de US $ 500.00 (quinientos dólares de los Estados Unidos de América), y en el inciso IX del encabezado del artículo 105 del Decreto Ley N.° 37, del 18 de noviembre de 1966, se determinarán en un procedimiento simplificado, en el cual (Decreto Ley N.° 1.455, de 1976, art. 27, § 5°, incluido por la Ley N.° 12.058, del 13 octubre de 2009, artículo 31):

I. Las mercaderías serán relacionadas por la unidad de la Secretaría de Ingresos Federales de Brasil que tenga jurisdicción sobre el lugar de depósito, debiendo la relación ser fijada por edicto en dicha unidad durante veinte días; y

II. Transcurrido el plazo mencionado en el inciso I:

a) Sin manifestación de ninguna parte interesada, serán declaradas abandonadas y estarán disponibles para su destino, dispensada la formalidad referida en el encabezado, observado lo dispuesto en los artículos 28 a 30 del Decreto Ley N.° 1.455, de 1976; o

b) Con manifestación contraria del interesado, se adoptará el procedimiento previsto en el encabezado y en los §§ 1° a 4°.

§ 7. El Ministro de Estado de la Hacienda podrá complementar la disciplina de lo dispuesto en el § 6, y aumentar en hasta dos veces el límite establecido en él (Decreto Ley N.° 1.455, de 1976, art. 27, § 6°, incluido por la Ley N.° 12.058, de 2009, art. 31).

§ 8. Lo dispuesto en los §§ 6° y 7° no se aplica en la hipótesis de mercancías de importación prohibida (Decreto Ley N.° 1.455, de 1976, art. 27, § 7°, incluido por la Ley N.° 12.058, del 2009, art. 31).

§ 9. El Ministro de Estado de la Hacienda podrá:

I. Delegar la competencia para la decisión de la que trata el § 5° (Decreto Ley N.° 200, del 25 de febrero de 1967, art. 12); y

II. Establecer reglas complementarias para regular los procedimientos previstos en esta Sección.

Sección II

Del proceso de retención y confiscación de vehículo transportador de mercancía

Sujeta a la pena de confiscación

Art. 128. Corresponderá recurso contra actos que formalizan la exigencia de la multa por el transporte de mercancía sujeta a la pena de confiscación y la retención del vehículo de transporte, con efecto exclusivamente retornable, que será presentado dentro de los veinte días, contados a partir de la fecha de conocimiento de la retención, al jefe de la unidad de la Secretaría de Ingresos Federales de Brasil responsable por la retención, que lo evaluará en una sola instancia (Ley N.° 10.833, del 2003, art. 75, § 3).

§ 1. Transcurrido el plazo de cuarenta y cinco días, contados a partir de la fecha de la aplicación de la multa o del conocimiento del rechazo del recurso, y no pagada la multa prevista, el vehículo se considerará abandonado, caracterizando daño al Tesoro y generando la aplicación de la pena de confiscación, observando las normas establecidas en la Sección I de este Capítulo.

§ 2. La Secretaría de Ingresos Federales de Brasil deberá representar contra el transportista que incurra en la infracción prevista en el encabezado o que está sujeto a la aplicación de la pena por confiscación del vehículo a la autoridad competente para fiscalizar el transporte terrestre.

Sección III
Del proceso de pérdida de moneda

Art. 129. El proceso administrativo de determinación y aplicación de la pena de pérdida de moneda deberá obedecer lo dispuesto en el artículo 127 y sus §§ 1°, 3° y 4° (Medida provisional N.° 2.158-35, del 2001, art. 89, §§ 1° a 4°; Decreto N.° 6.759, del 2009, art. 700).

Párrafo único. De la decisión emitida por la autoridad competente, en el caso mencionado en el encabezado, no está sujeta a recurso (Medida Provisional N.° 2.158-35, del 2001, art. 89, § 5°).

Art. 130. Las monedas retenidas antes del 27 de agosto del 2001 tendrán su valor convertido en ingresos de la Unión (Medida Provisional N.° 2,158-35, del 2001, art. 89, § 6°, inciso II).

Párrafo único. Lo dispuesto en el encabezado no se aplica en los casos en los que el interesado haya presentado una manifestación de no conformidad, hipótesis en la que serán adoptados los procedimientos referidos en el artículo 127 (redacción dada por el Decreto N.° 8.853, del 2016)

Sección IV
De la dispensa de la pena de confiscación

Art. 131. El Ministro de Estado de la Hacienda, en despacho fundamentado, podrá dispensar penalidades relativas a infracciones que no tenga resultado en la falta o la insuficiencia de pago de tributos federales, atendiendo (Decreto-Ley N.° 1.042, de 21 de octubre 1969, art. 4°):

I. A error o a la ignorancia excusable del infractor, en cuanto a la materia de hecho; o

II. A la equidad, en relación con las características personales o materiales del caso, incluida la ausencia de intención deliberada.

§ 1. La dispensa de la penalidad podrá ser condicionada a la corrección previa de las irregularidades que dieron lugar al proceso administrativo fiscal (Decreto-Ley N.° 1.042, de 1969, art. 4°, § 1°).

§ 2. El Ministro de Estado de la Hacienda podrá delegar la competencia otorgada por este artículo (Decreto-Ley N.° 1.042, de 1969, art. 4°, § 2°).

CAPÍTULO VI
DEL PROCESO DE DETERMINACIÓN Y EXIGENCIA DE LAS MEDIDAS DE PROTECCIÓN

Art. 132. La determinación y exigencia de los créditos tributarios derivados de la infracción de medidas de protección obedecerán a las normas procesales del Decreto N.° 70.235, de 1972 (Título II de este Reglamento) (Decreto N.° 6.759, de 2009, arts. 768 a 773).

CAPÍTULO VII
DE LOS PROCESOS DE APLICACIÓN Y DE EXIGENCIA DE LOS DERECHOS *ANTIDUMPING* Y COMPENSATORIOS

Art. 133. El cumplimiento de las obligaciones derivadas de la aplicación de los derechos *antidumping* y de los derechos compensatorios, provisionales o definitivos, será una condición para la introducción de productos objeto de *dumping* o subsidio en el comercio del país (Ley N.° 9.019, de 1995, art. 7).

§ 1°. La Secretaría de Ingresos Federales de Brasil será competente para el cobro de los derechos *antidumping* y compensatorios, provisionales o definitivos, cuando se trate de valor en efectivo, y, si fuera el caso, para su restitución.

§ 2° Los derechos *antidumping* y compensatorios son debidos en la fecha de registro de la Declaración de Importación (Ley N.° 9.019, de 1995, art. 7°, § 2°, con la redacción dada por la Ley N.° 10.833, 2003, art. 79).

§ 3°. La exigencia de oficio de derechos *antidumping* o de derechos compensatorios y los consiguientes incrementos moratorios y penalidades será formalizada en el acta de infracción labrada por el Auditor Fiscal de la Agencia Federal de Brasil, observando lo dispuesto en el Título II de este Reglamento, y el plazo de cinco años, contados a partir de la fecha de registro de la Declaración de Importación (Ley N.° 9.019, de 1995, art. 7°, § 5°, incluido por la Ley N.° 10.833, del 2003, art. 79).

§ 4°. El juicio de los procesos relativos a la exigencia mencionada en el § 3, observando lo dispuesto en el Decreto N.° 70.235, de 1972, compete:

I. En primera instancia, a las Oficinas Fiscales Federales de Juzgamiento de Brasil; y

II. En segunda instancia, al Consejo Administrativo de Recursos Fiscales.

§ 5°. La restitución de valores pagados a título de derechos *antidumping* y de derechos compensatorios, provisionales o definitivos, implica la restitución de los aumentos legales correspondientes y de las penalidades pecuniarias, de carácter material, perjudicados por la causa de la restitución (Ley N.° 9.019, de 1995, art. 7°, § 7°, incluido por la Ley N.° 10.833, del 2003, art. 79).

Art. 134. Los derechos *antidumping* o compensatorios, provisionales o definitivos, tan solo se aplicarán sobre los bienes despachados para consumo a partir de la fecha de publicación del acto que los establezca, exceptuándose los casos de retroactividad previstos en los Acuerdos *Antidumping* y en los acuerdos Subsidios y Derechos Compensatorios (Ley N.° 9.019, de 1995, art. 8).

§ 1°. En casos de retroactividad, la Secretaría de Ingresos Federales de Brasil notificará al contribuyente o persona responsable para que pague los derechos *antidumping* o compensatorios, provisionales o definitivos, en el plazo de treinta días, contados a partir de la fecha del conocimiento, sin la incidencia de cualesquier incrementos moratorios (Ley N.° 9.019, de 1995, art. 8°, § 1°, incluido por la Ley N.° 10.833, del 2003, art. 79).

§ 2°. Si vence el plazo previsto en el § 1° sin el pago de los derechos, la Secretaría de Ingresos Federales de Brasil deberá exigir de oficio, mediante un acta de infracción labrada, aplicándose la multa y los intereses de mora previstos en el inciso II del § 3° del artículo 7° de la Ley N.° 9.019, de 1995, a partir del final del plazo previsto en el § 1° (Ley N.° 9.019, de 1995, art. 8°, § 2°, incluido por la Ley N.° 10.833, del 2003, art. 79).

CAPÍTULO VIII
DEL PROCESO DE DETERMINACIÓN Y EXIGENCIA DE DERECHOS DE NATURALEZA COMERCIAL

Art. 135. La exigencia de oficio de derechos de naturaleza comercial referido en la Ley 12.270, del 24 de junio del 2010, de los incrementos moratorios y de las penalidades será formalizada en un acta de infracción labrada por el Auditor Fiscal de la Agencia Federal de Brasil, observándose los procedimientos establecidos en el Título II de este Reglamento, y el plazo de cinco años a partir de la fecha de envío, pago o crédito de la remuneración a la que tiene derecho el titular de derechos de propiedad intelectual (Ley N.° 12.270, del 2010, art. 7°, § 8°).

§ 1. Si se verifica el incumplimiento de la obligación, la Secretaría de Ingresos Federales de Brasil remitirá la deuda a la Oficina del Fiscal General del Tesoro Nacional para su registro en la deuda activa de la Unión y el cobro respectivo, observado el plazo de prescripción de cinco años (Ley N.° 12.270, del 2010, art. 7°, § 9°).

§ 2. Tan solo serán pasibles de resarcimiento los montos recaudados a título de cobro de derechos a los que se refiere el encabezado en los casos de pago indebido o en exceso del monto adeudado, observándose los procedimientos establecidos por la Secretaría Ingresos Federales de Brasil (Ley N.° 12.270, del 2010, art. 7°, § 10).

CAPÍTULO IX
DEL PROCESO DE LIQUIDACIÓN DEL TÉRMINO DE RESPONSABILIDAD

Art. 136. Salvo el régimen de almacén industrial previsto en el Decreto Ley N.° 37, de 1966, las obligaciones fiscales relacionadas con mercaderías sujetas a régimen aduanero especial se constituirán en término de responsabilidad (Decreto Ley N.° 37, de 1966, art. 72).

§ 1°. El término de responsabilidad es un título que representa el derecho líquido y cierto del Tesoro Nacional con respecto a las obligaciones fiscales establecidas en él (Decreto-Ley N.° 37, de 1966, art. 72, § 2°, incluido por el Decreto-Ley N.° 2.472, del 1° de septiembre de 1988, art. 1°).

§ 2°. Si no se cumple el compromiso asumido en el término de responsabilidad, el crédito constituido en él será objeto de exigencia, con los incrementos legales aplicables (Decreto N.° 6.759, del 2009, art. 760, párrafo único).

Art. 137. La exigencia del crédito tributario constituido en término de responsabilidad debe ser precedida de (Decreto N.° 6.759, del 2009, art. 761):

I. Citación del responsable para, dentro de diez días, contados a partir de la fecha de conocimiento, justificar el incumplimiento, total o parcial, del compromiso asumido; y

II. Revisión del proceso vinculado al término de responsabilidad, en vista de la justificación de la parte interesada, para fines de ratificación o liquidación del crédito.

§ 1. La exigencia del crédito, después de ser notificada su ratificación o liquidación al responsable, deberá ser realizada mediante:

I. Conversión del depósito en renta de la Unión, en la hipótesis de prestación de garantía bajo la forma de depósito en efectivo; o

II. Notificación de la persona responsable de realizar el pago, dentro de los treinta días, contados a partir de la fecha del conocimiento, en la hipótesis de renuncia a la garantía, o de la prestación de garantía bajo la forma de una fianza idónea o de seguro aduanero.

§ 2. Cuando la exigencia fuese efectuada según lo dispuesto en el inciso II del § 1°, también se convocará al fiador o asegurador.

Art. 138. Transcurrido el plazo establecido en el ítem I del encabezado del artículo 137, sin que la parte interesada presente la justificación solicitada, la exigencia del crédito se efectuará en la forma prevista en los §§ 1° y 2° de dicho artículo (Decreto N.° 6.759, del 2009, art. 762).

Art. 139. Si no se realiza el pago del crédito tributario requerido, al término se enviará a la Oficina del Fiscal del Tesoro Nacional para su inscripción en la deuda activa de la Unión (Decreto N.° 6.759, del 2009, art. 763).

Art. 140. La Secretaría de Ingresos Federales de Brasil podrá crear normas suplementarias para regular la exigencia del crédito tributario constituido en término de responsabilidad (Decreto N.° 6.759, 2009, art. 764). Decreto Ley N.° 37 de 1966.

Art. 141. El término no formalizado por una determinada cuantía será liquidado a la luz de los elementos contenidos en el despacho aduanero a la que está obligado (Decreto-Ley N.° 37, de 1966, art. 72, § 3°, con redacción dada por el Decreto Ley N.° 2472, de 1988, art. 1°).

§ 1°. En la hipótesis del encabezado, la parte interesada deberá presentar, en el plazo de diez días, a partir de la fecha del conocimiento, las informaciones complementarias necesarias para la liquidación del crédito (Decreto N.° 6.759, del 2009, art. 765, § 1°).

§ 2°. El crédito liquidado se exigirá según lo previsto en los §§ 1° y 2° del artículo 137 (Decreto N.° 6.759, del 2009, art. 765, § 2°).

Art. 142. La exigencia del crédito tributario determinado en un procedimiento posterior a la presentación del término de responsabilidad, como resultado de la aplicación de penalidad o de ajuste en el cálculo del tributo debido, será formalizada en un acta de infracción, labrado por el Auditor-Fiscal de la Agencia Federal de Brasil, de conformidad con lo dispuesto en el Decreto N.° 70.235, de 1972 (Decreto N.° 6.759, del 2009, art. 766).

Art. 143. Las disposiciones de este Capítulo se aplicarán, según corresponda, al término de responsabilidad por el cumplimiento de la formalidad o la presentación de documento (Decreto-Ley N.° 37, de 1966, art. 72, § 4°, incluido por el Decreto Ley N.° 2472, de 1988, art. 1°).

CAPÍTULO X

DEL PROCESO PARA RECONOCER EL DERECHO A REDUCIR EL TRIBUTO INCIDENTE SOBRE LA GANANCIA DE LA EXPLOTACIÓN EN EL ÁREA DE LA SUDENE

Art. 144. El derecho a la reducción del Impuesto a la Renta de las Personas Jurídicas y adicionales no reembolsables incidentes sobre la ganancia de la explotación, en el área de actividad de la extinta Superintendencia del Desarrollo del Nordeste (SUDENE) será reconocido por la unidad de la Secretaría de Ingresos Federales de Brasil con jurisdicción sobre el domicilio tributario de la persona jurídica, instruido con el laudo emitido por el Ministerio de la Integración Nacional (Decreto N.° 4.213, del 26 de abril del 2002, art. 3°).

§ 1°. El jefe de la unidad de la Secretaría de Ingresos Federales de Brasil competente decidirá sobre la solicitud de reducción dentro del plazo de ciento veinte días, contados a partir de la fecha de presentación de la solicitud.

§ 2°. Si expira el plazo indicado en el § 1° sin que el solicitante haya sido notificado de la decisión contraria a la solicitud y mientras que sobrevenga una decisión irrecurrible, la parte interesada será considerada automáticamente en el pleno disfrute de la reducción pretendida.

§ 3°. La Oficina Fiscal Federal de Juzgamiento de Brasil podrá impugnar, en el plazo de treinta días, a partir de la fecha de la notificación de la orden que deniega, parcial o totalmente, la solicitud del solicitante (redacción dada por el Decreto N.° 8.853, del 2016).

§ 4°. No cabe recurso en la esfera administrativa de la decisión de la Oficina Fiscal Federal de Juzgamiento de Brasil que deniega la solicitud.

§ 5°. En la hipótesis del § 4°, la unidad competente realizará la determinación de las sumas que, hasta entonces, habían sido reducidas del impuesto debido, efectuándose el cobro del débito.

§ 6°. El cobro previsto en el § 5 no alcanzará las cuotas correspondientes a las reducciones realizadas durante el período en que la persona jurídica interesada esté en pleno goce de la reducción mencionada en el § 2°.

CAPÍTULO XI

DEL PROCESO DEL RECONOCIMIENTO DEL DERECHO A REDUCIR EL TRIBUTO INCIDENTE SOBRE LA GANANCIA DE LA EXPLOTACIÓN EN EL ÁREA DE LA SUDAM

Art. 145. Derecho a la reducción del Impuesto a la Renta de las Personas Jurídicas y adicionales no restituibles incidentes sobre las ganancias de la explotación, en el área de operación de la extinta Superintendencia de Desarrollo del Amazonas (SUDAM), será reconocido por la unidad de la Secretaría de Ingresos Federales de Brasil con jurisdicción sobre el domicilio tributario de la persona jurídica, instruido con el laudo emitido por el Ministerio de la Integración Nacional (Decreto N.° 4.213, del 2002, art. 3°).

§ 1°. El jefe de la unidad de la Secretaría de Ingresos Federales de Brasil decidirá sobre la solicitud en ciento veinte días a partir de la presentación respectiva de la solicitud a la oficina fiscal competente.

§ 2°. Si expira el plazo indicado en el § 1° sin que el solicitante haya sido notificado de la decisión contraria a la solicitud y mientras no sobrevenga una decisión irrecurrible, la parte interesada será considerada automáticamente en el pleno disfrute de la reducción prevista.

§ 3°. La Oficina Fiscal Federal de Juzgamiento de Brasil podrá impugnar, en el plazo de treinta días, a partir de la fecha de la notificación de la resolución que deniega, parcial o totalmente, la solicitud del solicitante (redactado por Decreto N.° 8.853 de 2016)

§ 4°. Es irrecurrible, en el ámbito administrativo, la decisión de la Oficina Fiscal Federal de Juzgamiento de Brasil que rechaza la solicitud.

§ 5°. En la hipótesis del § 4, el departamento competente procederá a determinar las sumas que, hasta entonces, han sido reducidas del impuesto adeudado, efectuándose el cobro del débito.

§ 6°. El cargo previsto en el § 5 no alcanzará las cuotas correspondientes a las reducciones realizadas durante el período en que la persona jurídica interesada esté en pleno disfrute de la reducción mencionada en el § 2°.

TÍTULO IV

DISPOSICIONES FINALES

Art. 146. Los procesos administrativos fiscales relacionados con tributos y penalidades aisladas y las declaraciones no podrán salir de las unidades de la Secretaría de Ingresos Federales de Brasil, salvo cuando se trate de (Ley N.° 9.250, de 1995, art. 38):

I. Envío de recursos a la instancia superior;

II. Restituciones de autos a los órganos de origen; o

III. Envío de documentos con fines de procesamiento de datos.

§ 1°. En los casos referidos en los incisos I y II del encabezado, se debe conservar una copia certificada de los documentos esenciales en la unidad respectiva (Ley N.° 9.250, de 1995, art. 38, § 1°).

§ 2°. Se faculta proporcionar una copia del proceso al sujeto pasivo o a su mandatario (Ley N.° 9.250, de 1995, art. 38, § 2°).

§ 3°. Se faculta la vista del proceso al sujeto pasivo o a su mandatario.

§ 4°. El proceso administrativo correspondiente al registro de la deuda activa, la ejecución fiscal o la acción propuesta contra el Tesoro Nacional se mantendrá en la unidad competente, extrayendo de él las copias certificadas o certificados, que fueran requeridas por las partes o solicitado por el Juez o por el Ministerio Público (Ley N.° 6.830, de 1980, art. 41).

§ 5°. Previa solicitud del Juez al departamento competente, con la fecha y hora previamente programadas, podrá exhibir el proceso administrativo ante el Tribunal, el funcionario para ese fin designado, redactando el funcionario el término de la ocurrencia, indicando, si fuese el caso, las piezas que serán trasladadas (Ley N.° 6.830, de 1980, art. 41, párrafo único).

Art. 147. Los documentos presentados por el sujeto pasivo y que instruyen el proceso podrán ser reemplazados por una copia y restituidos, en cualquier etapa, a solicitud del sujeto pasivo, siempre que la medida no perjudique la instrucción del proceso y que de ellos quede una copia certificada en el proceso (Decreto N.° 70.235, de 1972, art. 64).

Párrafo único. Si la medida perjudica la instrucción del proceso, los documentos no podrán ser restituidos, siendo facultado proporcionar copias según lo dispuesto por la legislación.

Art. 147-A. Los documentos que instruyen el proceso podrán ser objeto de digitalización (incluido por el Decreto N.° 8.853 de 2016):

§ 1. A los efectos de lo dispuesto en este Decreto, la digitalización se entiende como la conversión de la imagen fiel de un documento para un código digital (incluido por el Decreto N.° 8.853, del 2016).

§ 2. El proceso de digitalización se llevará a cabo de manera que se mantenga la integridad, la autenticidad y, si es necesario, la confidencialidad del documento digital, con el uso de un certificado digital emitido en el ámbito de la Infraestructura de Claves Públicas de Brasil - ICP - Brasil (incluido por el Decreto N.° 8.853, del 2016).

§ 3. Los medios de almacenamiento de los documentos digitales deberán protegerlos del acceso no autorizado, uso, alteración, reproducción y destrucción (incluido por el Decreto N.° 8.853, del 2016).

Art. 147-B. En el proceso electrónico, los actos, los documentos y los términos que lo instruyen podrán ser digitales o producidos por medio de la digitalización, observando lo dispuesto en la Medida Provisional N.° 2.200-2, del 24 de agosto del 2001 (incluido por el Decreto N.° 8.853, del 2016).

§ 1. Los actos, los términos y los documentos sometidos a digitalización por la administración tributaria y almacenados electrónicamente tienen el mismo valor probatorio que sus originales (incluido por el Decreto N.° 8.853, del 2016).

§ 2. Los autos de procesos electrónicos, o parte de ellos, que tuvieron que enviarse a órganos o entidades que no tienen un sistema de almacenamiento y procesamiento compatible podrán enviarse en papel impreso o por medio digital, según lo regula la administración tributaria (incluido por el Decreto N.° 8.853, del 2016).

Art. 147-C. Las matrices físicas de los actos, de los términos y de los documentos digitalizados y almacenados electrónicamente según lo dispuesto en el § 1° del artículo 147-B podrán ser descartadas (incluido por el Decreto N.° 8.853, del 2016)

§ 1. La eliminación de las matrices físicas se realizará por medios que garanticen su destrucción y preserven el secreto fiscal (incluido por el Decreto N.° 8.853, del 2016).

§ 2 Independientemente de haber sido digitalizados, los originales de los documentos presentados en papel serán archivados por la administración tributaria, observando la tabla de temporalidad del órgano, cuando (incluido por el Decreto N.° 8.853, del 2016):

I. Tuviesen un valor histórico para la empresa o para la administración tributaria (incluido por el Decreto N.° 8.853, del 2016);

II. Configuren prueba en el proceso de representación fiscal para propósitos penales (incluido por el Decreto N.° 8.853, del 2016); o

III. Fuesen indicios de prácticas de violación del derecho autoral, de falsificación o de adulteración de productos o documentos o indicios de prácticas de otros delitos o contravenciones penales (incluido por el Decreto N.° 8.853, del 2016).

Art. 148. Este reglamento incorpora la legislación emitida sobre la materia hasta el 19 de enero del 2015 (redacción dada por el Decreto N.° 8.853, del 2016).

Art. 149. El presente Decreto entrará en vigencia en la fecha de su publicación.

Brasilia, 29 de septiembre del 2011; 190° de la Independencia, 123° de la República.

DILMA ROUSSEFF

Guido Mantega

LA NATURALEZA JURÍDICA DEL PROCESO
ADMINISTRATIVO FISCAL,
de ALLAN GEORGE DE ABREU FALLET, se imprimió
en la República Argentina en enero de 2020

www.ingramcontent.com/pod-product-compliance
Lightning Source LLC
LaVergne TN
LVHW040434051026
849517LV00002B/596

* 9 7 8 9 5 6 3 9 2 7 5 0 4 *